RECUEIL GÉNÉRAL,

ANALYTIQUE ET RAISONNÉ

DES LOIS

QUI RÉGISSENT L'EMPIRE FRANÇAIS.

~~~~~~~~~~

TOME QUATRIÈME.

RECUEIL GÉNÉRAL,

ANALYTIQUE ET RAISONNÉ

DES LOIS

QUI RÉGISSENT L'EMPIRE FRANÇAIS,

Relativement aux objets divers sur lesquels s'étendent l'inspection et l'action de l'autorité publique ;

Ouvrage de plusieurs Jurisconsultes, dont le but principal a été de développer la pensée et les motifs du Législateur, sur toutes les parties du Droit et de la Jurisprudence qui sont sous l'influence des règles qu'il a prescrites ;

MIS EN ORDRE ALPHABÉTIQUE ET PUBLIÉ

PAR M. GUYOT,

Ancien Juge à la Cour de cassation, actuellement Membre du Bureau de consultation et de révision au Ministère du Grand-Juge, et l'un des Auteurs et l'Éditeur des deux premières éditions du Répertoire universel et raisonné de Jurisprudence.

~~~~~~~~~~~~~~~~~~~~~~~~~~~~~~

TOME QUATRIÈME.

~~~~~~~~~~~~~~~~~~~~~~~~~~~~~~

A PARIS,

Chez LAPEYRE-VANRAEST, libraire;
AUDIBERT, libraire, rue de la Colombe, n° 4, dans la Cité;
Et chez l'Éditeur, rue Saint-Louis-Honoré, N° 6.

1813.

DE L'IMPRIMERIE DE C.-F. PATRIS,
RUE DE LA COLOMBE, Nº 4, DANS LA CITÉ.

RECUEIL GÉNÉRAL,

ANALYTIQUE ET RAISONNÉ

DES LOIS

QUI RÉGISSENT L'EMPIRE FRANÇAIS.

CHOSE.

SOMMAIRES.

1. *Définition.*
2. *Des choses de propriété particulière.*
3. *Des choses de propriété publique et commune.*
4. *De la chose jugée.*

1. *Définition.* Chose, est, suivant la définition qu'en donne de Ferrière, tout ce qui est distinct des personnes et des actions ; mais cette définition n'est pas exacte, puisque les actions elles-mêmes sont des choses.

Il est, ce semble, plus régulier de dire que *chose*, en jurisprudence, est tout ce qui peut faire l'objet d'un droit quelconque.

2. *Des choses de propriété particulière.* Les choses de propriété particulière sont celles qui composent les richesses et la fortune de chaque citoyen : ces choses sont mobilières ou immobilières, corporelles ou incorporelles.

3. *Des choses de propriété publique et com-*

Tome IV.   A

mune. Les choses de propriété publique et commune sont celles sur lesquelles aucun particulier n'a de propriété exclusive : telles sont les fontaines, les champs communs, dont l'usage peut bien être limité aux habitans d'une commune exclusivement aux habitans d'un autre endroit, mais qu'on ne peut disputer à aucun de ceux qui composent la communauté pour laquelle ces choses sont établies.

La différence qui résulte des distinctions ci-dessus, est qu'en fait de propriété particulière, chacun peut faire de sa chose ce que bon lui semble, et qu'il peut même la perdre en la négligeant ; au lieu qu'on ne peut point disposer ainsi de celles dont la propriété est en commun ; il faut le consentement du plus grand nombre de ceux qui y ont intérêt, et qu'on observe à ce sujet les formalités requises pour ces sortes de choses. Le droit de chacun aux choses publiques n'étant qu'un droit de pure faculté, il peut négliger ce droit si bon lui semble, et le reprendre quand il juge à propos, sans craindre aucune prescription de la part de ceux qui n'en ont, comme lui, que le simple usage.

4. *De la chose jugée.* La chose jugée est celle qui est décidée par un jugement en dernier ressort, ou par une sentence dont il n'y a ou ne peut y avoir d'appel, soit parce que l'appel n'est point recevable ou qu'il y a un acquiescement à ce que porte la sentence de condamnation, soit parce qu'on n'en a point appelé dans le temps, ou que l'appel a été déclaré péri. Voilà ce qu'on doit entendre par *chose jugée*, aux termes de l'article 5 du titre 27 de l'ordonnance de 1667.

L'acquiescement est l'obstacle le plus insurmontable qu'on puisse opposer, en matière civile, aux tentatives que l'on pourrait faire pour revenir

contre un jugement; il n'est pas même nécessaire
que cet acquiescement soit formel et par écrit; il
suffit, selon l'observation d'un commentateur de
l'ordonnance, que l'acquiescement puisse se présumer par la conduite de la partie, comme si elle
demande du temps pour payer ou pour exécuter
la sentence, quand même il y aurait déjà de sa
part un appel interjeté, à moins que la sentence
étant exécutoire par provision, elle n'eût payé ou
promis de payer que pour éviter des contraintes;
et encore faudrait-il qu'elle eût fait ses protestations, sans quoi elle serait présumée y avoir acquiescé.

Les arrêts que nous allons rapporter à l'appui
de la doctrine que nous venons d'énoncer, sont
non-seulement propres à la confirmer, mais encore à faire connaître plus particulièrement la puissance de la chose jugée.

1° *Résulte-t-il des dispositions de la loi du 28 août*
1792, qu'elle n'a anéanti en faveur des communes
non-seulement les jugemens, accords ou transac-
tions qui avaient statué sur des questions de pro-
priété et d'usage, qu'autant qu'ils étaient inter-
venus entre les ci-devant seigneurs et les commu-
nautés, mais encore les jugemens rendus contre
les communes au profit du domaine par la com-
mission établie en exécution d'un arrêt du conseil
de l'an 1724?

Cette question a été agitée dans l'espèce suivante:

La commune de Villars-Saint-Georges réclamait
soixante-douze arpens de bois qu'elle possédait
anciennement. Elle produisait en sa faveur deux
actes des 4 janvier et 14 novembre 1764, desquels
il résultait que ces bois lui avaient été cédés par
le ci-devant seigneur de la Borne, de Chaux et de
Villars, et en conséquence elle obtint un jugement

arbitral en brumaire de l'an 3, qui lui adjugea ses conclusions.

Le préfet du département s'étant pourvu contre ce jugement devant la cour d'appel de Besançon, opposa, aux actes produits par la commune, les jugemens que la commission établie par arrêt du conseil de 1724 avait rendus pour la limitation de la forêt de Chaux.

Mais cette cour n'accueillit point ce moyen. Elle supposa que les jugemens rendus par la commission avaient été annullés par la loi du 28 août 1792, comme ayant été rendus en faveur d'une autorité plus tyrannique que la puissance féodale, et en conséquence elle réintégra la commune dans la jouissance des bois réclamés.

Une demande en cassation ayant été formée contre cet arrêt, la cour suprême a considéré, 1° que la loi du 28 août 1792 n'avait eu pour objet que de réprimer les abus de la puissance féodale, et de rétablir les communes dans les biens dont elles avaient été dépouillées par les ci-devant seigneurs ;

2° Qu'il résultait des articles 6 et 8 de cette loi, qu'elle n'avait anéanti les jugemens, accords ou transactions qui avaient statué sur des questions de propriété ou d'usage, qu'autant qu'ils étaient intervenus entre les ci-devant seigneurs et les communes ;

5° Que les bois que la commune de Villars réclamait avaient été déclarés appartenir au domaine par la commission établie en exécution de l'arrêt du conseil de 1724, rendu pour la limitation de la forêt de Chaux ;

4° Que le ci-devant roi n'étant pas seigneur de la commune de Villars, il n'était intervenu dans les opérations de la commission que comme propriétaire du fonds voisin, ou comme ayant l'administration du domaine public, et pour la conservation de ce domaine ;

5° Qu'en appliquant aux jugemens rendus en faveur du domaine, les dispositions des lois qui n'ont été rendues que contre les jugemens rendus au profit des ci-devant seigneurs, la cour d'appel avait usurpé l'autorité législative ;

6° Enfin, qu'en annullant des jugemens qui avaient acquis l'autorité de la chose jugée, et qui n'avaient été anéantis par aucune loi, cette cour avait fait une fausse application des articles 6 et 8 de la loi du 28 août 1792 ; qu'elle avait en outre attenté à l'autorité de la chose jugée, et violé l'article 5 du titre 27 de l'ordonnance de 1667.

En conséquence, elle a, par arrêt du 26 vendémiaire an 11, cassé et annullé celui que la cour d'appel de Besançon avait rendu le 18 thermidor an 9.

2° *Lorsqu'un tribunal d'appel rend deux jugemens dont le premier infirme le jugement de première instance, et l'autre le confirme, n'en résulte-t-il pas une contravention à l'article 5 du titre 27 de l'ordonnance du mois d'avril 1667, et par suite une violation de l'autorité de la chose jugée ?*

L'affaire dont on va rendre compte a donné lieu à cette question.

Les préposés de la régie des douanes ayant saisi quatorze caisses qui avaient été déclarées contenir du sucre brut, tandis qu'il était terré, il résulta, d'une première expertise, que ce sucre était véritablement brut en totalité.

Mais le juge de paix d'Anvers devant qui la contestation était portée, ordonna, à la réquisition de Vanloock, partie saisie, que le bureau consultatif du commerce de Paris serait interrogé sur la qualité de ces sucres.

Ce bureau ayant déclaré, après avoir examiné les échantillons de ces sucres, que dix caisses sur quatorze contenaient du sucre terré, il fut rendu, le 7 ventose an 8, un jugement qui prononça la confiscation de ces dix caisses.

Vanloock appela de ce jugement, et conclut, au principal, à ce que la saisie fût déclarée nulle, et subsidiairement à ce qu'il fût ordonné une nouvelle expertise.

La régie s'opposa à cette nouvelle expertise, attendu que Vanloock avait consenti à ce que le bureau consultatif du commerce fût consulté.

Mais, par un premier jugement du 29 floréal an 8, le tribunal civil du département des Deux-Nèthes, se fondant sur la diversité et non concordance des rapports, infirma le jugement dont était appel, et ordonna par suite une nouvelle expertise.

Cette nouvelle expertise fut faite, et il en résulta, comme de la première, que les quatorze caisses ne contenaient que du sucre brut.

Dans cet état des choses, le tribunal des Deux-Nèthes rendit, le 15 vendémiaire an 9, un second jugement qui, attendu le consentement donné par Vanloock à ce que le bureau consultatif du commerce fût consulté, et vu l'avis de ce bureau, confirma le jugement dont était appel.

Vanloock ayant formé une demande en cassation contre ce jugement, la cour a considéré que le tribunal qui avait rendu le jugement attaqué, ayant, par un premier jugement contradictoire et en dernier ressort, du 29 floréal an 8, infirmé le jugement dont était appel, et ensuite, par un nouveau jugement, confirmé celui qu'il avait précédemment infirmé, il résulterait de cette contrariété une évidente contravention à l'article 5 du titre 27 de l'ordonnance du mois d'avril 1667, ainsi qu'une violation de l'autorité de la chose jugée; en conséquence, elle a, par arrêt du 21 floréal an 10, cassé et annullé le jugement du 15 vendémiaire an 9, remis les parties dans l'état où elles étaient avant ce jugement, et les a renvoyées devant le tribunal de première instance le plus voisin.

3° *L'article 38 du chapitre 78 des chartes générales du Hainaut autorise-t-il une partie à intenter une nouvelle action semblable à celle dont elle s'est désistée, pourvu qu'elle paye préalablement les dépens et les dommages et intérêts de la partie adverse?*

L'espèce suivante a fait agiter cette question.

François Bernier ayant vendu, par deux contrats différens, à Alexe Maton, une vingt-troisième part d'un charbonnage situé dans le département de Jemmapes, prétendit dans la suite que cette part lui appartenait encore, et forma, devant le conseil de Hainaut, une demande pour se la faire restituer; mais aux plaids du 5 mars 1794, il déclara qu'*ayant pris inspection* des deux contrats contenant la vente qu'il avait faite de la même part, il se désistait des fins et conclusions de sa requête *accordant frais*.

Ce désistement fut accepté par Maton, et signé, tant par les parties que par leurs avocats, le juge et le greffier.

En l'an 7, Bernier renouvela encore la même prétention, et le tribunal civil du département de Jemmapes, mettant à l'écart le désistement du 5 mars 1794, sous prétexte de la disposition de l'article 38 du chapitre 78 des chartes générales du Hainaut (1), adjugea à Bernier ses conclusions,

_____

(1) *Voici cet article.* Si un demandeur se veut désister

par un jugement du 25 floréal an 8, qui fut confirmé par le tribunal civil du département de la Lys, le 11 thermidor an 8.

Maton s'étant pourvu en cassation contre ce dernier jugement, la cour a considéré qu'on ne devait pas attribuer à la loi un sens absurde, quand on en trouvait un raisonnable dans l'ensemble des expressions dont elle s'était servie ;

Que, dans l'espèce, il était indubitable que l'article cité devait s'entendre du désistement de l'instance, et non de l'action même, sans quoi il n'y aurait point de fin aux procès ;

Que c'était en connaissance de cause que Bernier s'était désisté de son action, qu'ainsi ce désistement ne pouvait s'appliquer qu'au fond et non à l'instance ;

Qu'il suivait, de ces considérations, que le jugement attaqué avait fait une fausse application de l'article 38 du chapitre 78 des chartes générales du Hainaut, et qu'il avait violé l'article 5 du titre 27 de l'ordonnance du mois d'avril 1667, attendu qu'un désistement fait en justice a toute l'autorité de la chose jugée.

En conséquence, elle a, par arrêt du 21 germinal an 10, cassé et annullé le jugement du tribunal civil du département de la Lys, remis les parties dans l'état où elles étaient avant ce jugement, et les a renvoyées devant la cour d'appel de Bruxelles.

4°. *Les tribunaux peuvent-ils, sans violer l'autorité de la chose jugée, prononcer au contraire*

---

et poursuivre, faire se pourra en tous endroits du procès, et quand bon lui semblera, en accordant de payer tous les dépens, dommages et intérêts ; or ce fait, recommencer poursuivre, si ainsi se trouve convenir.

de ce que le conseil d'état du ci-devant roi a décidé ?

Trois arrêts rendus contradictoirement avec la commune de Ranville par le ci-devant conseil des finances, les 29 novembre 1768, 8 septembre 1772 et 26 janvier 1779, jugèrent que le marais de Ranville était une propriété domaniale.

Dans la suite, la commune, se fondant sur l'article 8 de la loi du 28 août 1792, prétendit que ce marais lui avait anciennement appartenu, et qu'elle en avait été dépouillée par l'effet de la puissance féodale. En conséquence elle dirigea contre le citoyen Avenel, qui avait obtenu une concession de ce marais, une action pour se faire réintégrer dans la propriété qu'elle revendiquait.

Un jugement du district d'Argentan, du 16 février 1793, confirmatif d'un autre jugement du 4 juillet 1792, accueillit la prétention de la commune et décida en effet que la propriété du marais lui appartenait.

Dans ces circonstances, le préfet du département du Calvados forma, au nom de l'Etat, une tierce-opposition aux deux jugemens rendus en faveur de la commune de Ranville ; mais le tribunal civil du département de l'Orne rendit, le 9 pluviose an 8, un jugement par lequel, sans avoir égard aux arrêts du conseil qui avaient déclaré propriétaire du marais dont il s'agit, le domaine public, il adjugea à cette commune la propriété qu'elle réclamait.

Les motifs principaux sur lesquels ce tribunal appuya sa décision, furent : 1° que le conseil des finances qui avait rendu les arrêts cités ci-dessus, n'était qu'un simple bureau d'administration qui ne pouvait connaître du contentieux, et que le conseil privé avait seul ce pouvoir;

2° Que les arrêts dont il était question avaient

été annullés par l'article 8 de la loi du 28 août 1792.

Sur la demande en cassation formée contre ce jugement, la cour a considéré, 1° que les arrêts du ci-devant conseil avaient légalement jugé que le marais de Ranville était une propriété domaniale ;

2° Qu'il était aussi contraire aux anciennes lois qu'aux nouvelles, de soutenir que le ci-devant conseil des finances n'avait pas juridiction pour prononcer dans cette affaire ;

3° Qu'il n'était pas moins absurde de prétendre, comme avait fait le tribunal civil de l'Orne, que ces arrêts avaient été annullés par l'article 8 de la loi du 28 août 1792, tandis que cet article ne s'appliquait qu'aux jugemens rendus en faveur de la puissance féodale, et que ce tribunal avait reconnu en point de fait que le domaine n'avait ni fief ni extension de fief dans la commune de Ranville ;

4° Enfin qu'il résultait, de ce qui précède, une violation formelle de l'autorité de la chose jugée, et la plus fausse application de l'article 8 de la loi du 28 août 1792.

En conséquence elle a, par arrêt du 22 frimaire an 11, cassé et annullé le jugement attaqué.

5° *Lorsqu'une consignation de deniers a été faite et déclarée valable par un jugement en dernier ressort, peut-elle ensuite être annullée par l'arrêt d'une cour d'appel, sous le prétexte qu'elle a eu lieu prématurément ?*

Les mineurs Leroi, débiteurs envers le citoyen Sacquepée d'une somme de 35,650 fr., pour restant du prix d'une acquisition immobilière, consignèrent cette somme le 15 vendémiaire an 4, en vertu d'un jugement par défaut obtenu du tribunal de district d'Yvetot le 12 du même mois.

Sacquepée demanda la nullité de cette consignation sur le fondement qu'elle avait été prématurée et faite en vertu d'un jugement susceptible de rétractation par la voie de l'opposition : mais elle fut déclarée valable par un jugement en dernier ressort émané du tribunal civil de l'Oise le 5 fructidor an 4.

Dans une nouvelle instance engagée entre les parties devant la Cour d'appel de Rouen, le citoyen Sacquepée soutint de nouveau que la consignation du 15 vendémiaire an 4 était nulle comme ayant été faite prématurément.

Les mineurs Leroi opposèrent de leur côté l'exception de la chose jugée par le tribunal civil de l'Oise. Mais, sans s'arrêter à cette exception, la cour d'appel de Rouen ordonna, par arrêt du 5 thermidor an 8, l'exécution d'un jugement par défaut qui avait déclaré nulle la consignation dont il s'agissait.

Les mineurs Leroi ayant formé une demande en cassation contre cet arrêt, la Cour a considéré que l'arrêt de Rouen, en prononçant le contraire de ce qu'avait jugé en dernier ressort le tribunal civil de l'Oise, était contrevenu à l'article 5 du titre 27 de l'ordonnance du mois d'avril 1667, d'où il suivait qu'il avait violé l'autorité de la chose jugée ; et en conséquence elle a, par arrêt du 2 floréal an 10, annullé celui de la Cour d'appel de Rouen, et renvoyé les parties devant la Cour d'appel d'Amiens, pour leur être fait droit sur leurs contestations, circonstances et dépendances.

6° *Lorsque, sur une opposition formée à un jugement rendu par défaut, les juges, ayant égard à l'opposition, ont remis les parties dans l'état où elles étaient avant ce jugement, en les renvoyant à la prochaine audience pour leur être fait droit sur le fond, et qu'ensuite il intervient un jugement qui déboute l'opposant de son oppo-*

sition, *y a-t-il*, *dans ce dernier jugement*, *violation de la chose jugée?*

Cette question a été agitée dans l'espèce suivante :

Le 8 octobre 1789, Claude Jeannin échangea un immeuble avec Baraut et sa femme, desquels il reçut en contre-échange un fonds que ceux-ci avaient vendu antérieurement à Jean Bazin, et contre laquelle vente ils avaient pris des lettres de rescision le 18 janvier 1788.

Après le décès de Baraut, Bazin obtint, du tribunal de Châlons-sur-Saône, le 30 juillet 1791, un jugement par défaut contre la veuve Baraut, qui fut qualifié en dernier ressort, et qui, faute par cette veuve d'avoir remboursé à Bazin les sommes qu'il avait payées à-compte du prix de la vente, rejeta la demande en entérinement des lettres de rescision.

Bazin fit signifier ce jugement le 25 juin 1792, à Jeannin; et celui-ci, dans la huitaine de la signification, y forma opposition.

Le 26 juillet 1793, le tribunal de district de Châlons rendit, sur cette opposition, un jugement contradictoirement entre les parties, par lequel il fut dit *qu'ayant égard à l'opposition et y faisant droit, les parties étaient remises dans l'état où elles étaient avant le jugement du 30 juillet 1791; et pour leur être fait droit au fond, la cause fut renvoyée à la prochaine audience, toutes fins, exceptions et dépens réservés.*

Le tribunal du département de Saône-et-Loire, séant à Châlons, ayant été substitué au tribunal de district, se trouva saisi de la suite de la contestation entre Jeannin et Bazin. Celui-ci en obtint un jugement le 12 ventose an 7, qui, *sans s'arrêter à l'opposition formée par Jeannin au jugement du 30 juillet 1791, de laquelle il fut débouté, maintint Bazin dans la possession de l'immeuble dont il s'agissait.*

Jeannin ayant formé une demande en cassation contre ce jugement, la Cour a considéré que le jugement du tribunal civil de Saône-et-Loire, du 12 ventose an 7, en rejetant l'opposition de Jeannin au jugement par défaut du 30 juillet 1791, avait violé l'autorité de la chose jugée, puisque la même opposition avait été admise par jugement du 26 juillet 1793, et qu'ainsi il était contrevenu à l'article 5 du titre 27 de l'ordonnance du mois d'avril 1667 ;

En conséquence elle a, par arrêt du 15 frimaire an 12, cassé et annullé le jugement du 12 ventose an 7.

Enfin nous terminons le présent nombre en observant, d'après les articles 1350 et 1351 du Code Napoléon, que l'autorité que la loi attribue à la chose jugée ne peut avoir lieu qu'à l'égard de ce qui a fait l'objet du jugement. Il faut que la chose demandée soit la même ; que la demande soit fondée sur la même cause, et qu'elle soit entre les mêmes parties, et formée par elles ou contre elles dans la même qualité.

Voyez les articles VENTE, OBLIGATION, CONTRAT, SUCCESSION, etc.

CIMETIÈRE.

SOMMAIRES.

1. *Définition.*
2. *Des lieux où les cimetières peuvent être établis, et de ceux où l'inhumation des morts est interdite.*

5. *Du choix des terrains pour former des cimetières, et des règles à observer relativement à
chaque inhumation.*

4. *Des fosses destinées à l'enterrement de chaque mort.*

5. *Des concessions de terrain dans les cimetières.*

6. *De la police qu'on doit observer dans les
cimetières.*

7. *Des pompes funèbres.*

8. *De la distance à laquelle on doit se conformer dans les constructions voisines des cimetières.*

1. *Définition.* On appelle *cimetière* le terrain
découvert qui sert à enterrer les morts.

2. *Des lieux où les cimetières peuvent être établis, et de ceux où l'inhumation des morts est interdite.* Suivant les articles 1 et 2 du décret impérial
du 23 prairial an 12, il doit y avoir hors de chaque
ville ou bourg, des terrains destinés à enterrer les
morts, et qui soient éloignés de trente-cinq ou
quarante mètres au moins de l'enceinte de ces
villes ou bourgs.

Il est en même temps défendu d'enterrer aucun
mort dans les églises, temples, synagogues, hôpitaux, chapelles publiques, et généralement
dans aucun des édifices clos et fermés où les
citoyens se réunissent pour la célébration de leur
culte.

3. *Du choix des terrains pour former des cimetières, et des règles à observer pour chaque
inhumation.* Le décret cité veut que ce choix s'applique par préférence aux terrains les plus élevés
et exposés au nord. Ils doivent être clos de murs
de deux mètres au moins d'élévation. On doit aussi
y faire des plantations, en prenant les précautions

convenables pour ne pas gêner la circulation de l'air.

4. *Des fosses destinées à l'enterrement de chaque mort.* Il faut que chaque enterrement ait lieu dans une fosse particulière. Cette fosse doit avoir un mètre cinq décimètres à deux mètres de profondeur, sur huit décimètres de largeur, et il est nécessaire qu'elle soit ensuite remplie de terre bien foulée.

Il faut que les fosses soient éloignées l'une de l'autre de trois à quatre décimètres sur les côtés, et de trois à cinq décimètres à la tête et aux pieds.

Pour éviter le danger qu'entraîne le renouvellement trop rapproché des fosses, il a été ordonné que l'ouverture des fosses relatives à de nouvelles sépultures, ne pourrait avoir lieu que de cinq années en cinq années; en conséquence, les terrains destinés aux enterremens doivent être cinq fois plus étendus que l'espace nécessaire pour y déposer le nombre présumé des morts qu'on peut y enterrer chaque année.

5. *Des concessions de terrain dans les cimetières.* Quand les lieux consacrés aux inhumations sont d'une telle étendue qu'on peut y faire des concessions de terrain aux personnes qui désirent y posséder une place distincte et séparée pour y fonder leur sépulture et celle de leurs parens ou successeurs, et y construire des caveaux, monumens ou tombeaux, le décret dont il s'agit autorise ces concessions sous les conditions suivantes :

Il est d'abord nécessaire, pour obtenir ces concessions, de faire des fondations ou donations en faveur des pauvres et des hôpitaux, indépendamment d'une somme qu'il faut donner à la commune.

Ces fondations ou donations doivent préalablement être autorisées par le gouvernement, selon les formes accoutumées, sur l'avis des conseils municipaux et la proposition du préfet.

Remarquez qu'il n'est pas dérogé au droit attribué par l'usage à chaque particulier, de faire placer, sans autorisation, sur la fosse de son parent ou de son ami, une pierre sépulcrale ou autre signe indicatif de sépulture.

Les maires ont pareillement la faculté, sur l'avis des administrations des hôpitaux, de permettre que dans l'enceinte de ces hôpitaux on construise des monumens pour les fondateurs et les bienfaiteurs de ces établissemens, lorsqu'ils en ont manifesté le désir dans leurs actes de fondation et de donation ou de dernière volonté.

Au reste, tout individu peut être enterré sur sa propriété, pourvu qu'elle soit à la distance prescrite de l'enceinte des villes et des bourgs.

6. *De la police qu'on doit observer dans les cimetières.* Dans les communes où l'on professe plusieurs cultes, chaque culte doit avoir un lieu particulier d'inhumation; et s'il n'y a qu'un seul cimetière, il faut qu'on le partage par des murs, haies ou fossés, en autant de parties qu'il y a de cultes différens, avec une entrée particulière pour chacun, et en proportionnant cet espace au nombre des individus qui pratiquent cette entrée.

Les lieux de sépulture, soit qu'ils appartiennent aux communes ou aux particuliers, sont soumis à l'autorité, à la police et à la surveillance des administrations municipales.

Les autorités locales sont spécialement chargées de maintenir l'exécution des lois et des réglemens qui interdisent les exhumations non autorisées, et d'empêcher qu'il ne se commette, dans les lieux de sépulture, aucun désordre, ou qu'on s'y permette aucun acte contraire au respect dû à la mémoire des morts.

7. *Des pompes funèbres.* Les cérémonies précédemment usitées pour les convois, suivant les différens cultes, sont rétablies, et les familles ont la faculté d'en régler la dépense selon leurs moyens; mais il faut observer que hors de l'enceinte des églises et des lieux de sépulture, les cérémonies religieuses ne sont autorisées que dans les communes où l'on ne professe qu'un seul culte, conformément à l'article 45 de la loi du 18 germinal an 10.

S'il arrivait que le ministre d'un culte, sous quelque prétexte que ce fût, se permît de refuser son ministère pour l'inhumation d'un corps, il faudrait que l'autorité civile, soit d'office, soit sur la réquisition de la famille, commît un autre ministre du même culte pour procéder à cette inhumation; au surplus, l'autorité civile est, dans tous les cas, chargée de faire porter, présenter, déposer et inhumer les corps.

Les frais et les rétributions à payer au ministre des cultes et aux autres individus attachés aux églises ou aux temples, tant pour leur assistance aux convois, que pour les services requis par les familles, sont réglés par le gouvernement, sur l'avis des évêques, des consistoires et des préfets, et sur la proposition du ministre d'état chargé des affaires concernant les cultes. On ne doit rien allouer pour assistance à l'inhumation des individus inscrits au rôle des indigens.

Le mode le plus convenable pour le transport des corps, doit être réglé, suivant les lieux, par les maires, sauf l'approbation des préfets.

Les fabriques des églises et les consistoires doivent jouir seuls du droit de fournir les voitures, tentures, ornemens, et en général tout ce qui est nécessaire pour les enterremens et pour la décence ou la pompe des funérailles.

Ces établissemens ont la faculté de faire exercer ou d'affermer ce droit d'après l'approbation des autorités civiles sous la surveillance desquelles ils sont placés.

L'emploi des sommes qui proviennent de ce droit, doit être consacré à l'entretien des églises et des lieux d'inhumation, ainsi qu'au payement des desservans. Il est nécessaire que cet emploi soit réglé et réparti sur la proposition du ministre d'état chargé des affaires concernant les cultes, et d'après les avis des évêques et des préfets.

Il est expressément défendu à toute autre personne, quelles qu'en soient les fonctions, de s'immiscer dans l'exercice du droit dont on vient de parler.

Les frais à payer par les successions des personnes décédées, pour les billets d'enterrement, le prix des tentures, les bières et le transport des corps, doivent être fixés dans un tarif proposé par les administrations municipales et arrêté par les préfets.

Dans les villages et les autres lieux où le droit dont il s'agit ne peut pas être exercé par les fabriques, les autorités locales sont chargées d'y pourvoir, sauf l'approbation des préfets.

Tout ce qui précède est fondé sur le décret impérial du 25 prairial an 12.

8. *De la distance à laquelle on doit se conformer dans les constructions voisines des cimetières.* Un autre décret impérial du 7 mars 1808 a fixé la distance qui doit être observée dans les constructions voisines des cimetières établis hors des communes.

L'article 1er de ce décret a ordonné que personne ne pourrait, sans autorisation, élever aucune habitation, ni creuser aucun puits à une distance qui fût au-dessous de cent mètres des nouveaux cimetières transférés hors des communes en vertu des lois et règlemens.

Suivant l'article 2, les bâtimens qui existent ne peuvent également être restaurés ni augmentés sans une autorisation préalable.

Quant aux puits, ils peuvent, après une visite contradictoire d'experts, être comblés en vertu d'une ordonnance du préfet du département, intervenue sur la demande de la police locale.

Voyez Décès et Sépulture.

CIRCONSTANCES.

Ce sont les particularités qui accompagnent un fait ou un droit quelconque.

Il est très-ordinaire, dans les contestations, d'entendre chacune des parties litigantes invoquer les circonstances afin d'obtenir un jugement conforme à leurs prétentions respectives ; mais le juge ne doit pas perdre de vue que les circonstances ne peuvent être d'aucun poids lorsque la loi a tracé une marche contraire à celle qu'elles indiquent. Ainsi, avant d'apprécier le mérite des circonstances, il faut commencer par examiner la nature de la loi et la fin qu'elle s'est proposée dans les dispositions qu'elle renferme. S'il résulte de ces dispositions, que le législateur a prévu expressément ou tacitement tout ce que les circonstances pourraient y opposer, et que néanmoins il a voulu qu'elle s'exécutât dans tous les cas, personne ne peut s'y soustraire ni en éluder l'effet sous quelque prétexte que ce soit. Par exemple, la loi déclare nulle toute donation entre-vifs faite à une femme mariée, sans l'autorisation formelle de son mari pour la recevoir. En vain dirait-on que le mari était absent, qu'il n'était pas possible d'avoir son consentement, mais qu'en pareil cas il devait se présumer. Il y a plus; la donation fût-elle favorable, eu égard, soit aux richesses et à la probité du donateur, soit aux besoins et à l'indigence de la femme et de ses enfans, toutes ces circonstances seraient incapables de faire admettre ce que la loi réprouve positivement, faute d'une autorisation formelle.

Si, en pareil cas, on était libre d'avoir égard aux circonstances, la loi, comme on le sent parfaitement, aurait bientôt perdu toute sa force; et ce que le souverain aurait établi pour empêcher les juges de se livrer à l'arbitraire, deviendrait inutile.

Quant aux conventions des particuliers, elles sont autant de lois que les parties se font entr'elles, et auxquelles les juges doivent se conformer dans leurs décisions; mais lorsqu'il s'agit d'interpréter ces conventions, il est réservé à la prudence des juges de les ramener aux usages les plus ordinaires et aux principes de l'équité tirés des circonstances. En effet, il est tout naturel que ce qui n'est pas entendu de la même façon entre les parties, soit expliqué par les circonstances, qui seules peuvent faire connaître dans quel esprit les parties ont contracté; et c'est dans ce cas seulement qu'on peut dire que la diversité du droit naît des circonstances du fait : mais il faut toujours se rappeler que les circonstances ne sont dé considération que dans les cas douteux, et que toutes les fois qu'il y a un écrit qui s'explique clairement, on ne saurait y donner atteinte sans renverser les règles les plus certaines. Ainsi, quand vous êtes porteur d'une obligation contre un particulier, ce serait blesser toutes les lois que de s'attacher aux circonstances, à la faveur desquelles le débiteur voudrait établir qu'il n'a pas été dans le cas d'emprunter la somme, ni vous en faculté de la lui prêter, etc. Il suffit que vous soyez muni d'un titre qui constate qu'il a reconnu devoir, et qu'il a promis de payer, pour qu'aucune allégation ne soit capable de vous faire perdre votre créance.

En matière criminelle, les circonstances sont d'une considération très-essentielle. L'article 29 du Code des délits et des peines, décrété le 3 brumaire de l'an 4, veut que les commissaires de police dressent des procès - verbaux indicatifs de la nature des délits et des circonstances qui y ont rapport.

C'est par les circonstances qui accompagnent certains crimes ou délits, tels que le meurtre et le vol, que les tribunaux déterminent les peines encourues pour ces délits.

Voyez ACCUSATION, ACCUSÉ, etc.

___

CITATION.

En jurisprudence, ce terme a plusieurs significations :

1° Il se dit de l'allégation qu'on fait, dans une plaidoierie ou dans des écritures, de quelque passage du droit romain, ou de quelque loi, coutume ou usage, pour appuyer une proposition ou une demande qu'on veut établir.

Le goût qu'on avait pour l'érudition, dans le seizième siècle, donna lieu aux citations fréquentes dont on faisait alors usage. Les chaires retentissaient de citations profanes, et le barreau de citations inutiles. Pasquier dit que les avocats de son temps avaient honte de parler sans citer quelque loi : *Erubescebant sine lege loqui*. Mais ils ne se bornaient pas à l'allégation des textes de droit, ils remplissaient leurs discours de passages des historiens, des orateurs et des poètes, et la plupart de ces citations étaient frivoles ou déplacées.

On remarque le même abus dans les jurisconsultes du même temps ; leurs écrits sont tellement chargés de citations, qu'ils laissent à peine place au raisonnement.

On trouvera peut-être que quelques-uns tombent aujourd'hui dans un abus opposé ; soit qu'ils manquent d'érudition ou qu'ils en fassent peu de cas, ils paraissent s'être bornés au simple raisonnement, comme si leur dialectique pouvait tout suppléer ; ce qui n'est pas sans inconvénient, puisqu'ils courent risque de mettre leur opinion à la place de la loi.

Il est sans doute du devoir d'un jurisconsulte de ne raisonner que d'après les lois et les principes de droit ; il ne doit pas craindre de faire toutes les citations qui peuvent établir une proposition controversée, mais il doit faire choix des plus précises et des plus frappantes, et n'en pas surcharger son discours.

Voici l'explication des différentes sortes de citations qu'on trouve écrites en abrégé dans les ouvrages qui ont pour objet quelqu'une des parties du droit civil.

Citations du droit civil. Ap. justin. ou *institut,* signifie aux institutes.

D. ou *ff.* au digeste.

Cod. ou *C.* au code.

Cod. Théod. au code Théodosien.

Cod. rep. prælect. repetitæ prælectiones.

Authent. ou *auth.* dans l'authentique.

Leg. ou *l.* dans la loi.

Leg. ult. dans la loi dernière.

§ ou *parag.* au paragraphe.

Novel. dans la novelle.

Novel. Léon. Novelle de l'empereur Léon.

Argum. leg. par argument de la loi.

Glos. dans la glose.

H. t. en ce titre.

Eod. tit. au même titre.

In p. ou *in princ.* au commencement.

In f. à la fin.

Nous croyons devoir nous dispenser d'ajouter à ces citations celles qui ont pour objet les différentes parties du droit canonique, telles que le décret de Gratien, les décrétales de Grégoire IX, le sexte de Boniface VIII, les clémentines, les extravagances de Jean XXII, etc. attendu que les livres où sont renfermées ces dernières citations, ne peuvent plus guère être employés pour l'instruction des jurisconsultes français.

Secondement, chez les Romains on appelait *citation en jugement*, *in jus vocatio*, une sorte d'assignation verbale qui était en usage parmi eux. Les formules de cette action, les plus connues, étaient conçues en ces termes : *In jus eamus, in jus veni, sequere ad tribunal, in jus te voco.*

Les douze tables contenaient neuf lois concernant la citation en jugement. Les voici telles que Terrasson les a rapportées dans son Histoire de la jurisprudence romaine.

1° *Suivez à l'instant devant le juge la partie qui vous citera.*

2° *Si l'on refuse de vous suivre en jugement, prenez des témoins parmi les assistans, et alors vous serez en droit d'obliger votre partie de se présenter devant le juge.*

3° *Si celui que vous citez devant le juge veut vous échapper, ou se met en posture de vous résister, vous pouvez le saisir au corps.*

4° *Si celui qu'on veut conduire en jugement est vieux ou infirme, qu'on l'y fasse porter dans une voiture ; mais s'il la refuse, que celui qui l'ajourne ne soit pas obligé de lui fournir une voiture couverte.*

5° *Cependant, si l'ajourné trouve un répondant, qu'on le laisse aller.*

6° *Que nul autre qu'un riche ne puisse répondre pour un riche ; à l'égard d'un pauvre, tout répondant doit suffire.*

7° *Ce seront les conventions que les deux parties auront faites en chemin, qui détermineront la manière de prononcer du juge.*

8° *Mais s'il n'y a aucune convention entre les parties, le juge pourra connaître de leur cause depuis le lever du soleil jusqu'à midi ; et pendant que la cause se plaidera dans la place publique ou dans les comices, il faudra que les parties soient présentes.*

9° *Que l'après-midi le magistrat adjuge les conclusions à celle des deux parties qui sera présente, et que le coucher du soleil mette fin à toute contestation et à tout jugement.*

Ainsi les deux parties devaient assister à la plaidoierie du matin ; mais la présence d'une seule suffisait pour la décision qui se prononçait l'après-midi, et quelque considérable que fût une cause, elle devait être plaidée et jugée dans l'espace d'un jour.

Il était défendu de citer en jugement les magistrats de la ville de Rome, principalement les consuls, les préteurs, le préfet de la ville, et tous les autres qui étaient compris sous le titre de *magistratus urbani*. Les juges connus sous le nom de *judices pedanei* jouissaient du même privilège pendant l'exercice de leurs fonctions, ainsi que les magistrats des provinces lorsqu'ils étaient en charge ; mais aussitôt qu'ils en étaient sortis, on avait la liberté de les poursuivre comme simples particuliers.

On ne pouvait pas citer en jugement un pontife pendant qu'il exerçait ses fonctions ; mais quand elles étaient finies, il rentrait dans la classe commune des citoyens. Ceux à qui l'on avait confié la garde d'un lieu consacré par la religion, ne pouvaient pas non plus être forcés de comparaître devant le juge, parce que s'ils avaient quitté leur poste, ils auraient commis un crime qui n'aurait pu s'effacer que par des expiations.

Il en était de même de ceux qui recevaient les honneurs du triomphe, ou qui se mariaient, ou qui faisaient les honneurs d'une pompe funèbre ; il n'était pas permis de les troubler pendant le jour de la cérémonie.

Enfin, ceux qui étaient sous la puissance d'autrui ne pouvaient pas être cités en jugement avant qu'ils fussent jouissans de leurs droits.

Tels étaient ceux que le droit civil mettait à l'abri des citations en jugement ; le droit naturel en exemptait quelques autres : les pères et les patrons ne pouvaient être traduits en justice par leurs fils, leurs cliens et leurs affranchis, à peine de cinquante sesterces d'amende contre le demandeur, à moins que le préteur n'eût autorisé les poursuites par sa permission ; et elle n'était accordée que lorsqu'il s'agissait d'injustices graves ; par exemple, lorsqu'un patron avait commis un adultère avec la femme de son affranchi. Cependant le pécule castrense ou quasi-castrense était tellement favorable chez les Romains, qu'un fils pouvait citer son père en jugement pour cet objet, même sans permission du juge.

Il était défendu de tirer par force quelqu'un

de sa maison pour le conduire devant le juge, à cause du respect dû aux dieux Pénates. Mais s'il affectait de se tenir trop long-temps caché, on le sommait de comparaître en vertu d'une ordonnance du préteur, et s'il ne se présentait pas, on abandonnait ses biens à son adversaire.

Quelques auteurs ont prétendu qu'il n'était pas permis de tirer quelqu'un du bain, du théâtre, ni même d'une vigne, pour le faire venir devant le juge, parce qu'il y avait dans ces endroits des dieux tutélaires auxquels on aurait manqué de respect si l'on eût usé de violence ; mais c'est une erreur, puisque la loi contient une disposition contraire. En effet, après avoir parlé des endroits qui étaient inviolables, elle en excepte formellement (1) les vignes, les bains et les théâtres.

Celui qu'on avait cité en jugement pouvait être renvoyé dans deux cas : 1° quand quelqu'un entreprenait sa défense ; 2° lorsqu'on faisait un accommodement pour lui pendant qu'il allait se présenter devant le juge.

Au reste, il fallait une permission du préteur pour citer en jugement quelque personne que ce fût, sans quoi le défendeur avait action à ce sujet contre le demandeur.

Telle est la procédure qui avait lieu par la loi des douze tables, lorsqu'on poursuivait quelqu'un en justice : elle changea de forme dans la suite ; car long-temps avant Justinien, il n'était plus permis de citer verbalement son adversaire en jugement : il fallait dès-lors que l'assignation fût

_____

La loi 20. ff. *de in jus vocando*, s'exprime en ces termes: *Sed etiam à vineâ et balneo et theatro nemo dubitat in jus vocari licere.*

libellée, comme cela s'observe parmi nous, et l'on convenait du jour auquel on devait se présenter devant le juge.

Troisièmement, le terme de *citation* est aujourd'hui usité parmi nous dans le même sens que ceux d'assignation et d'ajournement : il signifie par conséquent l'acte en vertu duquel un individu est appelé en justice pour répondre à une demande formée contre lui.

Le Code de procédure civile et celui d'instruction criminelle emploient particulièrement le terme de *citation*, tant pour les matières civiles qui se portent en conciliation ou devant les justices de paix, que pour les délits ou les contraventions dont la connaissance appartient, soit aux tribunaux de police correctionnelle, soit à ceux de simple police, soit aux maires des communes.

Suivant l'article Ier du Code de procédure civile, toute citation devant un juge de paix doit contenir la date du jour, du mois et de l'an ; les noms, la demeure et l'immatricule de l'huissier, ainsi que les noms et la demeure du défendeur : il faut qu'elle énonce sommairement l'objet et les moyens de la demande ; qu'elle indique le juge de paix qui doit connaître de cette demande, et qu'elle spécifie le jour et l'heure de la comparution.

En matière purement personnelle ou mobilière, la citation doit être donnée devant le juge du domicile du défendeur ; et s'il n'a point de domicile, devant le juge de sa résidence.

Il faut que la citation ait lieu devant le juge de l'objet litigieux, quand il s'agit, 1° des actions pour dommages faits aux champs, fruits et récoltes ;

2° Des déplacemens de bornes, des usurpa-

tions de terres, arbres, haies, fossés et autres
clôtures, commises dans l'année ; des entreprises
sur les cours d'eau, commises également dans
l'année, et de toutes les autres actions possessoires ;

3° Des réparations locatives ;

4° Des indemnités prétendues par le fermier
ou locataire pour non-jouissance, lorsque le
droit n'est pas contesté, et des dégradations al-
léguées par le propriétaire.

La citation doit être notifiée par l'huissier de
la justice de paix du domicile du défendeur, ou
en cas d'empêchement, par celui que le juge
commet pour cet effet : copie doit en être laissée
à la partie ; et s'il ne se trouve personne dans
son domicile, cette copie doit être laissée au
maire ou à l'adjoint de la commune qui est
tenu de viser l'original sans frais.

Remarquez que l'huissier de la justice de paix
ne peut pas instrumenter pour ses parens en ligne
directe, ni pour ses frères et ses sœurs, ainsi
que pour ses alliés au même degré.

Il doit y avoir un jour au moins entre celui
de la citation et le jour indiqué pour la comparution, si la partie citée est domiciliée dans la distance de trois myriamètres.

Si elle est domiciliée au-delà de cette distance, il doit être ajouté un jour par trois
myriamètres.

S'il arrive que les délais n'ayent pas été
observés et que le défendeur n'ait pas comparu,
il faut que le juge ordonne de le réassigner ; et
dans ce cas, les frais de la première citation sont
à la charge du demandeur.

Observez que dans les cas urgens le juge doit
donner une cédule pour abréger les délais, et
qu'il peut permettre de citer, même dans le
jour et à l'heure indiqués.

En matière de délits dont la connaissance
appartient au tribunal de police correctionnelle,
la citation peut être donnée au prévenu, tant à
la réquisition du ministère public, qu'à la requête de la partie lésée. C'est ce qu'avait établi
le Code des délits et des peines ; mais cette loi
assujettissait la partie lésée à faire viser sa citation
par le directeur de jury avant qu'elle pût être
signifiée, et saisir le tribunal de police correctionnelle.

Il n'en est plus de même aujourd'hui. Cette
partie peut citer directement le prévenu, sans
être tenue d'obtenir le visa d'aucune autorité,
sauf les dommages et intérêts qu'elle peut en-
courir si sa citation est mal fondée. Cet affran-
chissement du visa résulte de l'article 64 du Code
d'instruction criminelle.

Voyez les articles AJOURNEMENT, DÉLIT, etc.

CITERNE.

C'est un lieu souterrain et voûté dont le fond
pavé, glaisé ou couvert de sable, est destiné à
recevoir ou à conserver les eaux de pluie.

La coutume de Paris, celle de Calais et celle
d'Orléans disent « que nul ne peut faire fosses
» à eau, s'il n'y a six pieds de distance en tout
» sens des murs appartenant au voisin, ou mi-
» toyen ».

Plusieurs auteurs ont mis les citernes au rang des
fosses à eaux ; mais Desgodets observe qu'ils n'ont
pas considéré que les citernes ne sont pas toutes
de même nature, et qu'elles servent à des usages
différens ou contraires. En effet, les fosses à
eaux sont des puisards destinés pour détourner

et faire disparaître les eaux qui y coulent, et les citernes sont faites pour conserver et contenir les eaux qui s'y trouvent, sans qu'elles en puissent sortir; car sans cela les citernes seraient inutiles.

Suivant Desgodets, dont l'avis paraît fondé sur l'usage de plusieurs départemens, il suffit pour appuyer une citerne contre un mur mitoyen, de faire au-devant un contre-mur d'un demi-pied d'épaisseur : c'est d'ailleurs la règle prescrite par l'article 191 de la coutume de Paris pour la construction des puits.

En revêtant une citerne de bons murs suffisamment épais pour soutenir la pesanteur de l'eau, il est certain qu'à quelque endroit que ces citernes soient placées, elles ne peuvent nuire aux voisins par la filtration de leurs eaux, ni par aucune autre cause.

Si une citerne est commune à plusieurs maisons, et qu'elle vienne à se dégrader ou à être en danger de ruine, un voisin intéressé peut contraindre par justice les autres voisins qui y ont droit, à contribuer pour leur part ou portion à la réparation.

Au reste, les citernes doivent être rangées dans la classe des constructions sur lesquelles l'article 674 du Code Napoléon a voulu que l'on se conformât aux règlemens et aux usages particuliers qui y étaient relatifs.

CITOYEN.

SOMMAIRES.

1. *Définition.*
2. *Quelques détails sur les citoyens des anciennes républiques d'Athènes et de Rome.*

3. *Comment s'obtient le titre de citoyen français.*

4. *De ce qui fait perdre les droits de citoyen et de ce qui en suspend l'exercice.*

5. *Différence entre l'exercice des droits de citoyen et la jouissance des droits civils, et de l'application qui doit être faite des uns et des autres.*

1. *Définition.* Un citoyen est celui qui est membre d'une société politique composée de plusieurs familles, et qui partage les droits de cette société.

L'homme qui réside dans une pareille société pour quelque affaire, et qui doit s'en éloigner après que son affaire sera terminée, ne doit pas être compté parmi les citoyens de cette société. On n'accorde ce titre aux femmes et aux jeunes enfans que comme à des membres de la famille d'un citoyen proprement dit ; mais ils ne sont pas vraiment citoyens.

On peut distinguer deux sortes de citoyens ; les originaires et les naturalisés. Les *originaires* sont ceux qui naissent citoyens. Les *naturalisés* sont ceux à qui la société a accordé la participation à ses droits, quoiqu'ils ne soient pas nés dans son sein.

2. *Quelques détails sur les citoyens des anciennes républiques d'Athènes et de Rome.* Les Athéniens ont été très-réservés à accorder la qualité de citoyen de leur ville à des étrangers. Le titre de citoyen ne perdit jamais rien de son lustre parmi eux ; mais ils ne retirèrent point de la haute opinion qu'on en avait conçue, l'avantage le plus grand peut-être, celui de s'accroître du nombre de tous ceux qui ambitionnaient ce titre. Il n'y avait guères à Athènes de citoyens que

ceux qui étaient nés de parens citoyens. Quand un jeune homme était parvenu à l'âge de vingt ans, on l'enregistrait, et la république le comptait au nombre de ses membres.

On devenait néanmoins citoyen d'Athènes par l'adoption d'un citoyen, et par le consentement du peuple : mais cette faveur n'était pas commune.

Tout ainsi qu'on n'était pas censé citoyen avant vingt ans, on était présumé ne l'être plus lorsque le grand âge empêchait de vaquer aux fonctions publiques. Il en était de même des exilés et des bannis, à moins que ce ne fût par l'ostracisme ; ceux qui avaient subi ce jugement n'étaient qu'éloignés.

Chez les Romains, pour constituer un véritable citoyen, il fallait trois choses, qui consistaient à avoir un domicile dans Rome, à être membre d'une des trente-cinq tribus, et à pouvoir parvenir aux dignités de la république. Ceux qui n'avaient que par concession et non par naissance quelques-uns des droits du citoyen, n'étaient à proprement parler que des honoraires, .

Quand on a dit qu'il se trouva plus de quatre millions de citoyens romains dans le dénombrement qu'Auguste en fit faire, il y a apparence qu'on y avait compris non-seulement ceux qui résidaient alors dans Rome, mais encore ceux qui, répandus dans l'empire, n'étaient que des honoraires.

Il y avait une grande différence entre un citoyen et un domicilié. Selon la loi *de incolis*, la seule naissance faisait des citoyens et en donnait tous les priviléges ; ils ne s'acquéraient point par le temps du séjour. Il n'y avait sous les consuls que la faveur de l'état, et sous les empereurs que leur volonté qui pût suppléer en ce cas au défaut d'origine.

Le principal privilége d'un citoyen romain était de ne pouvoir être jugé que par le peuple. La loi *porcia* défendait de mettre à mort un citoyen. Dans les provinces mêmes le citoyen romain n'était point, comme les autres habitans, soumis au pouvoir arbitraire d'un proconsul ou d'un prépréteur; le *civis sum, je suis citoyen*, arrêtait sur-le-champ ces tyrans subalternes. A Rome, dit Montesquieu, ainsi qu'à Lacédémone, la liberté pour les citoyens, et la servitude pour les esclaves étaient extrêmes.

3. *Comment s'obtient le titre de citoyen français.* La constitution du 23 frimaire de l'an 8, a déclaré, par l'article 2, que tout homme né et résidant en France, qui, âgé de vingt-un ans accomplis, se serait fait inscrire sur le registre civique de son arrondissement communal, et qui, postérieurement, aurait demeuré pendant un an sur le territoire de la république, serait citoyen français.

. L'article suivant a pareillement voulu qu'un étranger devînt citoyen français, lorsqu'après avoir atteint l'âge de vingt-un ans accomplis, et avoir déclaré l'intention de se fixer en France, il y aurait résidé pendant dix années consécutives.

Remarquez que pour exercer les droits de cité dans un arrondissement communal, il faut y avoir acquis domicile par une année de résidence, et ne l'avoir pas perdu par une année d'absence.

4. *De ce qui fait perdre les droits de citoyen, et de ce qui en suspend l'exercice.* Suivant les articles 4 et 5 de la constitution citée, la qualité de citoyen français se perd, 1o par la naturalisation en pays étranger ;

2o Par l'acceptation de fonctions ou de pensions offertes par un gouvernement étranger ;

Tome IV. C

3° Par l'affiliation à toute corporation étrangère qui supposerait des distinctions de naissance ;

4° Par la condamnation à des peines afflictives ou infamantes.

Quant à l'exercice des droits de citoyen français, il est suspendu, 1° par l'état de débiteur failli ou d'héritier immédiat, détenteur à titre gratuit de la succession totale ou partielle d'un failli ;

2° Par l'état de domestique à gages, attaché au service de la personne ou du ménage ;

3° Par l'état d'interdiction judiciaire, d'accusation ou de contumace.

5. *Différence entre l'exercice des droits de citoyen et la jouissance des droits civils, et de l'application qui doit être faite des uns et des autres.* On ne peut pas être citoyen français sans avoir la jouissance des droits civils ; mais on peut jouir des droits civils en France, sans être citoyen français.

L'article 8 du Code Napoléon veut que tout français jouisse des droits civils.

L'article suivant a statué que tout individu né en France d'un étranger, pourrait, dans l'année qui suivrait l'époque de sa majorité, réclamer la qualité de Français : mais il faut, pour cet effet, que dans le cas où il se trouve résider en France, il déclare que son intention est d'y fixer son domicile ; et que s'il réside en pays étranger, il fasse sa soumission de fixer en France son domicile, et qu'il s'y établisse dans le cours de l'année postérieure à sa soumission.

Si un enfant vient à naître d'un Français en pays étranger, l'article 10 du Code cité, veut qu'il soit considéré comme Français.

Et si le père de cet enfant a perdu la qualité de Français, ce dernier peut toujours recouvrer cette qualité en remplissant les formalités prescrites par l'article 9.

L'étranger jouit en France des mêmes droits civils que ceux qui sont accordés aux Français, par les traités de la nation à laquelle cet étranger appartient.

Voyez les articles CONSTITUTION , LIBERTÉ, JUIF, CONSCRIPTION MILITAIRE, ACCUSATION, ARRESTATION, etc.

CIVILISER.

On appelait autrefois *civiliser une procédure*, l'action de convertir en procès civil une affaire qui se poursuivait par la voie criminelle.

Le nouvel ordre de choses introduit relativement à la manière de poursuivre les délits, a rendu inutiles les règles d'après lesquelles une procédure devait être civilisée. Ainsi il serait superflu de nous étendre sur ce point.

Voyez DÉLIT.

CIVISME.

Voyez à l'article CERTIFICAT, *ce qui concerne les certificats de civisme.*

CLAMEUR.

Ce terme signifie grand cri.

Lorsqu'une personne est poursuivie par la clameur publique comme coupable d'un délit, tout

dépositaire de la force publique et même tout citoyen doit s'employer pour la saisir et la conduire
devant le juge de paix, conformément aux articles
61, 62 et 63 du code des délits et des peines, décrété le 3 brumaire de l'an 4. La loi a assimilé
le cas de poursuite par la clameur publique à celui
de flagrant délit. Ainsi, le juge de paix peut, sur
la clameur publique, faire saisir et amener devant
lui les prévenus, sans attendre d'autres renseignemens et sans qu'il soit besoin d'aucun mandat. C'est ce qui résulte de l'article 101 du
code cité.

Voyez FLAGRANT DÉLIT.

_____

CLANDESTIN. — CLANDESTINITÉ.

On appelle *clandestin*, ce qui se fait en secret
et contre la défense d'une loi. La *clandestinité* est
le vice de la chose faite clandestinement.

On dit en matière civile qu'une possession est
vicieuse lorsqu'elle est clandestine. L'article premier du titre 18 de l'ordonnance de 1667, veut
que pour exercer la complainte à l'occasion d'un
héritage ou d'un droit quelconque dont on a été
dépouillé autrement que par autorité de justice,
on en ait été *publiquement* possesseur. C'est pourquoi, si cette possession n'avait été que l'effet de
la surprise et de la clandestinité, on serait non-
recevable à invoquer le bénéfice de la loi.

Il faut de même, en matière de prescription,
que la chose qu'on veut conserver à la faveur de
cette voie, ait été possédée ouvertement pendant
tout le temps déterminé par la loi pour prescrire;
parce que si le propriétaire de la chose, après ce
temps-là, est non-recevable à la revendiquer,

c'est parce qu'on présume, ou qu'il en a été légitimement dépouillé, ou qu'il est dans son tort de ne s'être point opposé à l'usurpation ; reproche qu'on ne pourrait lui faire si l'on avait pratiqué contre lui des manœuvres sourdes et clandestines pour empêcher qu'il ne s'en aperçût. C'est ce qui est plus particulièrement expliqué aux articles COMPLAINTE, POSSESSION et PRESCRIPTION.

CLASSE.

On employait autrefois ce mot pour désigner l'ordre établi sur les côtes et dans les départemèns maritimes, relativement au service des matelots et autres gens de mer attachés au service de l'Etat, et distribué par parties, dont chacune s'appelait *classe*.

Voyez sur cette matière l'article INSCRIPTION MARITIME.

CLAUSE.

C'est une disposition particulière qui fait partie d'un traité, d'une loi, d'un contrat, et de tout autre acte public ou particulier.

On peut insérer dans une convention plus ou moins de clauses, selon que la matière y est disposée ; mais quoiqu'il n'y ait régulièrement dans un acte que ce qu'on y met, il y a néanmoins certaines clauses qui sont tellement de l'essence des actes, qu'on les regarde comme de style, et qu'elles sont toujours sous-entendues. Telle est l'hypothèque des biens dans les actes passés devant notaires, laquelle est de droit, quoiqu'on ait omis de la stipuler.

La section 5 du titre 3 du livre 3 du code Napoléon, a établi les règles auxquels il convient de se conformer pour interpréter les clauses d'une convention : ces règles consistent, 1° à rechercher quelle a été la commune intention des parties contractantes, plutôt que de s'arrêter au sens littéral des termes.

2° Lorsqu'une clause est susceptible de deux sens, on doit plutôt l'entendre dans celui avec lequel elle peut avoir quelque effet, que dans le sens avec lequel elle n'en pourrait produire aucun.

3° Les termes susceptibles de deux sens doivent être pris dans le sens qui convient le plus à la matière du contrat.

4° Lorsque le sens d'une clause est ambigu, il faut l'interpréter par ce qui est d'usage dans le pays où la convention a eu lieu.

5° On doit suppléer, dans le contrat, les clauses qui y sont d'usage, quoiqu'elles n'y soient pas exprimées.

6° Il faut interpréter toutes les clauses d'une convention, les unes par les autres, en donnant à chacune le sens qui résulte de l'acte entier.

7° Dans le doute, il convient d'interpréter une clause contre celui qui a stipulé, et en faveur de celui qui a contracté l'obligation.

8° Il faut remarquer que, quelque généraux que soient les termes dans lesquels une convention est conçue, elle ne comprend que les choses sur lesquelles il paraît que les parties se sont proposé de contracter.

9° Lorsque, dans un contrat, on a exprimé un cas pour expliquer l'obligation, on n'est pas censé avoir voulu, par là, restreindre l'étendue que l'engagement reçoit de droit aux cas non exprimés.

Au surplus les clauses insolites font, en général, présumer la fraude.

Sans prétendre expliquer ici les différentes espèces de clauses, nous jeterons un coup dœil
rapide sur celles que l'on connaît sous des dénominations particulières : ainsi,

On appelle dans un contrat de vente, *clause
de garantie*, la clause par laquelle le vendeur
s'oblige à faire jouir l'acheteur de la chose vendue.

Quand une telle clause ne serait point exprimée
dans un contrat de vente, le vendeur ne serait
pas moins garant des troubles, dettes, hypothèques, et de tous les autres obstacles qui pourraient
gêner l'acheteur dans la jouissance des choses acquises. Ce n'est donc que par surabondance et
non par nécessité qu'une telle clause intervient
dans une vente. En effet, le vendeur ne pourrait
même point, par une convention expresse, se faire
décharger d'une telle garantie, parce qu'il serait
contre les bonnes mœurs qu'il pût impunément
manquer de foi. Ainsi dans le cas où vous auriez
fait une vente aux risques et périls de l'acquéreur, et que vous auriez été dispensé de garantir
la chose vendue, une telle stipulation ne vous
déchargerait pas de l'obligation naturelle que vous
auriez contractée de faire jouir l'acquéreur.

Mais, quoique la clause de garantie soit de droit,
et que tout vendeur soit en général tenu d'assurer
à l'acquéreur la propriété de la chose vendue,
cette règle reçoit néanmoins quelques exceptions :
par exemple, le vendeur n'est pas garant de ce
qui peut arriver à l'acquéreur par des cas de force
majeure ; et il faut dire la même chose des évictions qui procèdent des dispositions de la loi.
Il n'y a alors aucune sorte de recours à exercer
contre le vendeur. *Voyez* GARANTIE.

CLAUSE DE CONSTITUT, se dit d'une clause par
laquelle le possesseur d'un bien meuble ou immeuble reconnaît qu'il n'y a aucun droit de pro-

priété, et que la jouissance ne lui en a été laissée qu'à ce titre de constitut.

Cette clause s'insère dans les donations et dans les ventes qui renferment une réserve de l'usufruit de la chose donnée ou vendue au profit du donateur ou du vendeur : ceux-ci déclarent, par cette clause, qu'ils ne retiennent la chose qu'à titre de constitut : on est dans l'usage d'ajouter ces termes, *et de précaire*, c'est-à-dire, par souffrance et par emprunt. Cependant les termes de *constitut* et de *précaire* ne sont pas synonymes : toute possession à titre de constitut est sans doute précaire ; mais la simple possession précaire, telle, par exemple, qu'est celle d'un fermier ou de quelqu'un à qui on a prêté des meubles, n'est pas à titre de constitut.

La clause de constitut produit deux effets, dont l'un consiste en ce que le donateur ou le vendeur jouissent de l'usufruit qu'ils se sont réservé, et l'autre transfère au donataire ou à l'acheteur une possession feinte en vertu de laquelle il a le même droit de propriété que si on lui avait transmis une possession réelle et actuelle.

Mais, pour que la clause de constitut et de précaire produise ces effets, il faut que le contrat soit valable, que l'objet en soit certain et déterminé, que le donateur ou le vendeur soit réellement en possession, et qu'il soit présent à la stipulation du constitut.

L'article 273 de la coutume de Paris, porte que *donner et retenir ne vaut*. Et suivant l'article 274, *c'est donner et retenir quand le donateur demeure en possession de la chose donnée jusqu'au jour de son décès :* mais ces décisions sont interprétées par l'article 275, qui dit que *ce n'est pas donner et retenir quand il y a clause de constitut ou précaire*, et qu'une telle donation vaut.

Pour que la clause de constitut et de précaire soit valable relativement à des meubles, il faut joindre un état de ces meubles au contrat, ou les spécifier dans l'acte même.

CLAUSE IRRITANTE se dit de celle qui annulle tout ce qui serait fait au préjudice d'une loi ou d'une convention, comme quand on stipule en ces termes : *à peine de nullité*.

Lorsque la loi est conçue en termes prohibitifs négatifs, la clause irritante est inutile pour annuller ce qui est fait contre les dispositions d'une telle loi ; mais cette clause est nécessaire quand la loi ne fait simplement qu'enjoindre quelque chose. *Voyez l'article* NULLITÉ.

CLAUSE COMMINATOIRE se dit d'une certaine peine qu'on stipule dans différens actes ou contrats, ou qu'on insère dans un testament, dans un jugement contre ceux qui contreviendront à quelque disposition, laquelle peine n'est toutefois pas encourue de plein droit, et ne s'exécute pas toujours à la rigueur.

Ce mot vient du mot latin *comminari*, qui signifie menacer.

Les peines stipulées dans les actes sont ordinairement réputées comminatoires, à moins que la partie intéressée ne prouve en justice qu'elle a souffert un préjudice réel par l'inexécution de la convention de la part de l'obligé ; car en général ces sortes de clauses ne doivent donner lieu qu'à des dommages et intérêts : il dépend donc de la prudence du juge de voir s'il convient d'en adjuger, et s'ils ne doivent pas être modérés, nonobstant qu'ils soient fixés par l'acte à une somme plus forte.

Dans les jugemens rendus, lorsqu'il y a quelque disposition qui ordonne à une partie de faire quelque chose dans un certain temps, à peine de déchéance de quelque droit, cette disposition n'est réputée que comminatoire, c'est-à-dire que celui qui n'a pas exécuté le jugement dans le temps fixé n'est pas pour cela déchu de son droit, à moins qu'à l'échéance l'autre partie n'ait obtenu un jugement qui l'ordonne ainsi, ou que le premier jugement ne porte la clause qu'en *vertu du présent jugement, et sans qu'il en soit besoin d'autre, la partie demeurera déchue*, etc.

CLAUSE PÉNALE se dit d'une clause qui impose une peine à quelqu'un, au cas qu'il ne fasse pas quelque chose, ou qu'il ne le fasse pas dans un certain temps : telle serait une clause par laquelle quelqu'un se serait obligé à payer mille écus, si trois jours après son départ de Lyon il n'était pas arrivé à Paris pour y remplir la commission qui était l'objet de son voyage.

Les clauses pénales insérées dans les conventions sont réputées comminatoires, comme on l'a vu précédemment : mais il n'en est pas de même dans les dispositions de dernière volonté : ici les clauses pénales ajoutées aux actes de libéralité doivent être exécutées à la rigueur, à moins qu'elles ne renferment des conditions impossibles, ou qu'elles ne blessent les bonnes mœurs.

CLAUSE RÉSOLUTOIRE, se dit de celle par laquelle on convient qu'un acte demeurera nul et résolu, dans le cas où l'une des parties n'aura pas rempli ses obligations.

La clause résolutoire peut s'appliquer à différentes conventions ; mais il en est de cette clause comme des clauses pénales : elle ne s'exécute pas toujours à la rigueur, et la convention n'est pas résolue dans le temps fixé, quand même on serait convenu que la résolution serait encourue par le seul fait et sans ministère de justice. Une telle clause ne doit avoir d'effet qu'à l'arbitrage du

juge , selon la qualité du fait et des circonstances.

Lorsqu'on a stipulé la résolution d'une convention dans le cas où l'un des contractans n'exécu-
terait pas quelqu'un de ses engagemens , il ne faut
pas conclure de cette clause résolutoire qu'il dépende de ce contractant de faire résoudre la convention en n'exécutant pas ce qu'il a promis ; mais
on doit établir que l'autre partie pourra le contraindre à exécuter ses engagemens , ou qu'elle
pourra faire résoudre la convention et obtenir les
dommages et intérêts qui lui résulteront de ce que
cette convention n'aura point eu d'effet.

Souvent on insère dans une vente une clause
résolutoire portant que , si l'acheteur ne paye pas
au terme, la vente sera résolue. Cette même peine
de la résolution de la vente peut aussi être stipulée pour l'inexécution de quelqu'autre convention
faisant partie du contrat de vente : ainsi le vendeur
sera tenu de reprendre l'héritage qu'il aura vendu,
si cet héritage se trouve assujetti à une servitude
dont il aura été déclaré exempt par le contrat.

Au surplus, les clauses résolutoires, au défaut
de payer au terme ou d'exécuter quelque autre
convention, ne produisent pas d'abord , comme
on l'a déjà dit, l'effet de résoudre une vente ou
quelqu'autre contrat ; il faut que celui contre qui
on veut employer une telle clause soit mis juridi-
quement en demeure de remplir ses engagemens ;
et ensuite, faute par lui de les avoir remplis, on
demande et l'on fait ordonner en justice la résolution de l'acte. Le juge accorde ordinairement
un délai pour satisfaire à ce qui est demandé, à
moins que la chose ne puisse souffrir de retardement, comme quand il s'agit de délivrer de la
marchandise promise pour le jour d'un embarquement.

Au reste, vous remarquerez, sur les clauses résolutoires, que le Code Napoléon fait une distinction entre celles qui ont pour objet une vente d'immeubles et celles qui ne s'appliquent qu'à des choses mobilières.

A l'égard des immeubles, l'article 1656 a réglé que s'il a été stipulé lors d'une vente d'immeubles que, faute de payement du prix dans le terme convenu, la vente serait résolue de plein droit, l'acquéreur pourrait néanmoins payer après l'expiration du délai, tant qu'il n'a pas été mis en demeure par une sommation : mais qu'après cette sommation, il ne serait plus permis au juge de lui accorder aucun délai.

Il en est autrement en matière de vente de denrées et d'effets mobiliers. L'article 1657 a statué que la résolution de la vente aurait lieu de plein droit et sans sommation, au profit du vendeur, après l'expiration du terme convenu pour le retirement.

CLAUSE DÉROGATOIRE se dit de celle qui déroge à quelque acte antérieur.

Les clauses dérogatoires étaient autrefois fort usitées dans les testamens : ceux qui craignaient que dans la suite ils ne se vissent obligés par des considérations particulières à changer les dispositions d'un premier testament, et qui voulaient néanmoins que ce testament fût exécuté, y mettaient une clause par laquelle ils ordonnaient que si dans la suite ils venaient à faire un second testament, il n'aurait aucun effet, à moins qu'il ne contînt une certaine sentence ou de certaines paroles insérées dans le premier, pour être l'indication de la véritable volonté du testateur.

C'est ainsi qu'en 1672, Léonard Villotreys fit un testament par lequel il institua Marie Villotreys son héritière, et y inséra une clause dérogatoire qui était, *sancte Leonarde, ora pro nobis*, avec déclaration que s'il venait à faire un second testament et que cette phrase n'y fût point répétée, il n'aurait aucune force ni valeur. Cependant, ayant fait dix-huit jours après un nouveau testament, il révoqua le premier, fait, dit-il, en faveur de sa sœur, et déclara que dans le cas où il y aurait une clause dérogatoire, il la révoquait, et qu'il la spécifierait s'il s'en souvenait. L'héritier institué par ce nouveau testament ayant contesté l'hérédité à Marie Villotreys, instituée par le premier, le parlement de Bordeaux jugea, par arrêt du 10 décembre 1680, que la clause dérogatoire avait été suffisamment révoquée par le second testament.

Dans une autre espèce, une femme qui craignait la suggestion avait fait un testament olographe contenant une clause dérogatoire, et elle l'avait déposé entre les mains d'une personne de confiance. Les parens de cette femme, informés qu'elle avait fait un testament, mais sans savoir qu'il contenait une clause dérogatoire, la déterminèrent à faire un second testament qui annullât le premier : dans ce second testament reçu par le notaire Richard, elle révoqua le précédent en ces termes : *Je révoque un tel testament d'un tel jour, déposé entre les mains d'un tel ;* mais, comme elle ne parla pas dans le second testament de la clause dérogatoire, insérée dans le premier, l'exécution de celui-ci fut ordonnée par arrêt du 18 juillet 1697, rendu au parlement de Paris sur les conclusions de M. Daguesseau. Ce magistrat observa que *la révocation du testament devait tomber, non sur le testament, en disant :* Je révoque un tel testament, d'un tel jour, passé en tel endroit, *mais sur la clause dérogatoire, en disant :* Je révoque un tel testament contenant une clause dérogatoire.

Les meilleurs jurisconsultes avaient toujours considéré les clauses dérogatoires comme contraires aux vrais principes du droit, et comme ne servant qu'à multiplier les procès : cependant la jurisprudence presque universelle des parlemens les avait autorisées, et toute la difficulté ne consistait que sur la manière de les révoquer valablement par un testament, ou codicile postérieur : c'est pourquoi on distinguait trois sortes de révocations en matière de clauses dérogatoires, savoir : la générale, la spéciale et l'individuelle.

La générale était celle par laquelle un testateur révoquait généralement tous les testamens qu'il pouvait avoir faits, quoiqu'ils continssent des clauses dérogatoires dont il ne se souvenait pas, et qu'il rappellerait s'il en avait la mémoire. Cette révocation était réputée insuffisante, excepté le cas où le testament qui la renfermait contenait institution d'héritier au profit des enfans du testateur qui, dans le premier testament, avoit institué des étrangers ou collatéraux. La faveur des enfans opérait dans ce cas une exception à la règle.

La révocation spéciale était celle par laquelle le testateur rappelait les principales circonstances de la clause dérogatoire, sans en énoncer formellement les termes, comme quand il disait : *Je révoque le testament que j'ai fait dans telle année, ou un tel jour, par devant tel notaire, en telle ville, au profit d'une telle personne, contenant une clause dérogatoire, des termes de laquelle je ne me souviens pas.* Cette révocation a toujours été réputée suffisante, quand même on n'y aurait spécifié que quelques-unes des circonstances.

La révocation individuelle avait lieu lorsque le testateur rappelait par le dernier testament les propres expressions dans lesquelles la clause déro-

gatoire était conçue : cette dernière espèce de
révocation n'a été jugée nécessaire que dans le
cas où il s'agissait de faire perdre, par un second
testament, l'institution qui avait été faite dans le
premier, contenant la clause codicillaire au profit
des enfans du testateur.

Au reste, toutes ces distinctions sur la manière
de révoquer les clauses dérogatoires sont aujour-
d'hui inutiles, au moyen de ce que ces clauses
ont été abrogées elles-mêmes par l'article 76 de
l'ordonnance des testamens, du mois d'août 1755 (1).
Cette loi est d'autant plus juste, que rien n'était
plus contraire à la liberté naturelle que l'homme
a de changer de volonté jusqu'au dernier moment
de sa vie, que l'admission des clauses dérogatoires.
Elles occasionnaient beaucoup plus d'inconvéniens
que le mal auquel on avait voulu remédier. Ainsi
le législateur, en les abrogeant, a ramené la jurisprudence aux vrais principes, et a rempli le vœu
des plus habiles jurisconsultes qui ayent traité cette
matière.

CLAUSE CODICILLAIRE se dit d'une clause apposée dans un testament, par laquelle le testateur
déclare que si son testament ne peut valoir comme
testament, il entend qu'il vaudra comme codicile.

L'origine de cette clause doit être rapportée
aux formalités embarrassantes que le droit romain
avait introduites pour la validité des testamens; et
ces formalités avaient été une suite de la liberté
qu'on avait à Rome de faire un testament sans

_____

(1) Cet article est ainsi conçu :
« Abrogeons l'usage des clauses dérogatoires dans tous
» testamens, codiciles ou dispositions à cause de mort.
» Voulons qu'à l'avenir elles soient regardées comme nulles
» et de nul effet, en quelques termes qu'elles soient con-
» çues ».

aucun écrit. En effet, comme il fallait que le sou-
venir des dispositions du testateur se conservât
sans écrit, et seulement par la foi des témoins
auxquels il les avait communiquées, on dut
prendre des précautions pour assurer la vérité de
ces dispositions : c'est pourquoi on régla que,
pour qu'un testament fût valable, il était nécessaire qu'il fût certifié par sept témoins, citoyens
romains appelés exprès, et qui eussent été présens à toute la suite de l'acte sans interruption. On
avait en outre ajouté à ces formalités, qu'on ne
pourrait instituer un héritier ni faire des legs qu'en
usant de certaines expressions, sinon que ces dispositions, faites en d'autres termes, seraient
nulles. Et quoique ces formalités fussent moins
nécessaires dans les testamens écrits, on ne laissa
pas que de les y observer, de même que dans
ceux qui se faisaient sans écrit, et qu'on nommait
noncupatifs. Or, comme le nombre de témoins
et les formalités dont on vient de parler, rendaient
extrêmement difficile la manière de faire un testament valable, on imagina de suppléer au défaut
de formalités en ajoutant au testament une clause
codicillaire. On donna même l'effet de cette clause
à quelques testamens où l'on jugea que les expressions du testateur pouvaient y suppléer, ce qui fit
différentes règles : car on lit dans quelques lois
que le testament défectueux ne peut valoir comme
codicile que quand le testateur marque expressément que telle est son intention. Et cette expression était si nécessaire, qu'il est dit dans une loi
que le legs même de la liberté d'un esclave sera
nul, si la nullité du testament n'est réparée par
l'expression de la clause codicillaire. Mais il y a
d'autres lois qui donnent l'effet des codiciles à des
testamens où il manquait des formalités, sans que
la clause codicillaire y fût exprimée.

C'est ainsi qu'on voit dans une loi qu'un testateur ayant déclaré dans son testament qu'il l'avait rédigé sans le secours d'aucun jurisconsulte qui lui en eût indiqué les formalités, aimant mieux suivre ce que sa raison lui inspirait, que de s'assujettir à l'exactitude gênante de ces formalités, et jugeant que s'il manquait à quelqu'une, la volonté d'une personne bien sensée devait être tenue pour juste et légitime, il fut décidé que ces expressions devaient produire le même effet qu'une clause codicillaire expresse.

On donnait de même l'effet des clauses codicillaires aux expressions par lesquelles le testateur avait témoigné désirer que ses dispositions fussent exécutées, comme quand il avait dit vouloir que son testament subsistât de quelque manière qu'il pût avoir fait son effet; ou que si sa volonté ne pouvait être exécutée comme testament, il priait ceux qui seraient ses héritiers *ab intestat*, de remplir ses intentions.

On trouve aussi sur ce sujet une loi suivant laquelle la seule considération, soit de l'affection singulière du testateur pour un légataire, soit de la qualité du legs favorable par sa nature, fait suppléer la clause codicillaire dans un testament nul pour obliger les enfans héritiers du testateur à acquitter ce legs.

Ces exemples et d'autres encore qu'on trouve en différentes lois, ont fait croire à plusieurs interprètes distingués, qu'on pouvait suppléer dans tous les testamens la clause codicillaire, comme y étant sous-entendue, parce qu'on la met dans la plupart, et que tous les testateurs ont intention que leur volonté s'exécute autant qu'il est possible. Cependant, parmi nous, la clause codicillaire doit être exprimée, et on ne la supplée point. Au surplus, elle ne peut produire aucun effet que le testament ne soit au moins revêtu des formalités requises dans les codiciles.

Observez d'ailleurs que la clause codicillaire n'est d'usage que dans les pays de droit écrit, et non dans les pays coutumiers, où l'on dit communément que les testamens ne sont que des codiciles, parce qu'ils ne demandent pas plus de formalités qu'un simple codicile.

Il faut aussi remarquer que la clause codicillaire n'ayant pour objet que de suppléer des formalités omises, elle ne rendrait pas valable un testament qui serait nul par quelqu'autre cause, telle que celle de suggestion.

Clause impérative, se dit d'une disposition qui ordonne absolument de faire quelque chose.

La loi du 5 brumaire de l'an 2, veut qu'on regarde comme non écrite toute clause impérative ou prohibitive insérée dans les actes passés même avant le décret du 5 septembre 1791 (1), lorsqu'elle est contraire aux lois et aux mœurs; lorsqu'elle porte atteinte à la liberté religieuse du donataire, de l'héritier ou du légataire; lorsqu'elle gêne la liberté qu'il a, soit de se marier ou remarier, même avec des personnes désignées; soit d'embrasser tel état, emploi ou profession; ou lorsqu'elle tend à le détourner de remplir les devoirs imposés, et d'exercer les fonctions déférées par les lois aux citoyens.

Voyez les articles Donation, Testament, Vente, etc.

C L E F.

C'est un instrument fait pour ouvrir et fermer une serrure.

---

(1) Ce décret renferme à-peu-près les mêmes dispositions que celles de la loi du 5 brumaire.

Suivant l'article 48 du titre 3 de la loi du 10 juillet 1791, concernant la conservation et le classement des places de guerre, les clefs de toutes les portes, poternes, vannages, aqueducs et autres ouvertures qui donnent entrée dans les places de guerre ou postes militaires, doivent toujours être confiées au commandant militaire.

Au mois de juillet 1776, le ministère public présenta à la police un réquisitoire expositif qu'il avait remarqué que la plupart des vols que son devoir l'avait mis dans la nécessité de poursuivre, avaient été commis depuis plusieurs mois à Paris et dans les environs, à la faveur des clefs dont la vente s'était faite par un abus préjudiciable à la sûreté publique et contraire aux règlemens : que la facilité d'acheter des clefs de toute espèce, neuves ou vieilles, brutes ou-ébauchées, chez des serruriers, taillandiers, férailleurs, revendeurs, crieurs de vieux fers et autres, était pour les voleurs un moyen d'autant plus dangereux, qu'ils pouvaient limer et ajuster ces clefs pour les adapter à la plus grande partie des serrures, au moyen de quoi ils parvenaient à s'introduire dans l'intérieur des maisons, à ouvrir les portes d'entrée, les commodes, les armoires, et à violer la sûreté particulière des citoyens, etc.

Sur ce réquisitoire est intervenue, le 10 du même mois de juillet, une ordonnance de police dont voici les dispositions :

« Art. Ier. Nous ordonnons que les arrêts, ré-
» glemens et ordonnances de police concernant
» les serruriers, taillandiers et autres ouvriers
» travaillant à la forge, ainsi que les férailleurs,
» revendeurs et crieurs de vieilles férailles, seront
» exécutés selon leur forme et teneur ; et confor-
» mément à iceux, leur faisons très-expresses
» inhibitions et défenses, et à toutes personnes

» quelles qu'elles soient, d'exposer en vente,
» vendre et débiter aucune clef vieille ou neuve,
» séparément de la serrure pour laquelle ladite clef
» aura été faite, sous peine de cent livres d'amende
» pour la première fois, et de prison en cas de
» récidive, même d'être poursuivies extraordi-
» nairement suivant l'exigence des cas.

» II. Faisons pareillement défense à tous com-
» pagnons et apprentis serruriers, et autres ou-
» vriers en fer, de travailler, forger et limer des
» clefs et des serrures hors les boutiques de leurs
» maîtres, en quelque lieu que ce puisse être, et
» d'y avoir des outils, ainsi qu'à tous particuliers
» de les recevoir, à cet effet, dans leurs maisons
» ou logemens, sous peine de prison contre les-
» dits compagnons, apprentis serruriers et ou-
» vriers en fer, et d'amende contre les particu-
» liers qui les recevront chez eux à cet effet :
» seront tenus les propriétaires et principaux lo-
» cataires qui auraient lesdits ouvriers logés dans
» leurs maisons, dès qu'ils seront instruits qu'ils
» travaillent chez eux auxdits ouvrages, d'en faire
» leurs déclarations chez le plus prochain commis-
» saire, ou au bureau de sûreté ; lesquelles décla-
» rations, ainsi que toutes autres déclarations
» concernant les vols et délits publics, seront re-
» çues sans frais, suivant l'usage accoutumé ; le
» tout sous peine d'amende contre lesdits proprié-
» taires et principaux locataires.

» III. Défendons à tous férailleurs, revendeurs
» et crieurs de vieux fers, d'avoir des étaux et
» limes chez eux, de limer ou faire limer et ré-
» parer aucune clef dans leurs boutiques, maisons
» ou ailleurs, sous peine d'amende pour la pre-
» mière fois, et de prison en cas de récidive.

» IV. Ordonnons qu'aucuns serruriers, férail-
» leurs, taillandiers ou autres ouvriers travaillant à

» la forge, ne pourront travailler et faire travailler
» dans les derrières de leurs maisons ou lieux
» non apparens, à peine d'amende, ou telle autre
» punition qu'il appartiendra.

» V. Ordonnons aussi que dans quinzaine, à
» compter du jour de la publication de notre or-
» donnance, tous serruriers, taillandiers, férail-
» leurs, revendeurs, crieurs et autres débitans
» de vieux fers, étant en cette ville, faubourgs et
» banlieue, seront tenus d'apporter ou faire ap-
» porter au bureau de sûreté établi à la police,
» toutes les clefs vieilles ou neuves, qu'ils pour-
» ront avoir en leur possession, lesquelles ne se-
» raient pas accompagnées de leurs serrures, dont
» ils seront payés à raison d'un sou chaque clef,
» pour être ensuite lesdites clefs portées au ma-
» gasin de l'arsenal, à l'effet d'y être cassées et
» mises à la fonte.

» VI. Disons qu'après ledit délai de quinzaine,
» et icelui passé, lesdits serruriers, ouvriers et
» débitans dénommés en l'article précédent, qui
» se trouveront avoir en leur possession aucune
» desdites clefs non accompagnées de leurs ser-
» rures, seront condamnés à l'amende, et même
» à plus grande peine s'il y échet ».

Il serait très à propos que la police tînt la main
à l'exécution de cette ordonnance; car la plupart des vols qui ont habituellement lieu à Paris,
se font avec des clefs telles que celles qu'elle a
proscrites.

Suivant l'article 381 du code pénal, les fausses
clefs employées pour commettre un vol, composent une des cinq circonstances qui, étant réunies,
doivent faire condamner le voleur à la peine de
mort : mais si les fausses clefs ont été le seul
moyen dont on ait fait usage pour commettre le
crime, la peine à infliger au coupable, est celle

des travaux forcés à temps, au terme de l'article
384 du code cité.

L'article 398 du même code, qualifie de *fausses
clefs*, tout crochet, rossignol, passe-partout,
clef imitée, contrefaite, altérée, ou qui n'a pas
été destinée par le propriétaire, locataire, auber-
giste ou logeur, à la serrure, au cadenas ou à la
fermeture à quoi le coupable les a employés.

La loi veut par l'article suivant, que tout
individu qui a contrefait ou altéré des clefs soit
condamné à un emprisonnement de trois mois
à deux ans, et à une amende de 27 francs au
moins et de 150 francs au plus.

Si le coupable est un serrurier de profession,
il doit être condamné à la peine de la réclusion ;
le tout sans préjudice de plus fortes peines en
cas de complicité de crime.

Les articles 1605 et 1606 du Code Napoléon
ont réglé, 1º que l'obligation de délivrer des
immeubles serait remplie de la part du vendeur
lorsqu'il aurait remis les clefs s'il s'agissait d'un
bâtiment, ou quand il aurait remis les titres de
propriété ;

2º Que s'il était question d'effets mobiliers,
la délivrance pourrait s'opérer par la remise des
clefs des bâtimens où ces effets seraient ren-
fermés.

Voyez les articles VENTE, VOL, etc.

———————————

C L E R C.

C'est celui qui écrit et travaille chez un homme
de pratique, tel qu'un avocat, un procureur,
un notaire, etc.

L'arcicle 915 du Code Napoléon défend d'employer comme témoins les clercs des notaires dans les actes reçus par ces officiers publics. *Voyez l'article* Notaire.

CLIENT.

On donne ce nom au plaideur, relativement au défenseur qu'il a choisi pour défendre sa cause ou ses intérêts.

Ce titre vient des anciens Romains, chez lesquels les citoyens de l'ordre des plébéïens se mettaient sous la protection de quelque patricien. Le patron était obligé de faire valoir les droits de son client toutes les fois que celui-ci réclamait son secours. Le client à son tour donnait au patron sa voix dans les assemblées des comices : il lui servait de cortége dans les cérémonies d'éclat. Par les lois royales, si un patron était convaincu d'avoir trahi son client, il devait être regardé comme indigne de vivre, et l'on pouvait le tuer impunément, comme une victime dévouée aux dieux infernaux.

Ce fut Romulus qui établit le droit de patronage, afin d'unir les ordres de l'état. Cette institution s'étendit avec la domination romaine ; les provinces, les villes, se choisirent des patrons dans le sénat romain.

On donne aujourd'hui le titre de client aux individus dont les avocats et les avoués soutiennent les intérêts devant les tribunaux.

CLOAQUE.

C'est ainsi qu'on appelle un trou creusé en terre, entouré de murs, couvert pour l'ordinaire d'une voûte ou de grandes dalles de pierre; dans lequel s'écoulent les eaux des toits, des cours ou des cuisines, lorsqu'elles ne peuvent point avoir d'écoulement sur la superficie du terrain.

Les fosses *à eaux* sont aussi à peu près des cloaques; mais elles sont à découvert, et quelquefois non entourées de murs.

On entend aussi par *puisard* en maçonnerie ce que nous entendons ici par *cloaque*.

Nombre de coutumes ont des dispositions au sujet des cloaques, et ces dispositions ont toutes pour objet qu'il n'en soit creusé ni construit aucun au préjudice du propriétaire voisin. On sait que les eaux qui croupissent dans ces cloaques peuvent corrompre l'eau des puits du voisinage; que d'ailleurs elles exhalent des vapeurs infectes et souvent aussi dangereuses qu'incommodes. L'article 217 de la coutume de Paris, adoptée dans les lieux où il ne se trouve aucune loi à cet égard, a cru obvier à tous les dangers et à toutes les incommodités des cloaques, en ordonnant qu'on n'en pourrait pratiquer aucun qu'il ne fût à une distance de six pieds en tout sens des murs de séparation voisins.

Indépendamment de cette distance qu'il faut observer, soit qu'il y ait mur de séparation ou non, en prenant alors cette distance de la ligne de division, il faut encore que cette même distance de six pieds soit d'un terrain massif et bien condensé, y compris l'épaisseur du mur du cloaque. Mais on a observé que cette distance était quelquefois insuffisante, et qu'elle n'empêchait pas les eaux de pénétrer chez les voisins, parce que le terrain n'est pas également partout de la même densité. On a aussi observé que lorsque les cloaques recevaient les eaux grasses des cuisines, il en résultait souvent des puanteurs insupportables. Dans le premier cas, il est sans difficulté qu'on oblige le propriétaire du cloaque à le cimenter de façon qu'il n'en résulte aucune humidité chez le voisin. Dans le second, lorsque l'odeur du cloaque est réellement insupportable, on peut obliger le propriétaire ou à le supprimer, ou à y pratiquer une gargouille couverte, ayant une ouverture à une distance suffisante pour éloigner cette mauvaise odeur ; car, quoiqu'il soit permis d'avoir chez soi un cloaque à la distance déterminée par la coutume, cette distance n'est donnée que parce qu'on présume qu'en l'observant, les voisins ne sont point incommodés ; et il est toujours dans l'esprit de la loi que si cette distance ne suffit pas, on doit prendre des précautions pour obvier aux inconvéniens, ou supprimer le cloaque.

Quand on fait des puisards, on peut les creuser jusqu'à l'eau vive, pourvu que les eaux étrangères que ces puisards doivent recevoir ne pénètrent point dans les puits faits ou à faire sur les héritages voisins.

Lorsqu'on ne veut plus se servir d'un puits, il n'est pas permis pour cela d'en faire un cloaque, à moins qu'il ne soit dans la distance réglée par la coutume, et qu'il n'en résulte aucun inconvénient pour les puits que les voisins auraient envie de faire dans la suite.

Les fossés ou autres trous murés ou non murés, destinés aux mares et aux fumiers, doivent être dans la même distance des murs voisins que les cloaques. La chose a été ainsi jugée pour des héritages situés à la campagne, près de Meaux.

On n'est pas si sévère pour les citernes, parce qu'il y a réellement une grande différence entre une cavité pratiquée pour y conserver de l'eau claire et pure, et une autre cavité destinée à recevoir des immondices. Il suffit que la citerne soit construite de façon que le voisin n'en ait ni inconvénient ni danger à craindre, pour qu'il soit libre de la placer où l'on juge à propos.

Outre la coutume dont nous venons de parler, on peut encore consulter sur cet article celles de Calais, de Melun, de Montargis, de Clermont, d'Etampes, du Grand-Perche, d'Orléans, de Bourdonnais, de Reims, de Lorraine, de Bar, de Dunois, de Berry, de Nantes, de Rennes, de Châlons, de Saint-Sever, et l'auteur des *lois des bâtimens.*

On doit d'ailleurs se conformer dans la construction des cloaques à ce qui est prescrit par la seconde section du titre 4 du livre 2 du Code Napoléon.

_____

CLOCHE.

C'est un instrument fait de métal, et dans lequel est suspendu un battant pour en tirer du son.

La loi du 18 germinal an 10, après avoir réglé que dans les villes où il y aurait des temples destinés à différens cultes, aucune cérémonie religieuse ne pourrait avoir lieu hors des édifices consacrés au culte catholique, a ordonné que l'évêque se concerterait avec le préfet, pour déterminer la manière d'appeler les fidèles au service divin par le son des cloches. Elle a d'ailleurs défendu de les sonner pour toute autre cause sans la permission de la police locale.

Il y a néanmoins des circonstances dans lesquelles l'usage a modifié cette dernière disposition. Tel est le cas d'un incendie ou de quelque autre danger imminent. On sonne les cloches pour appeler du secours.

Pour arrêter les mouvemens séditieux et même pour y mettre obstacle, on a coutume d'enlever les cloches. Des troubles de cette espèce s'étant élevés à Bordeaux en 1552, cette ville fut privée de ses cloches ; et un particulier fut condamné à être pendu au battant de la cloche qu'il avait sonnée.

En 1574, la ville de Montpellier fut pareillement privée de ses cloches qu'on avait sonnées dans une sédition.

On connaît les tristes effets qui sont souvent résultés de l'action de sonner les cloches durant des orages. Pour faire cesser cet abus de la sonnerie, un magistrat chargé du ministère public près du bailliage de Langres, présenta, en 1783, un réquisitoire expositif que les habitans de toutes les paroisses du ressort de ce bailliage étaient dans l'usage de faire sonner dans les temps d'orage ; qu'il était difficile de fixer l'époque où cet usage avait commencé ; mais qu'il était vraisemblable que dans l'origine on sonnait pour appeler les fidèles à l'église, afin d'implorer la clémence divine dans ces momens désastreux ; que le peuple perdant bientôt de vue ce pieux motif, s'était persuadé que le son des cloches avait seul la vertu d'arrêter les orages ; que cette idée était contraire à tous les principes, puisque les physiciens convenaient et que l'expérience prouvait qu'un moyen infaillible pour déterminer la chute de la foudre était de sonner, surtout lorsque l'orage était sur le clocher ; que les mémoires des académies étaient remplis d'exemples effrayans sur cet objet ; qu'on y lisait que dans la Basse-Bretagne, pendant la nuit du 14 au 15 avril de l'année 1718, le tonnerre tomba sur

vingt-quatre églises, depuis Landernau jusqu'à
Saint-Pol-de-Léon ; que c'était précisément celles
où on sonnait, et que la foudre n'avait épargné
que les seules églises dont les cloches étaient
restées immobiles ; que dans une dissertation
publiée par un physicien allemand, sur le danger
de sonner dans les temps d'orage, il était établi
qu'en Allemagne, dans l'espace de trente-trois
ans le tonnerre était tombé sur trois cent quatre-
vingt-six clochers, et que cent vingt-un sonneurs
avaient été les victimes de leur imprudence ; que
sans recourir à des exemples étrangers, ce qui
s'était passé récemment au village d'Aubigny, ne
confirmait que trop cette terrible vérité ; qu'on
ne pouvait pas se rappeler sans douleur que le
11 juin 1775 Jacques Humbert, Joseph Bournot
et Nicolas Thierion du lieu de Vaux avaient été
tués par le tonnerre en sonnant les cloches de
l'église d'Aubigny, et qu'au même instant quatre
enfans qui avaient cherché sous la tour un abri
contre l'orage, y furent également frappés de
mort ; que ces funestes effets qui se renouvelaient
chaque année, les exhortations des pasteurs, les
représentations des personnes éclairées, et même
les défenses faites par les juges dans quelques
villages du ressort n'avaient pu déterminer les
habitans des campagnes à s'abstenir de sonner
durant les orages ; qu'il était instant d'arrêter les
progrès du mal, et d'abolir un usage qui me-
naçait fréquemment la vie d'une foule de citoyens.
En conséquence, ce magistrat conclut à ce que
sous le bon plaisir de la cour de parlement il
fût fait défense aux marguilliers et sonneurs des
paroisses du ressort, ainsi qu'à tout autre habi-
tant, même aux syndics, de s'ingérer de sonner ou
faire sonner dans les temps d'orage sous quelque
prétexte que ce fût ; à peine de 10 livres d'a-

mende contre chaque contrevenant, de 50 livres
en cas de récidive, même de plus grandes peines
s'il échet.

Le bailliage de Langres rendit, le 27 août 1783,
une ordonnance conforme à ces conclusions, laquelle fut ensuite homologuée par le parlement
de Paris le 21 mai 1784.

Par un autre arrêt du 19 juillet suivant le même
parlement a fait un réglement sur la sonnerie
des cloches de son ressort, lequel est conforme
aux dispositions de l'ordonnance du bailliage de
Langres qu'il avait homologuée le 21 mai précédent.

***

C L O S.

Voyez ENCLOS.

***

C L O T U R E.

On donne ce nom aux murs, haies, palissades
ou fossés qui enferment une ville, les cours et les
jardins d'une maison, ou les héritages situés en
pleine campagne.

Ainsi, les lois sur les clôtures ont pour objet,
1° les clôtures des villes; 2° les clôtures des cours
et des jardins des maisons; 3° les clôtures des héritages de la campagne.

Clôtures des villes. Les anciens consacraient,
par les cérémonies de la religion, les enceintes
de leur ville. Ceux qui les franchissaient étaient
dévoués à une espèce d'anathème. On connaît les
suites de la querelle élevée entre Romulus et Ré-
mus, parce que celui-ci avait sauté, en se jouant,

les faibles remparts de Rome naissante. C'est dans
cet esprit que les lois romaines ont prononcé des
peines capitales contre ceux qui imiteraient Ré-
mus : *Si quis violaverit muros, capite punitur.*
Ce sont les expressions d'une loi du livre 1ᵉʳ,
titre 8, au digeste. *Cives*, ajoute une autre loi,
*aliàs quàm per portas egredi non licet, cùm illud
hostile et abominandum sit.*

Comme les solennités de la religion ne con-
sacrent point les clôtures de nos villes, nos lois
sont moins sévères sur cet objet. Il a été jugé, au
parlement de Bordeaux, par arrêt du dernier
avril 1530, que les peines capitales portées contre
ceux qui franchissent les murailles des villes, n'a-
vaient lieu que dans les temps et dans les villes
de guerre.

Du principe des lois romaines, que les clôtures des villes sont une chose sacrée et publique,
on a tiré la conséquence qu'elles appartiennent
au domaine national.

Cependant la construction, l'entretien et les
réparations des murs de clôture des villes sont à
la charge des habitans.

Au surplus, les clôtures des villes fortifiées se
gouvernent par des lois particulières dont on parle
aux articles *Fortification* et *Place de guerre.*

Clôtures des maisons et jardins. La faculté de
contraindre son voisin à contribuer aux frais d'une
clôture commune, est une servitude qui était inconnue dans le droit romain, et qui a été intro-
duite par quelques-unes de nos coutumes. Elles
ont distingué, à cet égard, les maisons ou cours,
ou jardins des villes, de ceux des campagnes.

Suivant l'article 219 de la coutume de Paris,
dans les villes et faubourgs qu'elle régit, chacun
peut obliger son voisin de contribuer à la clôture
de ses maisons, cours et jardins. Un grand nombre

de coutumes ont des dispositions conformes à cet
article (1); d'autres, comme celles de Lorraine,
de Bar et de Troyes, etc. n'obligent pas le voisin
à faire un mur nouveau, mais seulement à entretenir l'ancien. Quelques-unes défendent même de
forcer le voisin à faire une clôture; mais aussi
elles ne permettent pas à celui qui n'aurait pas
contribué aux frais d'une clôture, de s'en servir
avant d'en avoir payé la valeur.

Il y a des coutumes qui sont muettes sur cet
objet. Dans ces dernières coutumes, Dumoulin
pense que l'utilité publique demande que l'on
suive celle de Paris, ainsi qu'il l'a fait juger pour
la ville de Montdoubleau; mais Legrand est d'un
avis contraire, sur le fondement que la liberté
des propriétaires est favorable, et que plusieurs
ne sont pas en état de contribuer à une pareille
dépense.

L'article 663 du Code Napoléon veut que
chacun ait la faculté de contraindre son voisin,
dans les villes et faubourgs, à contribuer aux constructions et réparations de la clôture qui sépare
leurs maisons, cours et jardins l'un de l'autre.
La hauteur de la clôture doit être fixée suivant
les règlemens particuliers ou les usages constans
et reconnus. A défaut d'usages et de règlemens,
il faut que tout mur de séparation entre voisins
ait au moins trente-deux décimètres de hauteur,

_____

(1) Telles sont les coutumes de Calais, article 19; de
Melun, article 196; d'Etampes, article 79; de Laon, article 270; de Châlons, article 154; de Reims, article 361;
d'Amiens, article 25; de Cambrai, titre 18, article 6;
d'Orléans, article 236; de Château-neuf, chapitre 13, article 34; de Chartres, chapitre 13, article 39; de Dreux,
chapitre 14, article 67.

y compris le chaperon, dans les villes de cinquante mille ames et au-dessus, et vingt-six décimètres dans les autres.

Lorsque quelqu'un veut appuyer sur un mur de
clôture peu solide, il peut le faire rebâtir entièrement à ses dépens, et alors il ne paye pas à son
voisin les charges de ce qu'il élève au-dessus. Mais
dans le cas que son voisin veuille, dans la suite,
appuyer contre le mur qu'il a bâti, il pourra obliger ce voisin à payer la moitié de la partie du
mur contre laquelle il voudra appuyer. Si au contraire celui qui veut bâtir obligeait son voisin de
contribuer à la reconstruction d'un mauvais mur
de clôture, ainsi qu'il y est autorisé dans quelques coutumes, il payerait à son voisin les charges
de ce qu'il éleverait au-dessus. Si le mur de clôture est bon, mais insuffisant pour le bâtiment à
construire, celui qui bâtit est tenu de payer entièrement tous les frais de construction, quelquefois même des dommages-intérêts à son voisin;
mais il est exempt de lui payer les charges, et
le mur n'est mitoyen que jusqu'à la hauteur déterminée par la loi pour la clôture. S'il fallait aussi
fortifier le mur de clôture sur lequel on voudrait
bâtir ou faire sous-œuvre de plus profondes fondations, ces ouvrages se payeraient par celui qui
bâtirait, et il ne serait tenu de payer les charges
qu'à raison de ce que valait le mur avant ces réparations. Le terrain de la fondation du mur doit
être pris sur les limites des deux héritages, moitié
sur l'un et moitié sur l'autre.

Si quelqu'un a besoin d'une clôture plus épaisse
que celle qui est déterminée par la loi et l'usage,
il doit faire construire sur son fonds l'excès de la
largeur.

Si les voisins ne sont point d'accord entr'eux
sur le terrain qu'ils doivent fournir de part et

d'autre, on doit nommer des experts pour tracer l'alignement.

La nécessité de contribuer à la construction des murs de clôture, n'a pas lieu dans les campagnes comme dans les villes; les voisins y sont seulement obligés d'entretenir et de réparer les murs anciens selon leur ancienne hauteur. La coutume leur laisse même l'alternative d'abandonner leur part dans la propriété du mur et du fonds sur lequel il est assis; mais ils n'y peuvent rentrer qu'en remboursant la moitié des dépenses qui ont été faites pour mettre la clôture en état.

Les haies, les fossés et les simples parois qui servent de clôture, doivent être entretenus comme les murs. Les voisins sont tenus de cet entretien, à moins qu'ils ne veuillent renoncer à leur droit. Ce principe résulte de l'article 213 de la coutume de Paris. En général, toute espèce de clôture est censée commune s'il n'y a des marques et indications qui forment une présomption de droit que le mur est à un seul propriétaire. Tels sont les témoins et les filets posés d'un seul côté.

A l'égard des haies et des fossés, ils sont censés appartenir en entier à celui qui a le jet de la terre de son côté. Les coutumes de Lorraine et d'Orléans ont là-dessus des dispositions expresses. Loysel en a fait une règle de ses instituts.

Clôture des héritages situés en pleine campagne. Comme plusieurs coutumes ne laissaient au propriétaire que le droit d'enlever, au temps indiqué, la première herbe de son pré et les moissons qu'il avait cultivées dans son champ, et qu'elles abandonnaient aux habitans du lieu, et le plus souvent à ceux des communautés voisines, tout ce que les campagnes peuvent produire au-delà, elles avaient interdit les clôtures qui auraient empêché l'exercice de cet usage.

Tome IV.   E

Mais lorsque les principes sur le parcours et la vaine pâture ont changé, lorsqu'on a cru qu'il était avantageux d'y mettre des bornes pour augmenter les travaux de l'agriculture, la loi a donné aux propriétaires la faculté de clore leurs héritages.

La section 4 du titre premier du décret du 28 septembre 1791, contient, sur cette matière, les dispositions suivantes :

« ART. IV. Le droit de clore et de déclore ses » héritages, résulte essentiellement de celui de » propriété, et ne peut être contesté à aucun pro- » priétaire. L'assemblée nationale abroge toutes » lois et coutumes qui peuvent contrarier ce droit.

» V. Le droit de parcours et le droit simple » de vaine pâture ne pourront, en aucun cas, em- » pêcher les propriétaires de clore leurs héri- » tages ; et tout le temps qu'un héritage sera clos » de la manière qui sera déterminée par l'article » suivant, il ne pourra être assujetti ni à l'un ni » à l'autre droit ci-dessus.

» VI. L'héritage sera réputé clos lorsqu'il sera » entouré d'un mur de quatre pieds de hauteur, » avec barrière ou porte, ou lorsqu'il sera exac- » tement fermé et entouré de palissades ou de » treillages, ou d'une haie vive, ou d'une haie » sèche faite avec des pieux, ou cordelée avec » des branches, ou de toute autre manière de faire » les haies en usage dans chaque lieu ; ou en- » fin d'un fossé de quatre pieds de large au moins » à l'ouverture, et de deux pieds de profondeur.

» VII. La clôture affranchira de même du droit » de vaine pâture, réciproque ou non récipro- » que, entre particuliers, si ce droit n'est pas » fondé sur un titre. Toutes lois et tous usages » contraires sont abolis ».

L'article 11 veut d'ailleurs que le droit dont

jouit tout propriétaire de clore ses héritages, ait lieu même par rapport aux prairies dans les endroits, où sans titre de propriété et seulement par l'usage, elles deviennent communes à tous les habitans, soit immédiatement après la récolte de la première herbe, soit en tout autre temps déterminé.

L'article 17 du titre 2 du décret cité, a défendu à toute personne de recombler les fossés, de dégrader les clôtures, de couper des branches de haie vive, et d'enlever des bois sur des haies, sous peine d'une amende de trois journées de travail. Le dédommagement doit, d'après le même article, être payé au propriétaire; et, suivant la gravité des circonstances, la détention peut avoir lieu, mais au plus pour un mois.

Le glanage, le ratelage et le grapillage sont interdits par l'article 21 dans tout enclos rural de l'espèce de ceux dont parle l'article 6 de la quatrième section du titre premier dont on a tout-à-l'heure rapporté les dispositions.

Suivant l'article 22, les pâtres et les bergers ne peuvent mener les troupeaux d'aucune espèce dans les champs moissonnés et ouverts, que deux jours après la récolte entière, sous peine d'une amende de la valeur d'une journée de travail, et du double, si les bestiaux d'autrui ont pénétré dans un enclos rural.

L'article 24 défend de mener des bestiaux dans un terrain clos, sous peine d'une amende double du dédommagement dû au propriétaire, et même de la détention municipale, selon les circonstances.

Il y a également lieu, par l'article 25, à une amende égale à la somme du dédommagement du propriétaire, lorsque des conducteurs de bestiaux revenant des foires, où les menant d'un endroit à l'autre, les introduisent dans quelque enclos rural.

Si une personne était convaincue d'avoir, de dessein prémédité, blessé ou tué des bestiaux ou chiens de garde dans un enclos rural, elle encourrait une amende double de la somme du dédommagement : elle pourrait encore être condamnée à un emprisonnement de deux mois si l'animal n'avait été que blessé, et d'un an s'il était mort de sa blessure, ou qu'il en fût resté estropié. C'est ce qui résulte de l'article 30.

L'article 41 veut que le voyageur qui s'avise de déclore un champ pour se faire un passage sur sa route, soit tenu de payer le dommage fait au propriétaire, et de plus une amende de la valeur de trois journées de travail, à moins que le juge de paix du canton ne décide que le chemin public était impraticable : dans ce cas, les dommages et les frais de clôture doivent être à la charge de la commune.

Violation de clôture en matière de vol. Voyez VOL, et les articles MUR, PLACE DE GUERRE, etc.

CLOTURE DE COMPTE.

C'est le jugement qui intervient sur l'instance de compte. Suivant l'article 20 du titre 29 de l'ordonnance de 1667, il doit contenir le calcul de la recette et de la dépense, et former le reliquat précis, s'il y en a un. La disposition de cette loi était observée long-temps avant qu'elle eût été rendue ; il y avait même un article des mercuriales du parlement de Paris, de l'année 1666, qui ordonnait que les calculs se feraient dans les arrêts d'ordre ou rendus sur des comptes.

On ne peut procéder à la révision d'aucun compte ; mais s'il contient des erreurs, omissions de recette ou faux emplois, les parties peuvent former une demande à ce sujet, ou interjeter appel de la clôture du compte.

C'est encore une disposition de l'ordonnance de 1667.

La doctrine établie par l'ordonnance de 1667 est confirmée par les articles 540 et 541 du Code de procédure civile.

Voyez Compte.

CLOTURE D'INVENTAIRE.

Voyez Inventaire.

CLUB.

Ce terme, emprunté de la langue anglaise, se dit d'une assemblée de personnes qui composent une société et qui se réunissent dans un lieu déterminé.

Voyez Association.

COALITION.

C'est un complot formé entre plusieurs personnes.

Les coalitions ou associations en matière d'eaux et forêts donnaient autrefois lieu à beaucoup d'abus dans les adjudications de bois nationaux : pour y remédier, l'article 23 du titre 15 de l'ordonnance du mois d'août 1669, a défendu aux marchands adjudicataires et à tout autre particulier de faire aucune coalition ou association secrète, et d'empêcher par voie indirecte les enchères sur les bois nationaux : le même article veut que ceux qui seront convaincus d'un tel monopole, ou de complot concerté entr'eux, par paroles ou par écrit, pour ne point enchérir les uns sur les autres, soient, indépendamment de la confiscation des ventes, condamnés à une amende arbitraire qui ne peut pas être au-dessous de mille livres, et qu'ils soient en outre bannis des forêts.

Il était très-ordinaire, avant la révolution, de voir les ouvriers et les artisans d'un même état ou profession, se coaliser pour empêcher qu'aucun d'entr'eux ne travaillât ou ne livrât sa marchandise au-dessous d'un taux souvent exorbitant qu'ils jugeaient à propos de fixer. Pour mettre obstacle à ce genre d'immoralité, il a été rendu, le 14 juin 1791, une loi dont nous allons analyser les dispositions.

Après avoir déclaré, dans l'article premier, que l'anéantissement de toutes les espèces de corporations du même état et profession sont une des bases de la constitution française, le Corps législatif défend de les rétablir de fait, sous quelque prétexte et sous quelque forme que ce soit.

Il est aussi défendu, par l'article 2, aux citoyens d'un même état ou profession, aux entrepreneurs, à ceux qui ont boutique ouverte, aux ouvriers et compagnons d'un art quelconque, de se nommer, quand ils se trouvent ensemble, ni présidens, ni secrétaires, ni syndics ; ils ne peuvent pareillement pas tenir des registres, ni prendre des arrêtés ou délibérations, ni former des réglemens sur leurs prétendus intérêts communs.

Les corps administratifs ou municipaux, ne doivent recevoir aucune adresse ou pétition sous la dénomination d'un état ou profession, ni y faire aucune réponse : il leur est même enjoint de déclarer nulles les délibérations qui pourraient être prises de cette manière, et de veiller soigneusement à ce qu'il n'y soit donné aucune suite ou exécution. Telles sont les dispositions de l'article 3.

S'il arrivait que contre les principes de la liberté, des citoyens attachés aux mêmes professions, arts et métiers, prissent des délibérations ou fissent entre eux des conventions pour refuser de concert, ou pour n'accorder qu'à un prix déterminé le secours de leur industrie ou de leurs travaux, les corps administratifs et municipaux seraient tenus de déclarer de telles délibérations et conventions, nulles, inconstitutionnelles et attentatoires à la liberté individuelle. Les auteurs, chefs et instigateurs par qui elles auraient été provoquées, rédigées ou présidées, seraient d'ailleurs dans le cas d'être poursuivis à la requête du ministère public, et d'être condamnés à une amende de cinq cents livres, indépendamment de la suspension que le tribunal correctionnel serait tenu de prononcer, pendant un an, relativement à l'exercice de tous leurs droits de citoyen, et à l'entrée dans les assemblées primaires. C'est ce qui résulte de l'article 4.

L'article 5 défend aux corps administratifs et municipaux, sous la responsabilité personnelle de chaque membre, d'employer, admettre ou souffrir qu'on admette dans les travaux publics, aux ouvrages de leurs professions, ceux des entrepreneurs, ouvriers et compagnons qui auraient provoqué ou signé les délibérations ou conventions dont on vient de parler, à moins que de leur propre mouvement, ils ne se fussent présentés au greffe du tribunal de police, pour les rétracter ou désavouer.

S'il arrivait que des délibérations ou convocations, des affiches apposées ou des lettres circulaires continssent quelques menaces contre les entrepreneurs, artisans, ouvriers ou journaliers étrangers qui viendraient travailler dans le lieu, ou contre ceux qui se contenteraient d'un salaire inférieur, il faudrait, conformément à l'article 6, condamner les auteurs, instigateurs et signataires de tels actes ou écrits à une amende de mille livres chacun, et à trois mois de prison.

L'article 7 veut que ceux qui se répandent en menaces, ou qui exercent quelque violence contre les ouvriers usant de la liberté accordée par les lois au travail et à l'industrie, soient poursuivis par la voie criminelle, et punis, suivant la rigueur des lois, comme perturbateurs du repos public.

Tout attroupement composé d'artisans, d'ouvriers, de compagnons, de journaliers, ou excité par eux contre le libre exercice de l'industrie et du travail, et sous toute espèce de conditions convenues de gré à gré, ou contre l'action de la police, et l'exécution des jugemens rendus en cette matière, ainsi que contre les enchères et adjudications publiques de diverses entreprises, est réputé attroupement séditieux ; et, comme tel, il doit être dissipé par les dépositaires de la force publique, sur les réquisitions légales qui leur en sont faites ; les auteurs, instigateurs et chefs de l'attroupement doivent, d'ailleurs, être punis selon toute la rigueur des lois : ceci doit également s'appliquer à ceux qui ont pu commettre des voies de fait et des actes de violence. C'est ce que porte l'article 8.

Les mêmes objets ont aussi été pris en considération dans le décret du 19 juillet suivant:

L'article 26 du titre 2 veut que les peines que la loi prononce contre les coalitions ou associations et attroupemens des ouvriers du même état, soient appliquées par le tribunal correctionnel.

Tous ceux qui, dans l'adjudication de la propriété ou de la location, soit des domaines nationaux, soit de tout autre domaine appartenant à des communautés ou à des particuliers, viennent à troubler la liberté des enchères, ou à empêcher que les adjudications ne s'élèvent à leur véritable valeur, soit par offres d'argent, soit par des conventions frauduleuses, soit par des violences ou voies de fait exercées avant ou pendant les enchères, doivent être punis d'une amende qui ne peut excéder cinq cents livres, et d'un emprisonnement qui ne peut excéder une année, pour la première fois; mais en cas de récidive, la peine doit être double. Ces dispositions sont fondées sur l'article 27.

Une autre loi du 28 septembre 1791, défend par l'article 19 du titre 2, aux propriétaires et aux fermiers d'un même canton, de se coaliser pour faire baisser ou fixer à vil prix la journée des ouvriers ou les gages des domestiques, sous peine contre les contrevenans d'une amende du quart de leur contribution mobilière, et même de la détention de police municipale, s'il y a lieu.

Il est pareillement défendu par l'article 20, aux moissonneurs, aux domestiques et aux ouvriers de la campagne de former entre eux aucune coalition pour faire hausser et déterminer les salaires ou le prix des gages, sous peine, contre les contrevenans, d'une amende qui pourra être étendue à la valeur de douze journées de travail, et en outre, à la détention de police municipale.

L'article 123 du code pénal de 1810, a statué que tout concert de mesures contraires aux lois, pratiqué, soit par la réunion d'individus ou de corps dépositaires de quelque partie de l'autorité publique, soit par députation ou correspondance entre eux, serait puni d'un emprisonnement de deux mois au moins, et de six mois au plus, contre chaque coupable qu'on pourrait, en outre, condamner à l'interdiction des droits civiques, et de tout emploi public pendant dix ans au plus.

Si par l'un des moyens qu'on vient d'exprimer il a été concerté des mesures contre l'exécution des lois ou contre les ordres du gouvernement, l'article 124 veut que la peine du bannissement soit appliquée aux coupables.

Et si ce concert a eu lieu entre les autorités civiles et les corps militaires ou leurs chefs, ceux qui en ont été les auteurs ou les provocateurs, doivent être punis de la déportation, et les autres coupables, du bannissement.

Dans le cas où un tel concert aurait eu pour objet ou résultat un complot attentatoire à la sûreté intérieure de l'Etat, les coupables seraient punissables de mort, et de la confiscation de leurs biens. C'est ce que porte l'article 125 du code cité.

L'article suivant a déclaré coupables de forfaiture et punissables de la dégradation civique les fonctionnaires publics, qui, par délibération, auraient arrêté de donner des démissions dont l'objet ou l'effet serait d'empêcher ou de suspendre, soit l'administration de la justice, soit l'accomplissement d'un service quelconque.

Voyez les artic. ATTROUPEMENT, ATTENTAT, etc.

CODE.

Ce terme qui vient du mot latin *codex*, comprenait originairement, dans une signification étendue, toute espèce de collection ou de cahier.

Mais on a donné la dénomination seule de code aux recueils des lois, soit qu'elles aient été rassemblées par l'autorité publique du législateur, ou seulement par le zèle de quelques jurisconsultes particuliers.

Ce n'est point à l'origine des premières sociétés qu'il faut aller chercher celle des codes. Occupés des besoins du moment, les institutions des premiers magistrats ne pouvaient s'étendre à cette foule de réglemens compliqués qu'exige la police d'un corps de nation déjà formé, où la propriété et les besoins, enfans des arts et du luxe, ont établi leur empire.

Il est vraisemblable que ceux qui, les premiers rassemblèrent les hommes dispersés, ne songèrent d'abord qu'à terminer les différends à mesure qu'ils se présentaient, et que leurs décisions étaient puisées dans les lumières de l'équité naturelle, et dans les usages primitifs des peuples. Mais les sociétés sentirent bientôt combien il était dangereux d'abandonner leurs citoyens à l'arbitrage et aux passions de leurs magistrats : on crut nécessaire d'écrire des lois invariables, qui guidassent, d'une manière sûre, soit les particuliers dans leurs actions et leurs stipulations, soit les magistrats eux-mêmes dans leurs décisions.

Dans la suite, ces lois, promulguées suivant les circonstances, accumulées avec le temps, éparses dans les dépôts ou sur les monumens publics, devinrent difficiles à connaître, et présentèrent des contrariétés souvent impossibles à concilier. On crut devoir les rassembler dans un seul recueil, et en former un tout. De là, les codes.

Bornés dans cet ouvrage à présenter les différens rapports de nos lois, nous nous contenterons de faire connaître les codes qui ont quelque autorité parmi nous.

Nous examinerons, 1° les codes des lois romaines ;

2° Ceux des lois françaises.

Codes des lois romaines. Dans les premiers temps de Rome, les habitans n'avaient, selon Pomponius, aucune loi, aucun droit certain; le roi prononçait arbitrairement sur toutes les parties de l'administration.

Mais, l'enceinte de cette ville s'étant bientôt accrue, Romulus et ses successeurs la divisèrent en trente curies, dans l'assemblée desquelles ils portèrent différentes lois.

Ces lois furent long-temps sans être recueillies, et peut-être sans être écrites, soit qu'étant en petit nombre, elles fussent plus faciles à retenir, soit que les mœurs publiques eussent suffi pour en garantir l'observation.

On a remarqué que, dans les temps où la corruption des mœurs entraîne la ruine de la constitution, on s'efforce de s'aveugler sur le danger en multipliant des lois souvent inutiles. Rome a été une preuve de cette vérité. Aucun roi n'avait enfreint les anciennes maximes avec plus d'audace que Tarquin-le-Superbe. On pensa que pour arrêter le désordre, il fallait écrire et rassembler les lois.

Cette tentative fut inutile, et ne suffit point, comme tout le monde le sait, pour mettre un frein à la tyrannie de Tarquin. Cependant le peuple et le sénat avaient chargé Papirius de la rédaction du code; et, en reconnaissance de son travail, ils lui avaient donné le titre de *code Papirien.*

Il ne nous reste plus de cet ouvrage que des fragmens dispersés, que plusieurs savans ont essayé de rassembler.

François Baudouin nous a même donné dix-huit lois, qu'il dit avoir copiées sur une table antique trouvée au capitole. Pardulphus Plateïus y en a ajouté six autres ; mais le latin de ces prétendus textes n'est pas à beaucoup près celui du siècle des rois, ce qui suffit pour rendre cette découverte suspecte.

Il est évident que tous ces fragmens n'ont été fabriqués que sur les passages des anciens, qui quelquefois citent les propres termes des lois, mais le plus souvent n'en rapportent que le sens.

Terrasson a rassemblé les uns et les autres dans son histoire de la jurisprudence romaine ; il rapporte quinze textes originaux et vingt-une lois dont nous n'avons plus que le sens : il les divise en quatre parties, dont la première comprend les lois qui concernent la religion, les fêtes et les sacrifices ; la seconde, celles qui ont rapport au droit public et à la police ; la troisième, celles qui concernent les mariages et la puissance paternelle ; la quatrième, les lois sur les contrats, la procédure et les funérailles. Il est bien intéressant de connaître ces réglemens antiques, qui forment les bases de la jurisprudence romaine, et nous font en même temps connaître le caractère et les mœurs des premiers habitans de Rome, et la constitution de leur gouvernement. On doit beaucoup aux savans qui ont recueilli ces fragmens dispersés et comme perdus dans une foule de livres (1).

_____

(1) *Les lois de la première partie* défendaient de représenter la divinité sous aucune forme ou image, et de croire que Dieu eût la figure d'un homme ou d'une bête : elles ordonnaient d'adorer les Dieux de ses ancêtres, sans mêler à leur culte aucune superstition étrangère.

Elles voulaient que l'on n'entreprît rien d'important

On prétend qu'après l'expulsion des rois de
Rome, leurs lois renfermées dans le code Papirien, cessèrent d'être observées.

---

sans consulter auparavant la volonté des Dieux ; que le
roi présidât aux sacrifices, et décidât des cérémonies qui
devaient y être observées ; que les dignités du sacerdoce
fussent remplies per les patriciens seuls ; que les libations
se fissent sur une table consacrée qui tînt lieu d'autel ;
que les Vestales entretinssent le feu sacré qui ne devait
jamais s'éteindre ; que celles qui commettraient un inceste
ou quelque autre crime contraire à la pureté, fussent
punies de mort, et que celui qui les aurait séduites pérît
sous le bâton.

On devait suspendre la poursuite des procès les jours
de fête ; les esclaves mêmes étaient obligés d'observer
les fêtes en ne faisant aucun travail ; et, afin que personne
n'ignorât ces solennités, elles étaient décrites dans des
calendriers publics.

On ne pouvait faire aucune assemblée pour les prières
ou les sacrifices pendant la nuit.

Ces lois voulaient que, dans les supplications adressées
aux Dieux pour détourner les malheurs de l'Etat, on
n'oubliât pas de leur offrir quelque fruit et un gâteau salé ;
elles défendaient de prendre pour les libations le vin d'une
vigne qui n'aurait pas été taillée, et pour les sacrifices,
les scares ou des poissons sans écailles.

Celui qui avait tué de sa main le général ennemi et
l'avait dépouillé de ses armes, devait les consacrer à Ju-
piter Férétrien, et recevoir 500 livres pour sa récompense. Celui qui avait fait les secondes dépouilles les pla-
çait dans le champ de Mars, et recevait 200 livres : on
n'en recevait que 100 pour les troisièmes dépouilles, qui
étaient consacrées à Janus Quirinus.

Toutes ces consécrations étaient accompagnées de sacrifices d'expiation.

Les lois de la seconde partie permettaient aux seuls
patriciens d'exercer les magistratures et de servir de patrons ; mais elles accordaient au peuple le droit de donner
son suffrage dans les assemblées publiques, celui de choisir
ses magistrats et de faire ses plébiscites. Elles exigeaient

. Cette opinion est établie sur la loi 3, *ff de origine juris*, et sur ce qu'un autre Papirien, souverain pontife, remit en vigueur les lois sur les

---

son consentement pour faire la guerre ou la paix. Elles lui attribuaient, par appel des duumvirs, le jugement des meurtriers qui devaient être pendus à un arbre après avoir été fustigés.

Le meurtre de guet-à-pens était puni de mort, et le meurtre involontaire par le sacrifice d'un bélier; les murs de la ville étaient regardés comme sacrés; celui qui, en labourant, déracinait les statues qui servaient de bornes était dévoué aux dieux infernaux, lui et ses bœufs de labour. On ne pouvait exercer aucun des arts sédentaires qui contribuent à entretenir le luxe et la mollesse.

Les lois de la troisième partie faisaient entrer en participation des mêmes biens le mari et l'épouse unis par le sacrifice de la *confarréation*, à la différence de la concubine qui ne contractait pas de mariage solennel et n'approchait point de l'autel de Junon, à moins qu'elle ne se mariât. Alors elle devait couper ses cheveux et immoler une jeune brebis. Si une femme mariée commettait un adultère ou quelque autre crime tendant au libertinage, son mari devenait son juge et pouvait la punir lui-même après en avoir délibéré avec ses parens. Il pouvait également la tuer lorsqu'il s'apercevait qu'elle avait bu du vin; il pouvait faire divorce avec sa femme, si elle empoisonnait ses enfans ou fabriquait de fausses clés; et, s'il la répudiait, sans qu'elle eût commis aucun de ces crimes, il était dépouillé de tous ses biens, dont une moitié était pour sa femme, l'autre pour la déesse Cérès : il était en outre dévoué au dieux infernaux. Le père pouvait au moment de la naissance de son enfant le tuer s'il naissait avec quelque difformité considérable. Il conservait sur ses enfans légitimes les droits de vie et de mort, et pouvait les vendre à son gré, tant qu'ils n'avaient pas contracté de mariage solennel avec sa permission ; mais si le père vendait son fils jusqu'à trois fois, celui-ci cessait d'être sous sa puissance. Un fils qui battait son père était dévoué aux dieux infernaux, quoique dans la suite il lui demandât pardon ; la bru qui frappait son beau-père, encourait la même peine. Si une jeune femme mourait enceinte, on ne sacrifices, quelque temps après l'expulsion de Tarquin.

Mais il est reçu plus généralement et avec plus de fondement, que les lois royales ne furent point abolies avec la royauté, et que l'on abrogea seulement celles qui tendaient à affermir la puissance royale : en effet, la plupart de ces lois se trouvent refondues dans celles des douze tables.

Ce code, ces lois et les usages introduits ensuite par les formules ne sont, pour ainsi dire, que les sources du droit Romain, qui s'accrut sans cesse jusqu'au déclin de l'empire par une multitude de règlemens nouveaux.

De grands hommes avaient déjà songé dans les beaux temps de la république à rassembler dans un seul corps tous les monumens de la jurisprudence romaine : ce projet était vraiment digne de

---

pouvait l'enterrer sans lui avoir ôté son fruit; et si le mari manquait d'exécuter cette ordonnance, il était puni comme ayant nui à la naissance d'un citoyen; Ceux qui avaient trois enfans mâles vivans en même temps pouvaient les faire élever aux dépens de la république, jusqu'à ce qu'ils fussent parvenus à l'âge de puberté.

Les lois de la quatrième partie voulaient que la bonne foi fût la base et le fondement de tous les contrats, et que l'on fût toujours dans la crainte de violer la fidélité. Si, au jour indiqué pour le jugement d'une affaire il survenait quelque empêchement légitime au juge, à l'arbitre ou au défendeur, on devait remettre la cause à un autre jour. Dans les sacrifices faits en inhumant les citoyens, on ne pouvait verser de vin sur leurs tombeaux; si un homme était frappé du feu du ciel, il était défendu d'aller à son secours pour le relever, et de lui faire des funérailles; s'il était tué du coup, il fallait l'enterrer sur-le-champ à l'endroit même où il avait été tué.

Terrasson a fait un commentaire étendu sur ces lois; il y a joint une dissertation savante sur la langue osque dans laquelle elles ont été rédigées.

César, qui le conçut et le tenta, soit qu'il voulût sincèrement remédier aux anciens inconvéniens, ou seulement effacer des anciennes constitutions tout ce qui aurait rappelé la liberté, et y substituer des lois plus analogues à la tyrannie qu'il voulait établir.

Mais ni César ni Auguste, son successeur, ne purent remplir une entreprise aussi vaste ; et il était réservé aux derniers et aux plus faibles des empereurs, d'exécuter un ouvrage que les plus grands et les premiers de leurs prédécesseurs avaient vainement projeté.

Vers le milieu de la durée de l'empire, deux particuliers essayèrent, sans aucun caractère public, et chacun de leur côté, de rassembler en un code les lois des empereurs, et donnèrent leurs noms à leurs ouvrages.

On ne sait pas positivement quel était le Grégorius ou Grégorianus, auteur du code grégorien. Comme sa compilation finit par les lois des empereurs Dioclétien et Maximien, il paraît qu'il a vécu sous le règne de ces deux princes.

On n'a que les mêmes conjectures sur Hermogenianus, auteur du second de ces codes. Quelques-uns prétendent qu'il écrivait sous le règne de Constantin et de ses enfans.

On ne sait pas même de quels empereurs ces recueils comprenaient les lois ; la plus commune opinion est qu'ils renfermaient les constitutions d'Adrien et de ses successeurs, jusqu'à Dioclétien inclusivement ; quelques auteurs prétendent que Grégorius et Hermogènes travaillèrent à ces recueils et y rassemblèrent les constitutions des empereurs idolâtres, pour constater l'ancienne jurisprudence qui s'anéantissait tous les jours, par les changemens que Constantin et ses successeurs faisaient dans la religion et dans l'administration.

Quoique Justinien, en citant ces deux codes au commencement du sien avec celui de Théodose, semble leur donner une pareille autorité, il paraît néanmoins qu'ils n'ont jamais été revêtus de la sanction publique ; mais on devait les observer comme contenant des constitutions qui avaient force de loi.

Justinien s'en est servi pour composer son code, et l'on y trouve des constitutions que l'on ne voit pas dans celui de Théodose, quoiqu'elles soient antérieures.

Ces deux codes sont perdus ; nous n'en avons que des fragmens qu'Anian nous a conservés, et que les savans, tels que Sichard, Grégoire de Toulouse, Cujas et Antoine Schulting ont ensuite publiés.

Le premier code qui ait été fait par l'autorité des empereurs est celui de Théodose. Ce prince fit recueillir dans cet ouvrage les lois des empereurs depuis Adrien : celles des princes antérieurs ne nous ont pas été conservées.

Théodose chargea de cet ouvrage huit jurisconsultes, Anthiochus, Maximin, Martinus, Sperantius, Apollodore, Théodore, Epigénius et Procope. Ils le divisèrent en seize livres (1).

---

(1) Le premier livre traite des différentes lois et des différens magistrats.

Le second, des juridictions, des procédures, des restitutions en entier, des jugemens, des actions qui ont rapport à ce que l'on peut posséder à titre universel ou à titre particulier, et de celles qui procèdent de la nature des choses.

Le troisième, des ventes, des mariages et des tutelles.

Le quatrième, des successions, des testamens, des

Lorsque ce code fut achevé, Théodose lui donna l'autorité de loi dans tout l'empire, et annulla les anciennes lois qui n'y étaient pas rapportées.

Ce code, qui renfermait principalement les lois des empereurs chrétiens, n'est pas parvenu jusqu'à nous. Les jurisconsultes qui ont voulu nous le donner en entier, et en particulier Duteil, Cujas et Jacques Godefroi, ont été obligés à de profondes recherches. L'abrégé de ce code qu'Alaric avait fait faire par Anian leur a beaucoup servi.

Le code Théodosien fut observé dans tout

---

choses litigieuses, de l'état des personnes, des impôts, des prescriptions, des choses jugées, des cessions de biens, des interdits et des édifices particuliers.

Le cinquième, des successions légitimes, des changemens d'état ou de condition, de la coutume.

Le sixième, des dignités de l'empire et des charges du palais.

Le septième, des emplois et de la discipline militaire.

Le huitième, des offices et des officiers subordonnés aux juges, des voitures et postes publiques, des donations, des droits et priviléges des gens mariés, des enfans et des parens, sur les biens et successions auxquels ils peuvent avoir part.

Le neuvième, des crimes et procédures criminelles.

Le dixième, des droits du fisc.

Le onzième, des constitutions faites par le prince, des dépositions et des témoins.

Le douzième, des décurions et des officiers municipaux.

Le treizième, des différentes professions, du cens ou capitation.

Le quatorzième, des priviléges des villes, corps et colléges; de la police.

Le quinzième, des réglemens concernant les places, théâtres, édifices, etc.

Le seizième, des personnes et des matières ecclésiastiques.

l'empire, sous les règnes de Valentinien III, Marcien, Majorien, Léon et Anthémius, comme on le voit par les constitutions de ces empereurs.

Les Visigoths s'étant emparés de l'Espagne et d'une partie des Gaules, leur roi Alaric II fit faire par Anian, son chancelier, une nouvelle compilation tirée des codes Hermogénien et Grégorien, mais principalement du code de Théodose; Anian y ajouta quelques interprétations comme une espèce de glose.

Cette compilation fut autorisée par Alaric et publiée à Aire en Gascogne le 2 février 506, sous le nom de code Théodosien. On fit dans la suite un extrait de ce code qui ne contenait que les interprétations d'Anian, et fut appelé *scintilla*.

Ce code d'Alaric fut long-temps en usage; il formait tout le droit romain qui s'observait en France, principalement dans les provinces voisines de l'Espagne.

Mais cette loi n'était que pour les Romains ou Gaulois; les Visigoths avaient leur loi particulière, ainsi que nous le verrons dans la suite de cet article.

Le code Théodosien a donc été long-temps observé en France. Théodose régnait sur les Gaules lorsqu'il fut publié; l'autorité qu'il y avait acquise n'a pu être détruite par la publication de celui de Justinien, puisque ce prince n'a jamais exercé aucun pouvoir dans les Gaules.

Les ordonnances de Clovis et de Clotaire, ainsi que la loi Gombette, lorsqu'elles ordonnent que les Gaulois ou Romains seront jugés par la loi romaine, ne peuvent s'entendre que du code Théodosien, puisque celui de Justinien n'était pas encore publié.

Aussi assure-t-on que Charlemagne, long-temps après Justinien, fit une nouvelle édition du code Théodosien, et ordonna de l'enseigner dans tous ses états, et notamment à Lyon. Si dans la suite les écoles y ont substitué le code Justinien, ce n'est, dit-on, que comme contenant les mêmes lois et les mêmes principes avec plus d'étendue.

Bretonnier, dans un mémoire imprimé en 1724, au sujet d'un testament fait en Beaujolois, crut même pouvoir avancer que le code Théodosien avait seul force de loi dans les pays de droit écrit.

Mais Terrasson, qui lui répondit, fit voir que le code Justinien avait abrogé celui de Théodose; qu'il n'y avait pas un seul auteur qui prétendît le contraire; que le code Justinien était seul enseigné dans le pays de droit écrit, et que celui de Théodose y servait tout au plus à éclaircir les endroits obscurs du premier.

Le code Théodosien et les compilations qui l'avaient précédé, ne renfermaient pas toutes les parties de la jurisprudence romaine; ils formaient avec ces lois encore éparses, et celles qui avaient été rendues depuis qu'on l'avait publié, un nombre infini de constitutions dont plusieurs étaient même contraires les unes aux autres.

Le travail et les recherches nécessaires pour s'instruire des lois et des décisions dispersées dans un aussi grand nombre de volumes, présentaient des difficultés très-considérables. Du temps d'Ammien Marcellin, un demi-siècle avant Justinien, l'étude du droit romain était déjà négligée; les écrits des anciens jurisconsultes étaient aussi ignorés, selon cet auteur, que les usages observés du temps d'Evandre; et ceux qui s'appliquaient encore à approfondir la jurisprudence, étaient semblables aux ombres qui errent au milieu des tombeaux.

Justinien entreprit de réparer les maux que l'incertitude des lois faisait au peuple : il essaya d'abord de réunir en un seul livre toutes les constitutions des empereurs qui l'avaient précédé.

Il confia ce soin au célèbre Tribonien, et lui associa neuf autres jurisconsultes, nommés Jean, Léontius, Phocus, Basilide, Thomas, Constantin le trésorier, Théophile, Dioscore et Présentinus.

Ils travaillèrent avec tant d'ardeur, qu'un nouveau code fut achevé dans l'espace d'une année, et publié aux ides d'avril 529, en vertu de la constitution intitulée, *de Justinianeo Codice confirmando*. L'empereur déclare dans cette dernière loi qu'il a dérogé à toutes les constitutions qui n'y sont pas comprises, et défend de se servir de celles qu'il n'a pas jugé à propos d'y employer.

Ce code, tout supérieur qu'il était sans doute aux précédens, n'était cependant pas sans défaut ; il ne renfermait pas d'ailleurs plusieurs constitutions plus récentes, qui avaient ou décidé des questions sur lesquelles les jurisconsultes étaient partagés depuis long-temps, ou réformé plusieurs maximes de l'ancienne jurisprudence.

Ces motifs déterminèrent Justinien à en confier la correction à cinq jurisconsultes, Tribonien, Dorothée, Menna, Constantin et Jean. Ils supprimèrent quelques constitutions qui y avaient d'abord été insérées, et y ajoutèrent celles qui avaient été publiées depuis, pour fixer la jurisprudence sur plusieurs articles indécis.

Ce code, ainsi corrigé et augmenté, fut publié le 16 des calendes de décembre 534, et Justinien voulut qu'il fût nommé *codex Justinianeus repe-*

titæ prælecionis ; et le code qu'on avait corrigé fut appelé depuis *codex primæ prælectionis.*

Le code de Justinien est divisé en douze livres (1).

---

(1) Le premier livre contient 59 titres ; il traite de la foi catholique, des églises, des évêques et de leur juridiction, des ecclésiastiques, des hérétiques et des apostats, des Juifs, des païens et des priviléges des églises, des lois, des diverses ordonnances des empereurs, des *senatus-consultes*, de l'ignorance du fait et du droit, des demandes que l'on pouvait faire au prince, de la forme et des cas dans lesquels on pouvait les présenter, des différentes sortes de magistrats, de leurs devoirs, et de l'étendue de la juridiction de chacun d'eux.

Le second livre comprend 59 titres ; il explique la procédure, il y est question des avocats, des procureurs et des autres personnes chargées de poursuivre les intérêts d'autrui, des restitutions en entier, des personnes qui pouvaient s'en servir, du retranchement des formules, et du serment de calomnie.

Le troisième livre, composé de 44 titres, renferme ce qui concerne les fonctions des juges relativement à l'instruction et au jugement des procès, la contestation en cause, les personnes qui peuvent ester en jugement, les délais, les féries et la sanctification des dimanches et des fêtes, la compétence des juges et tout ce qui a rapport à l'ordre judiciaire, les testamens, les donations, la demande d'hérédité, les servitudes, la loi *aquilia*, les limites des héritages, les consorts ou personnes qui ont intérêt dans un même procès, les actions *noxales* et *ad exhibendum*, les jeûnes, les lieux consacrés aux sépultures et les dépenses des funérailles.

Le quatrième livre traite, en 66 titres, des actions personnelles qui descendent du prêt et de quelques autres causes, des obligations, des actions qui en résultent, de leurs effets par rapport aux héritiers et autres personnes qui en sont tenues, des preuves testimoniales et par écrit, du prêt à usage, du contrat de gage, et de l'action personnelle qui en dérive, des *senatus-consultes* Macédonien et Velléien, de la compensation, des intérêts légitimes et usuraires, par rapport au commerce de terre et de

Justinien fait lui-même l'éloge de son ouvrage ,
en remarquant qu'il ne s'y trouve aucune des contrariétés des précédens.

───────────────────────────)──────────────

mer, du dépôt, du mandat, de la société, de l'achat et
de la vente, des monopoles et conventions illicites, du
commerce et des marchands, de l'échange, du louage et
de l'emphytéose.

Le cinquième livre renferme, en 75 titres, ce qui concerne les fiançailles, les donations faites dans la vue du
mariage, les mariages légitimes et illicites, les secondes
noces, la dot des femmes, la répétition de la dot, les conventions matrimoniales, la dot promise et non payée, les
donations entre conjoints et celles qui leur sont faites par
leurs parens, le divorce, les biens dotaux, l'éducation et
le domicile des enfans après le divorce, les alimens dus aux
pères et aux enfans, les concubines, les enfans naturels et
leur légitimation, les tutelles testamentaires, légitimes ou
datives, l'administration des tutelles et des curatelles et
l'action qui en provient, soit contre les tuteurs et curateurs, soit contre leurs héritiers ou cautions; les excuses
des tuteurs, la manière dont les tutelles peuvent finir,
l'aliénation des biens des mineurs.

Le sixième livre comprend, en 62 titres, ce qui a rapport
aux esclaves, aux affranchis; aux vols, aux droits de patronage, aux biens et aux enfans des affranchis, à la succession prétorienne nommée *bonorum possessio*, aux testamens civils et militaires, aux institutions d'héritiers, aux
substitutions, aux prétéritions et exhérédations, au droit
de délibérer, à la répudiation d'hérédité, à l'ouverture des
testamens, à ceux qui ont empêché ou forcé les testateurs
de faire un testament; aux codicilles, aux legs, aux *fidei-
commis*, au *senatus-consulte* Trebellien, à la loi *Falcidia*,
au droit des héritiers siens et légitimes dans les successions,
aux *senatus-consultes* Tertullien et Orsitien, aux biens
maternels, et en général à tout ce qui concerne les successions *ab intestat*.

Le septième livre est divisé en 75 titres; il explique ce
qui regarde les affranchissemens, la prescription de la liberté et de la dot, les héritages et les créances, les différens temps pour prescrire, les diverses sortes de sentences,
l'incompétence, le mal-jugé, les dépens, l'exécution des

Mais quelques auteurs, et surtout Jacques Godefroy, reprochent à Tribonien d'avoir tronqué plusieurs constitutions, d'en avoir coupé quelques-

jugemens, les appellations, les cessions de biens, la saisie et la vente des biens des débiteurs, les priviléges du fisc à l'égard des créanciers, les priviléges de la dot et la révocation des priviléges des créanciers.

Le huitième livre traite, en 59 titres, des jugemens possessoires ou interdits, des gages ou hypothèques, des stipulations, novations et délégations, des payemens, des acceptilations, des évictions, de la puissance paternelle, des adoptions, de l'émancipation, du droit de postilimine, de l'exposition des enfans, des coutumes ou droits non écrits, des différentes espèces de donations, de leur révocation, et du célibat.

Le neuvième livre contient, en 51 titres, les lois relatives à la punition des crimes; il explique ce qui regarde les accusations, la détention des accusés, les prisons publiques et particulières; comment l'accusation s'éteint par la mort de l'accusateur ou de l'accusé, les peines prononcées contre les crimes de lèse-majesté, d'adultères et autres conjonctions illicites, la violence publique et particulière, le rapt, la correction des esclaves et des mineurs, l'homicide, le parricide, le maléfice, qui comprend l'empoisonnement, la magie, le sacrilége et les enchantemens; la violation des sépultures, les plagiats, le faux, la concussion, le péculat, la sédition et le tumulte, les procès qui s'intentent à l'occasion des délits particuliers, tels que la spoliation d'hoirie, l'enlèvement des choses mobilières, le stellionat, les injures, les libelles diffamatoires; l'asyle donné aux criminels, les interrogatoires et les informations, les abolitions, les calomnies et la confiscation des biens.

Le dixième livre traite des droits du fisc, des biens vacans et de leur réunion au domaine, des dénonciateurs pour le fisc, des trésors, des tributs, des sur-taux, des exactions, des décurions, des habitans des villes et du domaine perpétuel et passager, de la défense de perpétuer les emplois et les dignités dans les familles, de l'acquittement des charges des biens patrimoniaux, des charges publiques, et des causes qui en exemptent, des professeurs et médecins, des affranchis, des personnes infâmes, des interdits ou

unes en deux, et d'en avoir joint d'autres qui
n'avaient aucun rapport entr'elles. Ils disent qu'il
a attribué des lois à des empereurs qui n'en étaient
pas les auteurs; qu'il a omis des préambules et
d'autres choses essentielles à la clarté et à l'intelligence des textes ; qu'il a transposé les matières.

· Il est vrai que le défaut d'ordre peut être attribué au siècle de Justinien , dans lequel les
meilleurs ouvrages n'étaient pas aussi méthodi-
ques qu'ils le sont aujourd'hui ; et , comme l'observe Terrasson, si Tribonien a quelquefois séparé,
tronqué ou réuni des lois, il suivait les ordres
de Justinien ; s'il a pris d'autres dates que celles
qui étaient dans le code de Théodose , peut-être

---

exilés, des ambassadeurs, des ouvriers ou artisans, des re-
ceveurs des impositions publiques, et des commis employés
à en tenir registres, du don des villes et des décurions au
prince, et des officiers préposés pour veiller à la tranquillité
des provinces.

Le onzième livre traite des corps et communautés, et de
leurs priviléges, des registres publics dans lesquels étaient
les noms et les facultés de tous les citoyens, de ceux qui
étaient chargés de conduire à Rome les tributs des provinces
en argent et en bled , des lois somptuaires, des lois de police sur la distribution des denrées, sur les étudians , sur
les voitures, sur les jeux, sur les spectacles, la chasse et
les laboureurs, sur les fonds, les terres et pâturages , sur
le cens, les biens des villes: il rapporte les priviléges attachés au palais et aux autres biens-fonds appartenant aux
empereurs, et les défenses de couper les bois dans certaines
forêts.

Le douzième et dernier livre contient soixante-quatre
titres ; il traite des différentes sortes de dignités, de la discipline militaire, des vœux et présens qu'on offrait aux
empereurs, de plusieurs genres d'offices subordonnés aux
dignités civiles et militaires, des courriers du prince, des
postes publiques , de tous les officiers inférieurs compris
sous la dénomination d'*apparitores judicum*, des exactions
et gains illégitimes des officiers subalternes.

la méprise était-elle dans ce dernier ouvrage : d'ailleurs c'est le caractère des plus beaux monumens sortis de la main des hommes ; on découvre des taches et des ombres auprès des morceaux les plus achevés.

Quoi qu'il en soit, le code Justinien nous a conservé plusieurs constitutions postérieures à l'empereur Théodose ; il a même servi à rétablir dans la suite le code Théodosien, qui s'était perdu et ne subsistait plus que dans l'ouvrage incomplet d'Anian.

Codes des lois françaises. Les Romains avaient introduit dans les Gaules les principes de leur jurisprudence. Les constitutions de leurs empereurs et tous leurs réglemens y avaient force de loi.

La conquête que différentes tribus de Goths et de Germains firent de ces contrées, changea l'ordre uniforme qui réglait l'administration publique et l'économie civile des familles. Si les anciens habitans, soit ceux qui tiraient leur origine de Rome, soit ceux qui, descendus des familles gauloises, étaient eux-mêmes devenus Romains par l'habitude d'une longue soumission, conservèrent les lois des empereurs, chacune des tribus, qui s'établit dans les Gaules, apporta avec elle ses usages particuliers.

Ces différens usages et les règlemens que l'on crut nécessaires pour maintenir l'ordre et la paix, et pour établir une police sûre parmi des peuples encore barbares, furent rédigés la plupart vers le temps de la conquête. Les Francs, les Ripuaires, les Bourguignons, chacune des tribus, ou conquérantes ou conquises, eut ses lois ou son code particulier.

Lindembroge a recueilli ces différens codes, et il a donné à sa collection le titre de Code des lois barbares, *codex legum barbarorum.*

Cette collection est composée des lois des peuples barbares qui furent soumis aux Français sous la première et au commencement de la seconde race des rois de France.

Ainsi l'on y trouve les lois des Goths, des Bourguignons et des Visigoths; la loi Salique, celle des Ripuaires, des Allemands, qui étaient alors les peuples de la Souabe; des Saxons, des Anglais, des Frisons, des Lombards, et les constitutions des rois de Naples et de Sicile.

Il ne faut point s'étonner du nom de *barbare* qui était donné à tous ces peuples par ceux qu'ils avaient conquis, et que les conquérans prenaient eux-mêmes dans leurs lois.

Les Romains, à l'exemple des Grecs, donnaient indifféremment ce titre à tous les peuples qui n'étaient pas soumis à leur police.

La première de ces lois est celle des Visigoths, peuples qui occupaient l'Espagne et une partie de l'Aquitaine. Elle fut d'abord rédigée sous Évarix, qui commença à régner en 446. Alaric, fils d'Évarix, fit composer, pour les anciens habitans de ses états, un code tiré des lois romaines, dont nous avons parlé plus haut.

Leuvigilde et ses successeurs corrigèrent le code d'Évarix, en supprimèrent quelques lois et y en ajoutèrent d'autres.

Chindosuinde, l'un d'eux, divisa ce code en douze livres, comme le code Théodosien, sans que néanmoins on y eût observé le même ordre des matières. Il ordonna qu'il serait l'unique loi de ses sujets, de quelque nation qu'ils fussent. Ce recueil s'appelait le Livre de la loi gothique.

Exgica, qui régna jusqu'en 701, commit l'examen et la rédaction des lois gothiques aux évèques d'Espagne, mais à condition qu'ils ne dérogeraient pas aux lois de Chindosuinde.

Ce code était encore observé dans la Gaule narbonnaise vers la fin du neuvième siècle. On en a tiré quelques lois qui ont été insérées dans les capitulaires; il fait encore le fond du droit d'Espagne.

On y voit les noms de plusieur rois, tous postérieurs à Recarède, qui fut le premier catholique des rois goths. Les lois antérieures sont intitulées antiques, sans qu'on y ait mis aucun nom de rois, en haine, dit-on, de l'arianisme, dont les princes qui en étaient les auteurs faisaient profession.

A prendre la loi gothique en entier, c'est la plus belle et la plus ample de toutes les lois barbares.

On y trouve l'ordre judiciaire qui s'observait sous Justinien, bien mieux que dans le code de Justinien même.

Le second des codes, compris dans celui des barbares, est celui des Bourguignons, ou la loi Gombette.

Elle s'y trouve sous ce titre : *Liber de præteritis et præsentibus, atque in perpetuo conservandis, editus sub die quartá Kalendarum april. Lugduni.*

Cette loi est nommée *Gombette*, du nom de Gondebaud, l'un des derniers rois des Bourguignons.

Ce prince la réforma et la publia à Lyon en l'année 501.

On a fait à cette loi quelques additions qui vont jusque vers l'année 520, c'est-à-dire dix ou douze ans avant la ruine du royaume des Bourguignons.

Cependant ce recueil n'est pas encore complet, et le président Bouhier observe, sur la coutume de Bourgogne, chapitre 9, § que les Bourguignons avaient plusieurs autres lois.

Comme le royaume des Bourguignons formait environ le quart de la France, il n'est pas douteux que leur loi ne soit entrée dans la compilation du droit français.

C'est surtout de la loi des Bourguignons, qui défère le duel au lieu du serment, que nous était venu l'usage du combat judiciaire.

La loi salique, qui fait le troisième des codes barbares, fut rédigée lorsque les Francs sortirent des forêts de la Germanie.

La tribu des Francs ripuaires s'étant jointe aux Saliens lorsque Sigebert, roi de Cologne, fut tué par Clovis, conserva ses usages ; ils furent rédigés par écrit sous Théodoric, roi d'Austrasie.

Ce prince fit pareillement recueillir les usages des Bavarois et des Allemands qui dépendaient de son royaume ; il en fit de même vraisemblablement de ceux des Thuringiens, qui étaient aussi ses sujets.

La loi des Frisons n'est pas antérieure à Pépin et à Charles Martel, qui soumirent ces peuples.

Charlemagne, qui soumit les Saxons, leur donna la loi que nous avons.

Les Lombards ayant fondé leur royaume, firent écrire leur loi, non pour faire suivre leurs usages aux peuples vaincus, mais pour les suivre eux-mêmes.

Nous observerons ici avec Montesquieu, qu'il règne, dans tous ces codes, une simplicité admirable, une rudesse originale, et un *esprit* qui, selon les termes de ce grand homme, n'avait pas été affaibli par un autre esprit.

Les lois des Allemands, des Ripuaires et des Frisons changèrent peu, parce que ces peuples restèrent dans la Germanie.

Mais les lois des Bourguignons, des Lombards et des Visigoths perdirent beaucoup de leur caractère, comme ces peuples perdirent du leur en se fixant dans leur nouvelle demeure.

Les Saxons, qui vivaient sous l'empire des Francs, eurent une ame indomptable. On trouve dans leurs lois des duretés du vainqueur, que l'on ne trouve point dans les autres codes des lois des barbares.

Les lois des Visigoths, refondues par le clergé, dont l'autorité était immense, renferment toutes les maximes, les principes et les vues du tribunal de l'inquisition ; et saint Dominique, ainsi que les inquisiteurs d'Espagne, n'ont fait que copier des lois faites autrefois par les évêques du pays.

Au reste, les lois des Visigoths sont puériles, gauches, idiotes, pleines de rhétorique, frivoles dans le fond et gigantesques dans le style ; celles de Gondebaud, pour les Bourguignons, paraissent assez judicieuses ; celles de Rotharis et des autres princes lombards le sont encore plus.

Le caractère particulier des lois des barbares, est, qu'elles furent toutes personnelles et point attachées à un certain territoire. Le Franc était jugé par la loi des Francs, l'Allemand par la loi des Allemands, le Bourguignon par la loi des Bourguignons, le Romain par la loi romaine, et bien loin que l'on songeât, dans ce temps-là, à rendre uniformes les lois des peuples conquérans, on ne pensa pas même à se faire législateur du peuple vaincu.

Lorsque les habitans des villes, et peu-à-peu ceux des campagnes, aidés de la politique des rois, eurent obtenu quelque liberté de leurs seigneurs, ils stipulèrent avec eux des prérogatives et des droits qui varièrent à l'infini, suivant la bizarrerie des circonstances et des événemens. De là naquirent une foule de coutumes et d'usages

qui, n'étant pas constatés, augmentèrent encore
l'incertitude de la jurisprudence.

Charles VII et ses successeurs firent cesser en
partie ces inconvéniens et la confusion de notre
droit, par la rédaction de nos coutumes et la publication de quelques ordonnances qui établirent
des principes uniformes sur des objets importans.

Louis XI, ce prince dont le règne forme une
époque remarquable en France, ne voulait qu'une
loi unique. Henri III, le roi le moins fait pour
entrer en parallèle avec Louis XI, avait quelques-
unes de ses vues. Il les annonça dans les états de
Blois. On voit, par l'article 207 de l'ordonnance
qui fut rédigée sur les cahiers de cette assemblée
célèbre, « que ce monarque avait déjà avisé de
» commettre certains personnages pour recueillir
» et arrêter les ordonnances, et réduire par ordre,
» en un volume, celles qui se trouveraient utiles
» et nécessaires, et pour rédiger les coutumes de
» chaque province ».

La France, féconde alors en héros qui déso-
laient ses cités et ses campagnes, avait des jurisconsultes qui répandaient le plus grand éclat sur
l'étude de la jurisprudence.

Un des plus célèbres, Barnabé Brisson, fut
chargé de l'exécution de la première partie du
projet de Henri III.

C'est ce magistrat qui, d'abord avocat distingué, successivement avocat-général et président
à mortier, fut choisi par la Ligue pour occuper la
place de premier président après la mort de
Henri III. Il eut le courage de résister aux entreprises des Seize, qui, en 1591, le conduisirent
à la Bastille à la tête du parlement, et le firent
enfin tranférer au châtelet, où il fut pendu à une
poutre de la chambre du conseil. Sa mort fut utile

à ses concitoyens, en leur ouvrant les yeux sur la tyrannie des chefs de la Ligue.

Ce magistrat demandait avec instance, et comme une grâce, qu'on l'enfermât entre quatre murailles, afin qu'il pût achever l'ouvrage qu'il avait commencé.

Cet ouvrage renferme deux espèces de dispositions :

1° Celles des anciennes ordonnances, en marge de chacune desquelles sont les noms des princes qui les ont rendues, et la date de l'année et du mois. 2° Les dispositions des lois nouvelles que Brisson avait projetées ; elles sont indiquées en marge par le chiffre de l'année 1585, sans date de mois, parce qu'il espérait que son code serait publié dans tous les parlemens durant le cours de cette année.

Brisson fit imprimer son ouvrage en 1587, sous le titre de Basilique et de Code de Henri III. Ce roi en envoya aussitôt des exemplaires à tous les parlemens pour l'examiner, l'augmenter ou le diminuer, son intention étant de lui donner force de loi après qu'il aurait été reçu et corrigé sur leurs observations.

Mais les guerres de religion, la mort de Henri III et celle de Brisson, arrêtèrent l'exécution de ce projet.

Le chancelier Chiverny engagea ensuite Carondas à revoir le Code Henri et à le perfectionner. Ce jurisconsulte y ajouta plusieurs ordonnances anciennes et les nouveaux édits de Henri IV ; il y joignit, par forme de notes, une conférence des ordonnances, des anciens codes de Théodose et de Justinien, des basiliques, des lois des Visigoths, des conciles, etc.

Louis Frevin et Nicolas Fretot l'ont encore enrichi de notes.

Tome IV.   G

Jean Tournet et Gabriel-Michel de la Roche-Maillet en ont donné chacun de nouvelles éditions, augmentées de plusieurs édits et ordonnances, et de leurs observations.

Quoique cet ouvrage soit très-bon, « si on le » considère comme code ou loi nouvelle, on peut » dire, avec de Laurière, qu'il n'est pas aussi » parfait en le considérant comme compilation, » parce que les ordonnances y sont plus divisées, » plus coupées et plus dispersées que dans les » autres recueils ».

Au reste, le Code Henri n'a jamais eu force de loi ; il n'en a pas été de même du *code Marillac* ou *code Michault*.

C'est le surnom qu'on a donné vulgairement à une ordonnance publiée sous Louis XIII au mois de janvier 1629; elle a été ainsi appelée, de Michel de Marillac, garde-des-sceaux de France, qui en fut l'auteur; mais en la citant, on ne la désigne que sous le titre d'ordonnance de 1629.

Elle fut tirée de diverses ordonnances, et principalement de celle de Blois.

Louis XIII fit travailler à la rédiger sur les *plaintes et doléances* des états assemblés à Paris en 1614, et sur les avis des assemblées des notables, tenues à Rouen en 1617, et à Paris en 1626.

Cette ordonnance, une des plus amples et des plus sages, contient 471 articles.

Le mérite de l'auteur, les soins qu'il prit pour la rédaction de cette ordonnance, et la sagesse des dispositions qu'elle renferme, la firent d'abord recevoir avec beaucoup d'applaudissemens dans toute la France.

Mais cette ordonnance tomba dans le discrédit par la disgrâce du maréchal de Marillac, qui influa sur son frère. Le maréchal avait été un de ceux qui opinèrent contre le cardinal de Richelieu, dans une assemblée qu'on nomma depuis *la journée des dupes ;* et le cardinal en ayant gardé contre lui un ressentiment secret, le fit arrêter le 30 octobre 1630, en Piémont, où il commandait les troupes de France. Il fut condamné par des commissaires à perdre la tête, ce qui fut exécuté le 18 mai 1632.

Quant à Michel de Marillac, on lui ôta les sceaux le 12 novembre 1630; on l'arrêta en même temps; on le conduisit au château de Caen, et ensuite dans celui de Châteaudun, où il mourut de chagrin le 7 août 1632.

Ainsi la disgrâce de Marillac ayant suivi de près la publication de l'ordonnance de 1629, cette loi tomba en même temps dans un discrédit presque général.

Il y eut néanmoins des endroits dans lesquels on continua de l'observer, comme au parlement de Dijon; le président Bouhier, en son commentaire sur la coutume de Bourgogne, cite souvent cette ordonnance.

Elle est pareillement citée par plusieurs auteurs, et notamment par Bretonnier en divers endroits de son recueil de questions, et par Fromental en ses décisions de droit; des ordonnances postérieures en ont même adopté plusieurs dispositions.

On a donné le titre de *Code Louis*, ou de *Code de Louis XIV*, au recueil de ses principales lois. Ces ordonnances sont celle de 1667, pour la procédure civile; celle de 1669, pour les évocations et *committimus ;* une autre de la même année, pour les eaux et forêts; celle de 1670, pour la procédure criminelle; celle de 1672, appelée communément l'*Ordonnance de la ville,* pour la juridiction des prévôts-des-marchands et échevins de la ville de Paris; celle de 1673, pour le commerce ; celle des gabelles, de 1680 ; celle de la marine, de 1681 ; le code noir, ou l'ordonnance de 1685, pour la police des Nègres dans les îles françaises de l'Amérique et de l'Afrique ; celles des cinq grosses fermes, de l'année 1687, etc.

Le titre de *Code Louis* se voit même quelquefois sur l'ordonnance de 1667, et sur quelques-unes des autres que nous venons de nommer.

Ces ordonnances prennent aussi en particulier le nom de *code*, joint à celui des matières qu'elles ont pour objet ; ainsi l'on dit, code civil, code criminel, code marchand, code de la marine, etc. pour désigner les ordonnances de 1667, 1670, 1673, 1681, etc.

En citant ces différentes lois, on ne leur donne pas le titre de code, mais seulement celui d'ordonnance.

Le succès de ces lois auxquelles les codes modernes des peuples étrangers n'ont fait que peu de changemens, est le fruit des soins avec lesquels elles furent composées ; elles furent méditées et combinées dans les assemblées des jurisconsultes et des magistrats les plus célèbres.

Ainsi, après avoir compilé les lois de la grande Grèce, les décemvirs avaient formé la loi des douze tables ; ainsi les recueils de Justinien étaient sortis des conférences des plus habiles jurisconsultes de Constantinople.

Code de Louis XV. La dignité de chancelier de France ayant été conférée, sous le règne de ce prince, à l'illustre Daguesseau, ce magistrat s'occupa de la réforme des anciennes lois, et l'on dut à ses soins plusieurs ordonnances non moins sages qu'importantes, telles que l'ordonnance des donations, de 1731 ; celle des testamens, de 1735 ; celle du faux, de 1736, etc.

On a donné, au recueil de toutes ces lois, le nom de *Code de Louis XV.*

On a encore donné le même nom à un recueil de lois publiées sous le règne de ce prince ; mais cette collection est très-imparfaite : les lois qu'elle renferme en douze volumes *in*-12 ne s'étendent que depuis 1722 jusqu'en 1740. Il y a d'ailleurs beaucoup d'omissions.

Nous ne croyons pas qu'il soit utile de nous occuper ici de divers autres ouvrages auxquels les éditeurs ont également donné le nom de *codes*, tels que le *code des chasses*, le *code des procureurs*, le *code de la librairie*, le *code de la police*, le *code des tailles*, etc.

Il suffit d'avertir que ces sortes d'ouvrages étaient des recueils des lois et réglemens intervenus sous l'ancien régime relativement aux chasses, aux procureurs, à la librairie, etc.

Depuis la révolution, il a été promulgué plusieurs lois importantes auxquelles on a aussi donné le nom de *code*. Telles sont la loi du 22 août 1790, qu'on appelle *code pénal de la marine* ; celle du 25 septembre 1791, qu'on appelle *code pénal* ; la loi du 28 du même mois, qu'on appelle *code rural* ; le code militaire, décrété le 30 du même mois ; le code pénal militaire pour toutes les troupes de France en temps de guerre, décrété le 12 mai 1793 ; le code hypothécaire, décrété le 3 messidor de l'an 3 ; le *code des délits et des peines*, décrété le 3 brumaire de l'an 4, et le code des délits et des peines concernant les troupes, du 15 brumaire de l'an 5.

Le code pénal de la marine est divisé en deux titres : le premier est intitulé, *des Jugemens* ; il indique la manière de procéder relativement aux délits commis par les officiers, officiers-mariniers et sous-officiers, matelots et soldats, et autres personnes servant dans l'armée navale et dans les ports et arsenaux : le second titre intitulé, *des peines et délits*, distingue les peines en peines de discipline et en peines afflictives ; il explique les différens cas auxquels les unes et les autres doivent être appliquées.

Le *code pénal* est divisé en deux parties : la première contient sept titres, dont le premier a pour objet les peines en général ; le second, la récidive ; le troisième, l'exécution des jugemens contre un accusé contumace, le quatrième, les effets des condamnations ; le cinquième, l'influence de l'âge des condamnés sur la nature et la durée des peines ; le sixième, la prescription en matière criminelle ; et le septième, la réhabilitation des condamnés.

La seconde partie est divisée en trois titres : le premier concerne les crimes et attentats contre la chose publique ; le second, les crimes relatifs aux particuliers ; et le troisième, les complices des crimes.

Le *code rural* contient deux titres : le premier est divisé en sept sections, dont la première traite des principes généraux sur la propriété territoriale ; la seconde, des baux des biens de campagne ; la troisième, de diverses propriétés rurales ; la quatrième, des troupeaux, des clôtures, du parcours et de la vaine pâture ; la cinquième, des récoltes ; la sixième, des chemins ; et la septième, des gardes champêtres.

Le second titre concerne les délits ruraux et les peines qui doivent y être appliquées.

Le code militaire, décrété le 30 septembre 1791, est aussi divisé en deux titres, dont le premier traite de la juridiction militaire ; et le second, des délits et des peines.

A l'égard du code pénal militaire, décrété le 12 mai 1790, pour toutes les troupes en temps de guerre, il ne contient qu'un titre divisé en six sections, dont la première a pour objet la désertion ; la seconde, la trahison ; la troisième, le vol ; la quatrième, l'insubordination ; la cinquième, la publication du code, qui doit être renouvelée tous les huit jours ; et la sixième, l'exécution des jugemens à mort. .

Le code hypothécaire était une loi fort étendue, qui avait eu pour objet détablir les principes qu'on devait suivre en matière d'hypothèque ; d'indiquer les biens susceptibles d'hypothèque ; ce que c'était que l'hypothèque volontaire et l'hypothèque forcée, et quelles étaient les créances et les actes d'où résultaient les hypothèques, etc.

Cette loi n'a point été exécutée.

Le code des délits et des peines, décrété le 3 brumaire de l'an 4, est divisé en trois livres, précédés d'une notice indicative de ce qui constitue le délit ; des actions auxquelles il donne ouverture ; de la manière dont ces actions doivent ou peuvent être exercées ; des effets qu'elles produisent tant à l'égard des Français que par rapport aux étrangers ; et des époques auxquelles elles s'éteignent par la prescription.

Le livre premier est intitulé, *de la police*. Il renferme sept titres : le premier énonce les divers officiers qui sont chargés d'exercer la police judiciaire, et de quelle manière doivent être poursuivis les négligences, les abus d'autorité et les infractions à la loi dont ils peuvent e rendre coupables, relativement à leurs fonctions.

Le second traite du nombre, des fonctions et des obligations des commissaires de police.

Le troisième concerne les gardes champêtres, et les gardes forestiers : le législateur y annonce que l'objet de leur institution est la conservation des récoltes, et des propriétés rurales de toute espèce, ainsi que des bois et forêts : il indique le mode de nomination et les fonctions de ces officiers : il traite les règles qu'ils ont à suivre, lorsqu'ils dressent des procès-verbaux des délits pour la recherche desquels ils sont établis, et il prescrit l'usage qui doit être fait de ces procès-verbaux contre les prévenus.

Le quatrième a pour objet les juges de paix, considérés comme officiers de police judiciaire : le législateur y spécifie les fonctions que ces officiers ont à remplir, relativement aux délits qui leur sont dénoncés, et il détermine les lieux et les personnes sur lesquels s'étend leur compétence.

Le cinquième traite du mode de procéder par les juges de paix dans l'exercice de la police judiciaire : on y fait connaître ce que c'est qu'un mandat d'amener, un mandat de comparution et un mandat d'arrêt, et les circonstances dans lesquelles chacun de ces mandats peut ou doit être décerné ; quelles sont les procédures qui doivent précéder ou suivre ces mandats ; ce que c'est qu'une dénonciation officielle, une dénonciation civique, une plainte, et les formes auxquelles les unes et les autres sont assujetties : on y exprime les cas où les poursuites d'office doivent avoir lieu de la part du juge de paix ; comment il doit rédiger ses procès-verbaux, entendre les témoins, se procurer des preuves par écrit, recueillir les pièces de conviction et l'usage qu'il doit en faire.

Le sixième explique comment il doit être procédé à l'exécution d'un mandat d'arrêt, et ce qui doit être fait lorsque le prévenu n'a pas pu être saisi.

Et le septième concerne les directeurs du jury d'accusation, les capitaines et les lieutenans de la gendarmerie nationale, considérés comme officiers de police judiciaire, et il détaille les obligations auxquelles les uns et les autres sont tenus relativement aux poursuites des délits.

Le second livre est intitulé, *de la Justice*. Il prescrit la manière d'administrer la justice pour la punition des différentes sortes de délits. Il est divisé en dix-neuf titres, suivis d'un appendice :

Le premier de ces titres indique la composition et la compétence des tribunaux de police. Ces tribunaux, composés chacun d'un juge de paix et de deux assesseurs, ne peuvent connaître que des délits dont la peine n'est portée par la loi, ni au-dessus de la valeur de trois journées de travail, ni au-delà de trois jours d'emprisonnement. Les actions y sont intentées, ou à la requête du commissaire du pouvoir exécutif près de l'administration municipale, ou à la requête des particuliers qui se prétendent lésés par le délit. Les jugemens rendus par un tribunal de police ne sont pas sujets à l'appel, mais ils sont susceptibles du recours en cassation.

Le second titre traite des tribunaux correctionnels : ils sont composés chacun d'un président, de deux juges de paix ou assesseurs de juge de paix de la commune où le tribunal est établi, d'un commissaire nommé et destituable par le directoire exécutif et d'un greffier. Les attributions de ces tribunaux consistent, 1° dans la connaissance que la loi leur attribue de tous les délits dont la peine n'est ni infamante ni afflictive, et néanmoins excède la valeur de trois journées de travail ou trois jours d'emprisonnement. 2° Ils sont chargés de condamner à sortir du territoire de la république, les étrangers qui ont été poursuivis ailleurs pour des délits susceptibles de peine afflictive et infamante, et de leur défendre de rentrer en France avant qu'ils ne soient justifiés devant les tribunaux compétens : l'instruction des affaires se fait à l'audience, selon le mode déterminé dans le titre dont il s'agit, et les jugemens rendus par un tribunal correctionnel, peuvent être portés par appel au tribunal criminel du département.

Le troisième titre a pour objet les jurys d'accusation et les magistrats qui en sont directeurs : il indique la composition de ces jurys, ce qu'ils ont à faire et les fonctions qui sont à remplir par le directeur du jury, soit pour interroger le prévenu, soit pour examiner si les formes prescrites par la loi pour la validité du mandat d'arrêt ont été observées, soit pour accorder au prévenu sa liberté provisoire, soit pour la rédaction de l'acte d'accusation à présenter au jury, soit pour la forme, l'exécution et les suites de l'ordonnance de prise de corps.

Le quatrième titre concerne les tribunaux criminels, dont chacun est composé d'un président, d'un accusateur public, de quatre juges, d'un commissaire du pouvoir exécutif et d'un greffier : on y spécifie les fonctions du président, celles de l'accusateur public et celles du commissaire du pouvoir exécutif, et l'on indique de quelle manière il doit être procédé contre les présidens et les accusateurs publics, lorsqu'ils viennent à se rendre coupables d'un délit de nature à être puni d'une peine au-dessus de la valeur de trois journées de travail ou de trois jours d'emprisonnement.

Le cinquième titre indique la procédure qui doit avoir lieu devant le tribunal criminel, et ce qu'on doit observer lorsque ce tribunal est établi dans une commune au-dessous de quarante mille habitans : le législateur y détaille ce qui est relatif à l'interrogatoire de l'accusé, à l'audition des témoins, aux copies qu'on doit donner à l'accusé, tant de son interrogatoire que des autres pièces de la procédure ; aux conseils qu'il a droit d'avoir pour l'aider dans sa défense ; à la communication que le commissaire du pouvoir exécutif doit avoir des pièces de la procédure, et à ce qu'il est obligé de faire en conséquence ; à l'assemblée du jury de jugement, et au nombre de jurés et d'adjoints dont la loi veut que ce jury soit composé.

Le sixième titre a pour objet l'examen du procès et les débats auxquels il donne lieu : lorsqu'en présence de l'accusé, de ses conseils, de la partie plaignante, s'il y en a une, et des jurés, l'accusateur public a exposé le sujet de l'accusation, et présenté la liste des témoins qui doivent être entendus, soit à sa requête, soit à celle de la partie plaignante, on entend selon les formes prescrites, la déposition orale de ces témoins ; ensuite l'accusé fait entendre les siens s'il en a : la loi désigne les témoins qui ne peuvent pas être entendus ; elle détaille ce qu'ont à faire, durant les débats, le président du tribunal criminel, les juges, l'accusateur public, l'interprète quand son ministère est nécessaire, les jurés, la partie plaignante, l'accusé et ses conseils : elle permet la réplique à l'accusateur public et à la partie plaignante, mais elle veut que l'accusé ait la parole le dernier : elle indique la manière de poser les questions qui résultent tant de l'acte d'accusation que des débats, et que les jurés doivent décider : elle établit le mode d'après lequel ceux-ci sont obligés de délibérer, et ce qui doit être fait lorsque le tribunal pense unanimement que les jurés, tout en observant les formes, se sont trompés au fond : enfin, elle détermine comment il doit être procédé aux débats, lorsqu'il y a plusieurs accusés présens compris dans le même acte d'accusation, pour être examinés et jugés sur la déclaration du même jury.

Le septième titre traite du jugement et de l'exécution : la loi spécifie ce qui doit être fait, tant lorsque l'accusé a été déclaré non convaincu, que quand la déclaration du jury lui a été contraire : elle fixe le délai durant lequel le condamné et le commissaire du pouvoir exécutif peuvent se pourvoir en cassation, et elle règle la manière d'exécuter le jugement.

Le huitième titre explique les formes qu'il faut observer pour exercer les recours en cassation et les causes pour lesquelles un jugement peut être annullé : il indique pareillement ce qui doit résulter du cas où la requête en cassation est rejetée, de celui où elle est accueillie.

Le neuvième titre établit les règles qui doivent être suivies dans l'instruction des contumaces, et quels sont les effets des condamnations précédées par cette sorte d'instruction.

Le dixième titre prescrit le mode d'après lequel doivent être formées les listes des jurés d'accusation et de jugement : il détermine quelles sont les conditions requises pour être juré, et les fonctions avec lesquelles celles des jurés sont incompatibles.

L'onzième titre énonce la manière de former et de convoquer le jury d'accusation, et il avertit ceux qui sont sur la liste des jurés de ce qu'ils ont à faire quand quelque obstacle s'oppose à ce qu'ils puissent remplir leur devoir, et qu'en conséquence ils désirent d'être excusés.

Le douzième titre traite de la manière de former le jury de jugement. Si ceux qui doivent le composer se trouvent empêchés, il faut qu'ils se conforment à ce que la loi leur prescrit lorsqu'ils désirent faire admettre leur excuse.

Le treizième titre concerne les jurés spéciaux : le législateur y indique le cas où ces sortes de jurés sont nécessaires, et comment ils peuvent être récusés.

Le quatorzième titre établit les règles à suivre dans les procédures relatives au crime de faux. Le législateur y ordonne aux juges, aux commissaires du pouvoir exécutif près des tribunaux, et aux officiers de police de poursuivre et de dénoncer tous les auteurs et complices de faux qui peuvent venir à leur connaissance : il autorise les mêmes officiers, ainsi que les agens municipaux et leurs adjoints, à faire les perquisitions nécessaires chez les personnes suspectes de fabrication ou distribution de fausse monnaie : il charge l'agent du trésor public à Paris, et dans les départemens, les commissaires du pouvoir exécutif, de requérir ces sortes de perquisitions.

Le quinzième titre indique la manière de procéder en cas de destruction ou d'enlèvement des pièces ou du jugement d'une affaire criminelle.

Le seizième titre contient des dispositions particulières sur les délits contraires au respect dû aux autorités constituées ; la loi y spécifie les punitions qui doivent être appliquées à ce genre de délit.

Le dix-septième titre renferme les règles qui doivent être suivies relativement à la forfaiture et à la prise à partie, et les cas où l'une et l'autre peuvent avoir lieu.

Le dix-huitième titre traite des prisons et des maisons d'arrêts : il prescrit la conduite que doivent tenir les geôliers ou gardiens de ces lieux, et quels sont les devoirs que les commissaires du pouvoir exécutif près des administrations du département et les officiers municipaux ont à remplir relativement aux objets dont il s'agit.

Le dix-neuvième titre établit les moyens d'assurer la liberté des citoyens contre les détentions illégales et les autres actes arbitraires.

Et l'appendice avertit que les dispositions des deux livres dont on vient de parler, doivent seules à l'avenir régler l'instruction et la forme, tant de procéder que de juger relativement aux délits de toute nature, sauf néanmoins l'exécution des lois sur la manière de juger les militaires prévenus de délits, lesquelles sont maintenues de même que celles qui s'appliquent à la manière de juger les émigrés et les rebelles armés contre la république.

Le troisième livre est intitulé *des peines* : il explique en quoi consistent les peines de simple police, les peines correctionnelles, les peines infamantes et les peines afflictives, et par qui les unes et les autres peuvent ou doivent être prononcées. Il est divisé en trois titres, suivis d'un appendice et des formules des divers actes relatifs à la procédure par jurés.

Le premier titre traite des peines de simple police : il indique les délits pour lesquels elles peuvent être encourues et les règles que doit suivre à cet égard le tribunal de police qui est chargé de les prononcer.

Le second titre a pour objet les peines correctionnelles. Elles doivent être appliquées par les tribunaux correctionnels, conformément aux dispositions de l'ordonnance des eaux et forêts du mois d'août 1669, aux lois des 19 juillet et 28 septembre 1791, à celle du 20 messidor de l'an 3, et aux autres qui sont relatives à la police municipale, correctionnelle, rurale et forestière.

Le troisième titre concerne les peines infamantes et afflictives. C'est aux tribunaux criminels à les prononcer.

Ils sont tenus, à cet égard, de se conformer

aux dispositions du code pénal dont nous avons parlé précédemment, excepté néanmoins celles que renferment la seconde et la troisième section du titre premier de la seconde partie du même code : à ces dernières dispositions le législateur a substitué les peines qui doivent être appliquées aux crimes et attentats commis contre la sûreté intérieure de la république et contre la constitution.

L'appendice est une addition à la cinquième section du titre premier de la seconde partie du code pénal, intitulé : *crimes des fonctionnaires publics dans l'exercice des pouvoirs qui leur sont confiés.*

Enfin, les formules qui terminent le code des délits et des peines, et qui sont faites d'après la lettre de la loi, consistent dans des modèles de la plainte; du procès-verbal de transport de l'officier de police judiciaire ; de la cédule pour appeler les témoins ; de l'assignation en vertu de cette cédule ; du procès-verbal des déclarations des témoins; du mandat d'amener ; du procès-verbal dressé par le porteur d'un mandat d'amener ; du mandat d'arrêt; du désistement de la plainte ; de la dénonciation civique ; de l'acte d'accusation ; de l'ordonnance de prise de corps; de la signification au juré que son excuse n'a point été admise, et du jugement du tribunal criminel.

Le code des délits et des peines concernant les troupes de la république, résolu par le conseil des cinq cents le 15 brumaire de l'an 5, et approuvé par le conseil des anciens, le 21 du même mois, est divisé en huit titres :

Le premier a pour objet la désertion à l'ennemi :

Le second, la désertion à l'intérieur :

Le troisième, la trahison :

Le quatrième, l'embauchage et l'espionnage :

Le cinquième, le pillage, la dévastation et l'incendie :

Le sixième, la maraude :

Le septième, le vol et l'infidélité dans la gestion et la manutention :

Et le huitième, l'insubordination.

Il subsiste de ce code ce qui n'a pas été abrogé par le code pénal, décrété dans la session du corps législatif de 1810, et dont nous parlerons ci-après.

Voyez Loi, Digeste, Délit, Police, Jugement, Accusé, Propriété, Troupeau, Clôture, Hypothèque, Tribunal, Procédure, Juge de paix, Cour impériale, Cour d'assises, Cour spéciale, Instruction ; et les articles suivans dans lesquels on indique les codes qui sont aujourd'hui en activité, et qui font connaître aux citoyens les obligations et les devoirs auxquels ils sont assujettis pour le maintien du bon ordre et de la tranquillité publique.

CODE CIVIL DES FRANÇAIS,

ou

CODE NAPOLÉON.

C'est la réunion des différentes lois civiles qui s'appliquent aux personnes et aux choses.

Cet ouvrage, rédigé par les soins et sous le règne à jamais mémorable du héros qui gouverne l'Empire français, est divisé en trois livres, non compris le titre préliminaire dont les dispositions sont relatives à la publication, aux effets et à l'application des lois en général.

Le premier livre, intitulé DES PERSONNES, règle ce qui concerne,

1° La jouissance et la privation des droits civils ;

2° Les actes de l'état civil ;

3° Le domicile ;

4° Les absens ;

5° Le mariage ;

6° Le divorce ;

7° La paternité et la filiation ;

8° L'adoption et la tutelle officieuse ;

9° La puissance-paternelle ;

10° La minorité, la tutelle et l'émancipation ;

11° Enfin, la majorité, l'interdiction et le conseil judiciaire.

Dans le second livre, intitulé DES BIENS ET DES DIFFÉRENTES MODIFICATIONS DE LA PROPRIÉTÉ, le législateur a indiqué,

1° Les distinctions dont les biens étaient susceptibles ;

2° Comment la propriété devait être exercée ;

3° Quelles étaient les règles applicables à l'usufruit, à l'usage et à l'habitation ;

4° Enfin, ce qui devait être observé relativement aux servitudes ou services fonciers.

Le troisième livre, intitulé DES DIFFÉRENTES MANIÈRES DONT ON ACQUIERT LA PROPRIÉTÉ, s'applique à ce qui est relatif,

1° Aux successions ;

2° Aux donations entre-vifs et aux testamens ;

3° Aux contrats et aux obligations conventionnelles en général ;

4° Aux engagemens qui se forment sans convention ;

Tome IV.   H

5° Au contrat de mariage et aux droits respectifs des époux ;

6° A la vente ;

7° A l'échange ;

8° Au contrat de louage ;

9° Au contrat de société ;

10° Au prêt ;

11° Au dépôt et au séquestre ;

12° Aux contrats aléatoires ;

13° Au mandat ;

14° Au cautionnement ;

15° Aux transactions ;

16° A la contrainte par corps en matière civile ;

17° Au nantissement ;

18° Aux priviléges et aux hypothèques ;

19° A l'expropriation forcée et aux ordres entre les créanciers ;

20° Enfin, à la prescription.

La loi du 30 ventose an 12, d'où résulte ce qui précède, a d'ailleurs ordonné qu'il n'y aurait, pour tous les articles du Code civil, qu'une seule série de numéros. Ces articles sont au nombre de 2281. On a pensé que cette méthode économiserait le temps et abrégerait la peine de ceux qui étudieraient ou qui appliqueraient les lois.

La même loi du 30 ventose a statué qu'à compter du jour de la promulgation des lois recueillies dans le Code civil, les lois romaines, les ordonnances, les coutumes générales ou locales, les statuts et les réglemens cesseraient d'avoir force de loi générale ou particulière dans les matières sur lesquelles le même Code a prononcé.

CODE DE COMMERCE.

C'est la réunion des différentes règles qu'on est obligé de suivre dans les affaires qui sont relatives au commerce.

Ce Code a été décrété durant la session du Corps législatif qui a eu lieu en 1807.

Les dispositions de ce Code se trouvent divisées en quatre points principaux.

Le premier s'applique aux lois qui régissent le commerce en général ;

Le second renferme les lois particulières au commerce maritime ;

Le troisième traite des faillites et des banqueroutes ;

Et le quatrième, de la compétence des tribunaux pour les affaires de commerce, et de la manière d'y procéder dans les différens cas.

Ainsi, tout commerçant et tout agent du commerce doit trouver dans ce Code l'ensemble de la législation à laquelle il est assujetti par sa profession. Il doit pareillement y trouver les règles des obligations personnelles, celles des obligations synallagmatiques ou réciproques ; celles qui concernent les cas où les obligations personnelles et réciproques ne sont pas remplies, c'est-à-dire lorsqu'il y a faillite ou banqueroute, et enfin les règles de juridiction, de compétence et de procédure.

CODE DE PROCÉDURE CIVILE.

C'est la loi qui contient les règles qu'on doit suivre dans l'instruction des procès civils.

Cette loi, décrétée dans la session du Corps

législatif de l'an 1806, est divisée en deux parties dont la première, qui concerne la procédure devant les tribunaux, est subdivisée en cinq livres.

Le premier traite de la justice de paix, et contient neuf titres, dont le premier trace les règles relatives aux citations;

Le second, ce qu'on doit observer concernant les audiences du juge de paix et la comparution des parties;

Le troisième s'applique aux jugemens par défaut et aux oppositions à ces jugemens;

Le quatrième, aux jugemens sur les actions possessoires;

Le cinquième, aux jugemens qui ne sont pas définitifs, et au mode d'exécution de ces jugemens;

Le sixième concerne la mise en cause des garants;

Le septième, les enquêtes;

Le huitième, les visites des lieux et les appréciations;

Et le neuvième, la récusation des juges de paix.

Les tribunaux inférieurs sont les sujets sur lesquels s'étendent les dispositions du livre second dans les vingt-cinq titres dont il est composé.

Le premier de ces titres concerne la conciliation;

Le second, les ajournemens;

Le troisième, la constitution d'avoué et les défenses;

Le quatrième, la communication au ministère public;

Le cinquième, les audiences, la publicité qu'elles doivent avoir, et la police qui doit y être exercée;

Le sixième, les délibérés et les instructions par écrit;

Le septième, les jugemens et les circonstances auxquelles ils ont rapport;

Le huitième, les jugemens par défaut et les oppositions;

Le neuvième, les exceptions, telles que la caution à fournir par les étrangers; les renvois, les nullités, les exceptions dilatoires et la communication des pièces;

Le dixième, la vérification des écritures;

L'onzième, le faux incident civil;

Le douzième, les enquêtes;

Le treizième, les descentes sur les lieux;

Le quatorzième, les rapports d'experts;

Le quinzième, l'interrogatoire sur faits et articles;

Le seizième, les incidens;

Le dix-septième, les reprises d'instance et la constitution de nouvel avoué;

Le dix-huitième, le désaveu;

Le dix-neuvième, les règlemens de juges;

Le vingtième, le renvoi à un autre tribunal pour parenté ou alliance;

Le vingt-unième, la récusation;

Le vingt-deuxième, la péremption;

Le vingt-troisième, le désistement;

Le vingt-quatrième, les matières sommaires;

Et le vingt-cinquième, la procédure devant les tribunaux de commerce.

Le troisième livre concerne les tribunaux d'appel et n'a qu'un seul titre, lequel traite de l'appel et de l'instruction sur l'appel.

Le quatrième livre est divisé en trois titres qui indiquent les voies extraordinaires qu'on peut employer pour attaquer les jugemens.

Ces voies sont, 1° la tierce-opposition;

2° La requête civile;

3° La prise à partie.

Le cinquième livre contient seize titres qui se rapportent à l'exécution des jugemens.

Le premier a pour objet les réceptions de caution;

Le second, la liquidation des dommages et intérêts;

Le troisième, la liquidation des fruits;

Le quatrième, les redditions de compte;

Le cinquième, la liquidation des dépens et des frais;

Le sixième, les règles générales sur l'exécution forcée des jugemens et des actes;

Le septième, les saisies-arrêts et oppositions;

Le huitième, les saisies-exécutions;

Le neuvième, la saisie des fruits pendans par racines, ou la saisie-brandon;

Le dixième, la saisie des rentes constituées sur particuliers;

L'onzième, la distribution par contribution;

Le douzième, la saisie-immobilière;

Le treizième, les incidens sur la poursuite d'une saisie-immobilière;

Le quatorzième, l'ordre;

Le quinzième, l'emprisonnement;

Et le seizième, les référés;

La seconde partie est divisée en trois livres, dont le premier contient les douze titres suivans :

Le premier est relatif aux ordres de payement et à la consignation;

Le second, au droit des propriétaires sur les meubles, effets et fruits de leurs locataires et fermiers, et à la saisie-gagerie, ainsi qu'à la saisie-arrêt sur débiteurs forains;

Le troisième, à la saisie-revendication;

Le quatrième, à la surenchère sur aliénation volontaire;

Le cinquième, aux voies à prendre pour avoir expédition ou copie d'un acte, ou pour le faire réformer;

Le sixième, à quelques dispositions concernant l'envoi en possession des biens d'un absent;

Le septième, à l'autorisation de la femme mariée;

Le huitième, aux séparations de biens;

Le neuvième, à la séparation de corps et au divorce;

Le dixième, aux avis de parens;

L'onzième, à l'interdiction;

Et le douzième, au bénéfice de cession.

Le livre 2 spécifie les procédures qui se pratiquent à l'ouverture des successions, et contient dix titres, dont le premier concerne l'apposition des scellés après décès;

Le deuxième, les oppositions aux scellés;

Le troisième, la levée du scellé;

Le quatrième, l'inventaire;

Le cinquième, la vente du mobilier;

Le sixième, la vente des biens-immeubles;

Le septième, le partage et les licitations;

Le huitième, le bénéfice d'inventaire;

Le neuvième, la renonciation à la communauté ou à la succession;

Et le dixième, le curateur à une succession vacante.

Le livre 3 n'a qu'un seul titre, lequel a pour objet les arbitrages.

Le Code dont il s'agit est terminé par des dispositions générales qu'on ne doit jamais perdre de vue.

La première consiste en ce qu'aucune des nullités, amendes et déchéances prononcées dans ce Code ne peut être réputée comminatoire.

Suivant la seconde disposition, aucun exploit ou acte de procédure ne peut être déclaré nul, si la loi n'en a pas prononcé formellement la nullité.

Mais dans le cas où la loi n'a rien dit à cet

égard, l'officier ministériel peut, pour omission ou contravention, être condamné à une amende qui ne peut pas être au-dessous de cinq francs, ni excéder cent francs.

Les procédures et les actes nuls ou frustratoires qui ont donné lieu à une condamnation d'amende, sont mis à la charge des officiers ministériels par lesquels ils ont été faits, et ces officiers peuvent en outre, suivant l'exigence des cas, être soumis à payer les dommages et intérêts de la partie, et même être suspendus de leurs fonctions. C'est ce qui résulte de la troisième disposition.

Suivant la quatrième, les communes et les établissemens publics sont tenus, pour former une demande en justice, de se conformer aux lois administratives.

La cinquième disposition a réglé que le jour de la signification ni celui de l'échéance ne seraient jamais comptés pour le délai général fixé relativement aux ajournemens, aux citations, aux sommations et aux autres actes faits à personne ou domicile. Ce délai doit être augmenté d'un jour, à raison de trois myriamètres de distance; et quand il y a lieu à voyage ou envoi et retour, l'augmentation doit être du double.

Il est ordonné, par la sixième disposition, que les sommations pour être présent aux rapports d'experts, et les assignations données en vertu de jugement de jonction, indiqueraient seulement le lieu, le jour et l'heure de la première vacation ou de la première audience; ces actes n'ont pas besoin d'être réitérés, quoique la vacation ou l'audience ait été continuée à un autre jour.

Lorsqu'il s'agit de recevoir un serment, une caution; de procéder à une enquête, à un interrogatoire sur faits et articles; de nommer des experts, et généralement de faire une opération quelconque en vertu d'un jugement, et que les parties ou les lieux contentieux sont trop éloignés, les juges sont autorisés par la septième disposition, à commettre un tribunal voisin, un juge, ou même un juge de paix pour procéder aux opérations ordonnées.

Les tribunaux peuvent, suivant la gravité des circonstances et en vertu de la huitième disposition, prononcer, même d'office, dans les causes dont ils sont saisis, les injonctions qu'ils trouvent convenables, supprimer des écrits, les déclarer calomnieux et ordonner l'impression et l'affiche de leurs jugemens.

La neuvième disposition défend de faire aucune signification ni exécution, depuis le premier octobre jusqu'au 31 mars, avant six heures du matin et après six heures du soir; et depuis le premier avril jusqu'au trente septembre avant quatre heures du matin et après neuf heures du soir, non plus que les jours de fête légale, à moins que ce ne soit en vertu d'une permission du juge, lorsqu'il y a péril en la demeure.

Les avoués qui ont occupé dans des causes où il est intervenu des jugemens définitifs, sont obligés, par la dixième disposition, d'occuper sur l'exécution de ces jugemens sans nouveau pouvoir, pourvu que l'action ait lieu dans l'année de la prononciation des jugemens.

Toutes les significations faites à des personnes publiques, préposées pour les recevoir, doivent, suivant la onzième disposition, être visées par elles sans frais sur l'original.

Dans le cas de refus, il faut que cet original soit visé par le procureur impérial près le tribunal de première instance de leur domicile.

Remarquez que tout refusant peut être condamné, sur les conclusions du ministère public, à une amende qui ne doit pas être au-dessous de cinq francs.

Suivant la douzième disposition, il est nécessaire que tous les actes et les procès verbaux du ministère du juge soient faits au lieu où siége le tribunal. Le juge doit toujours y être assisté du greffier, qui est tenu de garder les minutes, et d'en délivrer des expéditions.

Observez néanmoins qu'en cas d'urgence, le juge peut répondre, en sa demeure, les requêtes qu'on lui présente, le tout sauf l'exécution de ce qui est porté au titre des référés.

CODE D'INSTRUCTION CRIMINELLE.

C'est une loi que le Corps législatif a décrétée dans sa session de l'an 1808, et par laquelle sont établies lés règles qui doivent être suivies dans la poursuite des crimes, des délits et des contraventions.

Cette loi est divisée en deux livres, dont le premier, qui concerne la police judiciaire et les officiers par lesquels elle doit être exercée, contient neuf chapitres.

Les quatre premiers avertissent 1° que les fonctions de la police judiciaire consistent à rassembler les preuves des crimes, des délits et des contraventions, et à en livrer les auteurs aux tribunaux chargés de les punir.

2° Que l'exercice de ces fonctions est attribué aux gardes champêtres, aux gardes forestiers, aux commissaires de police, aux maires et aux adjoints de maires, aux procureurs impériaux et à leurs substituts, aux juges de paix, aux officiers de gendarmerie, aux commissaires généraux de police et aux juges d'instruction.

Ajoutez que les préfets des départemens et le préfet de police de Paris ont le droit de faire personnellement ou de requérir les officiers de police judiciaire, chacun en ce qui le concerne, de faire tous les actes nécessaires à l'effet de constater les crimes, les délits et les contraventions, et d'en livrer les auteurs aux tribunaux chargés de les punir.

Le cinquième chapitre traite des officiers de police auxiliaires du procureur impérial, et spécifie leurs fonctions.

Le sixième chapitre a pour objet les fonctions des juges d'instruction, les cas de flagrant délit, les plaintes, l'audition des témoins, les preuves par écrit et les pièces de conviction.

Le septième chapitre indique les divers usages, auxquels doivent être appliqués les mandats de comparution, de dépôt, d'amener et d'arrêt.

La liberté provisoire et le cautionnement sont les sujets du huitième chapitre.

Et le neuvième concerne le rapport des juges d'instruction, lorsque la procédure est complète.

Le livre second est intitulé *de la Justice*, et contient sept titres dont le premier traite des tribunaux, tant de simple police que de police correctionnelle; de la juridiction des maires comme juges de police, et de l'appel des jugemens de police.

Le deuxième détermine les affaires susceptibles d'être soumises au jury, les mises en accusation; la formation des cours d'assises; les fonctions du président; celles du procureur général impérial et celles du procureur impérial criminel; la procédure qui doit avoir lieu devant la cour d'assises;

l'examen du procès, le jugement et l'exécution; comment le jury doit être formé et convoqué.

Le troisième spécifie les manières de se pourvoir contre les arrêts ou jugemens.

Le quatrième concerne le crime de faux, les contumaces, la poursuite et l'instruction des crimes commis par les juges hors de leurs fonctions ou dans l'exercice de leurs fonctions; la poursuite et l'instruction contre des juges et tribunaux autres que ceux qui sont désignés par l'article 101 du sénatus-consulte du 28 floréal an 12, pour forfaiture et autres crimes ou délits relatifs à leurs fonctions; les délits contraires au respect dû aux autorités constituées; la manière dont on doit recevoir, en matière criminelle, correctionnelle et de police, les dépositions des princes et de certains fonctionnaires de l'Etat; la reconnaissance et l'identité des individus condamnés, évadés et repris; et enfin la manière de procéder en cas d'enlèvement des pièces ou du jugement d'une affaire.

Le cinquième a pour objet les réglemens de juges et les renvois d'un tribunal à un autre.

On a fixé dans le sixième, la compétence, et la composition des cours spéciales; les époques et les lieux des sessions de ces cours; les fonctions du président, ainsi que celles du procureur général impérial et du procureur impérial criminel; l'instruction et la procédure antérieures à l'ouverture des débats, l'examen des procès; le jugement et l'exécution de l'arrêt.

Enfin le septième est appliqué à divers objets particuliers d'intérêt public et de sûreté générale, tels que la notice des jugemens, les prisons, les maisons d'arrêt et de justice; les moyens d'assurer la liberté individuelle contre les détentions illégales, ou contre d'autres actes arbitraires; la réhabilitation des condamnés, et la prescription.

CODE PÉNAL.

C'est la loi que le Corps législatif a décrétée, dans sa session de l'an 1810, pour déterminer les peines que les juges doivent appliquer aux crimes, aux délits et aux contraventions.

Ce Code est divisé en quatre livres, dont le premier est subdivisé en quatre chapitres.

Le premier de ces chapitres indique les peines qui doivent être prononcées en matière criminelle;

Le second, les peines qui sont applicables en matière correctionnelle;

Le troisième, les condamnations qui peuvent avoir lieu pour certains crimes ou délits;

Et le quatrième, les peines que la récidive doit faire prononcer.

Le second livre n'a qu'un seul chapitre, dans lequel on spécifie les personnes qui sont punissables, excusables ou responsables pour crimes ou pour délits.

Le troisième livre est divisé en deux titres, dont le premier concerne les crimes et les délits qui peuvent être commis contre la sûreté tant extérieure qu'intérieure de l'Empire; les attentats et complots dirigés contre l'Empereur ou contre sa famille; les crimes qui tendent à troubler l'État par la guerre civile; l'emploi illégal de la force armée; la dévastation et le pillage public; la non révélation des crimes qui compromettent la sûreté de l'Empire quand on en a connaissance; les crimes et délits relatifs à l'exercice des droits civiques; les attentats à la liberté; les coalitions des fonctionnaires; les empiètemens des autorités tant administratives que judiciaires; le crime de fausse monnaie; la contrefaction des sceaux de l'État, des billets de

banque, des effets publics, et des poinçons, tim-
bres et marques; les faux en écritures publiques
et authentiques, et de commerce ou de banque;
le faux en écriture privée; les faux commis dans
les passeports, feuilles de route et certificats; la
forfaiture et les crimes ou délits des fonctionnaires
publics dans l'exercice de leurs fonctions; les
soustractions commises par les dépositaires publics; les concussions des fonctionnaires publics;
et les délits de ceux qui s'ingèrent dans des affaires
ou commerces incompatibles avec leur qualité; la
corruption des mêmes fonctionnaires; les abus
d'autorité tant contre les particuliers que contre
la chose publique; les délits relatifs à la tenue des
registres de l'état civil; l'exercice de l'autorité
publique illégalement anticipé ou prolongé; les
critiques, censures ou provocations dirigées contre
l'autorité publique dans un discours pastoral; la
correspondance des ministres des cultes avec des
cours ou puissances étrangères, sur des matières
de religion; la rébellion contre l'autorité publique;
les outrages ou violences envers les dépositaires
de l'autorité et de la force publique; le refus d'un
service dû légalement; l'évasion de détenus et le
recèlement de criminels; les bris de scellés et
l'enlèvement de pièces dans les dépôts publics; la
dégradation de monumens; l'usurpation de titres
ou fonctions; les entraves au libre exercice des
cultes; l'association de malfaiteurs; le vagabondage et la mendicité; les délits commis par la voie
d'écrits, d'images ou de gravures distribués sans
noms d'auteur, d'imprimeur ou de graveur; ceux
qui font le métier de crieur ou d'afficheur sans
autorisation de la police, et les réunions illicites.

Le second titre du livre dont il s'agit a pour
objet les crimes et les délits relatifs aux personnes,
tels que le meurtre, l'assassinat; le parricide, l'in-

fanticide et l'empoisonnement; les menaces faites
par des écrits anonymes ou signés; les blessures
et les coups volontaires qui ne sont pas qualifiés
de meurtre, et les autres crimes et délits volontaires; l'homicide, les blessures et les coups invo-
lontaires; les crimes et délits qui sont excusables,
et les cas où ils ne peuvent être excusés; l'homicide, les blessures et les coups qui ne sont ni
crimes ni délits; les attentats aux mœurs; les
arrestations illégales et les séquestrations des personnes; les crimes et délits qui tendent à empêcher ou à détruire la preuve de l'état civil d'un
enfant, ou à compromettre son existence; l'enlèvement des mineurs; l'infraction aux lois sur les
inhumations; le faux témoignage; les calomnies,
les injures et les révélations de secrets; les crimes
et les délits commis contre les propriétés, tels que
les vols, les banqueroutes, les escroqueries et les
autres espèces de fraude; les abus de confiance;
les contraventions aux règlemens sur les maisons
de jeux, les loteries et les maisons de prêt sur
gages; les entraves apportées à la liberté des enchères; la violation des règlemens relatifs aux
manufactures, au commerce et aux arts; les délits des fournisseurs, et les destructions, dégradations et dommages.

Le livre 4 concerne les contraventions de police et les peines qui y sont applicables.

Il contient deux chapitres: le premier fait connaître que les peines de police sont l'emprisonnement, l'amende et la confiscation de certains objets saisis.

Le second divise les contraventions et les peines
en trois classes.

Les contraventions de la première classe doivent être punies d'une amende qui peut s'étendre
depuis un franc jusqu'à cinq francs inclusivement;

Les contraventions de la seconde classe donnent lieu à une amende dont le *minimum* est de six francs, et le *maximum* de dix francs ;

Et pour les contraventions de la troisième classe, il doit être prononcé une amende qui ne peut pas être au-dessous d'onze francs, ni excéder quinze francs.

Enfin, le Code dont il est question est terminé par la disposition suivante :

« Dans toutes les matières qui n'ont pas été ré-
» glées par le présent Code, et qui sont régies
» par des lois ou règlemens particuliers, la Cour
» et les tribunaux continueront de les observer. »

CODÉBITEUR.

C'est celui qui a contracté une dette conjointe-ment avec un autre envers le même créancier.

Les codébiteurs sont solidaires quand ils se sont obligés à une même chose, de manière que cha-cun d'eux pût être contraint pour la dette entière, et que, par le payement d'un seul, les autres fus-sent libérés envers le créancier.

L'obligation peut être solidaire quoique l'un des codébiteurs ne soit pas obligé, comme l'autre, au payement de la même chose ; comme dans le cas où l'obligation de l'un serait conditionnelle, tandis que celle de l'autre serait pure et simple, ou que le terme de payement accordé à l'un serait diffé-rent de celui auquel l'autre serait assujetti.

La solidité ne se présume point ; il est néces-saire qu'elle soit expressément stipulée.

Remarquez néanmoins qu'il y a exception à

cette règle dans le cas où la solidité a lieu de plein droit en vertu d'une disposition de la loi.

Le créancier d'une obligation contractée solidairement peut s'adresser à celui des codébiteurs qu'il juge à propos de choisir, sans que celui-ci soit fondé à lui opposer le bénéfice de division.

Il faut d'ailleurs observer que les poursuites dirigées contre l'un des codébiteurs ne mettent point obstacle à ce que le créancier en exerce de pareilles contre les autres.

Lorsque la chose due vient à périr par la faute ou par la demeure de l'un ou de plusieurs des codébiteurs solidairement, les autres codébiteurs ne sont pas déchargés de l'obligation de payer le prix de la chose; mais ces derniers ne sont pas responsables des dommages et intérêts.

L'action du créancier, pour la répétition de ces dommages et intérêts, ne peut être fondée que contre les codébiteurs par la faute desquels la chose a péri, et contre ceux qui étaient en demeure.

Les poursuites dirigées contre l'un des codébiteurs solidaires interrompent la prescription à l'égard des autres. C'est un effet qui résulte de la solidité.

Le codébiteur solidaire que le créancier poursuit est fondé à opposer toutes les exceptions qui dérivent de l'obligation et toutes celles qui lui sont personnelles ou communes à tous les codébiteurs; mais il n'a pas le droit d'opposer les exceptions qui sont purement personnelles à quelques-uns d'entr'eux.

S'il arrive qu'un des codébiteurs devienne l'unique héritier du créancier, la confusion n'éteint la créance solidaire que pour la part et portion de ce codébiteur ou de ce créancier.

Le créancier qui consent à diviser la dette à

l'égard de l'un des codébiteurs, conserve son action solidaire contre les autres, mais sous la déduction de la part de celui qu'il a déchargé de la solidité.

Lorsque le créancier reçoit la part de l'un des codébiteurs, sans réserver dans la quittance la solidité ou ses droits en général, il ne renonce à la solidité qu'à l'égard de ce codébiteur.

Un créancier n'est pas censé avoir déchargé de la solidité un codébiteur, lorsqu'il a reçu de lui une somme égale à celle dont il était tenu, à moins qu'il n'ait été exprimé dans la quittance que cette somme était *pour sa part*.

Il en est de même de la simple demande formée contre l'un des codébiteurs *pour sa part*, si celui-ci n'a pas acquiescé à la demande, ou s'il n'est pas intervenu un jugement de condamnation.

Lorsqu'un créancier reçoit divisément et sans réserve la portion de l'un des codébiteurs dans les arrérages ou intérêts de la dette, il ne perd la solidité que pour les arrérages ou intérêts échus, et non pour ceux qui sont à échoir, à moins que le payement divisé n'ait été continué pendant dix ans consécutifs.

L'obligation contractée solidairement envers le créancier, se divise de plein droit entre les codébiteurs; et ceux-ci n'en sont tenus chacun que pour sa part et portion.

Si le codébiteur d'une dette solidaire en paye la totalité, il ne peut répéter contre les autres que la part et portion de chacun d'eux. Et dans le cas où l'un d'eux se trouve insolvable, la perte qui résulte de son insolvabilité doit se repartir par contribution entre tous les autres codébiteurs solvables, et celui par lequel la dette a été acquittée.

S'il arrive que le créancier renonce à l'action solidaire envers l'un ou plusieurs des codébiteurs, et que quelques-uns de ceux-ci deviennent insolvables, il faut que la perte se répartisse par contribution entre tous ceux qui sont solvables, même ceux que le créancier a précédemment déchargés de la solidité : mais si l'affaire pour laquelle la dette a été contractée solidairement, ne concernait que l'un des coobligés solidaires, ce dernier serait tenu de toute la dette envers les autres codébiteurs qu'on ne pourrait alors considérer, par rapport à lui, que comme ses cautions.

Toutes les règles précédentes sont fondées sur le paragraphe second de la quatrième section du titre 3 du livre 3 du Code Napoléon.

CODICILLE.

On donnait autrefois ce nom dans les pays de droit écrit, à un acte de dernière volonté qui ne contenait que des legs ou d'autres dispositions sans institution d'héritier.

Et en pays coutumier, on comprenait ordinairement sous le nom de *codicille*, les actes qui étaient postérieurs au testament, et qui avaient pour objet d'y ajouter ou d'y changer quelque chose.

Aujourd'hui il n'existe plus de *codicille* : on ne connaît que des testaments dans tout l'Empire.

Ainsi *voyez l'article* TESTAMENT.

COGNATS.—COGNATION.

En général on appelle cognats ceux qui sont unis par des liens de parenté ; mais quelquefois ce terme s'applique singulièrement à ceux qui sont parens du côté des femmes. Et sous le nom de *cognation*, on entend le lien de parenté qui est entre tous les descendans d'une même souche.

On dit communément que *tous les cognats sont agnats, mais que tous les agnats ne sont pas cognats*, parce qu'en effet la cognation est le genre qui comprend en soi l'agnation, laquelle n'en est que la différence.

Chez les Romains il y eut dans l'origine une grande différence dans les agnats, c'est-à-dire, les parens mâles issus d'une même souche masculine, et les cognats ou les parens du côté des femmes. Ceux-ci n'avaient aucun droit aux successions légitimes déférées par la loi des douze tables, et ils n'étaient point chargés de la tutelle légitime de leurs parens impubères.

Mais Justinien ôta, par le droit des novelles, toutes les différences qu'on avait introduites entre les parens du côté paternel et les parens du côté maternel : il voulut qu'ils vinssent tous conjointement à la succession légitime, et que les uns et les autres pussent être chargés de la tutelle légitime, selon le degré de parenté de chacun d'eux. Telles sont les dispositions de la novelle 118.

Cette novelle était suivie en France dans les pays de droit écrit : ainsi les parens, tant paternels que maternels, avaient un droit égal à la succession légitime, et la tutelle légitime se déférait au plus proche d'entre eux, pourvu qu'il fût d'ailleurs capable de l'administrer.

Quant au pays coutumier, le droit commun était que le juge y déférait la tutelle à celui des parens, soit paternels ou maternels, que les autres parens avaient reconnu pour être le plus capable de l'administrer, sans faire attention s'il était le plus proche parent ou non. On considérait seulement s'il était homme de probité, éclairé et solvable.

Cette disposition du droit coutumier est aujourd'hui la loi générale qu'on suit en France.

Voyez les articles Succession, Tutelle, etc.

COHABITATION.

Ce terme est relatif et signifie en général l'état de deux ou de plusieurs personnes qui demeurent ensemble.

La cohabitation ou demeure commune entre le père et les enfans ou entre d'autres personnes, emportait autrefois dans certaines coutumes une société tacite : telles étaient les coutumes de Poitou, de Troyes et quelques autres.

Le terme de cohabitation s'emploie quelquefois relativement à des personnes mariées, pour signifier la demeure commune du mari et de la femme : c'est dans ce sens que l'ordonnance de 1639 exige pour la validité et l'honneur du mariage une cohabitation publique : le défaut d'une telle cohabitation est un signe de clandestinité ; mais lorsque cette cohabitation existe, c'est une des principales preuves de la validité du mariage, de l'état des conjoints et de celui de leurs enfans. Observez toutefois que cette preuve, toute importante qu'elle est, ne suffirait pas seule pour faire présumer le mariage, si les conjoints n'avaient point d'autre moyen pour établir la possession de leur état,

Voyez Etat civil, Mariage, etc.

COLLATÉRAUX.

Ce terme s'emploie pour désigner les parens qui ne sont pas de la ligne directe.

Les frères, les sœurs, les tantes, les cousins sont des collatéraux : ils composent ce qu'on appelle la ligne collatérale qui est opposée à la ligne directe.

On distingue en conséquence les successions en directes et en collatérales : ces dernières sont celles auxquelles les collatéraux ont droit.

Voyez SUCCESSION.

COLLATION DE PIÈCES.

C'est la comparaison que l'on fait des copies de pièces avec leurs originaux pour constater la conformité exacte et littérale des uns avec les autres, de manière que la représentation que l'on est dans le cas de faire de ces copies, lorsqu'elles ont été ainsi collationnées, équivaut à la représentation même des actes ou titres originaux qu'on ne produit pas, soit qu'on ne les ait pas en sa possession, comme lorsqu'ils sont produits dans une instance actuellement pendante, ou qu'ils sont déposés dans des archives, dans un greffe, dans l'étude d'un notaire, soit enfin que l'importance de ces originaux ne permette pas qu'on s'en dessaisisse, ni qu'on coure le risque de les perdre par la production qu'on en ferait.

La collation de pièces peut être judiciaire ou extrajudiciaire. Celle-ci a lieu lorsqu'un particulier, ayant besoin d'une ou de plusieurs copies d'un titre ou d'un acte, dont il a à justifier, les fait collationner par un notaire, lequel, sur le vu de l'original, et d'après la vérification faite qu'il a une parfaite conformité avec les copies qu'on lui présente, atteste au bas de celles-ci qu'il les a collationnées et qu'elles sont conformes aux originaux.

Il n'est qu'un cas où l'on soit admis à produire en justice des copies qui ont été collationnées hors de la présence des parties intéressées à les contester; c'est lorsque ces copies sont d'une date extrêmement ancienne, de manière qu'on ne peut soupçonner qu'elles aient été fabriquées exprès pour la cause dans laquelle on s'en sert, ou enfin lorsqu'on est dans l'impossibilité de recouvrer les originaux : alors ces copies, vu leur ancienneté, constatent que le titre a existé, le suppléent, et suffisent dans plusieurs circonstances pour établir le droit qu'on réclame.

Mais en général il est de règle et de principe dans tous les tribunaux, que les copies colla-tionnées hors de la présence des parties inté-ressées à les contredire n'ont jamais l'autorité qu'auraient les originaux, ou des copies bien et dûment collationnées, soit par un juge qui en a le pouvoir exprès, soit par un officier public en présence des parties contre lesquelles on se propose de faire usage de ces pièces, ou tout au moins après les avoir appelées en observant les formes établies par la loi. Alors la collation est judiciaire.

Elle a lieu de deux manières. Les pièces dont j'ai besoin par exemple, et sur l'autorité des-quelles j'ai un droit à établir en justice, ou des exceptions à proposer contre ma partie adverse, sont dans l'étude d'un notaire ou dans un greffe : le notaire ainsi que le greffier refusent de me les communiquer et de m'en laisser prendre des co-

pies ; souvent même ils ne le doivent pas s'ils
n'y sont autorisés ou contraints par justice : dans
ce cas j'obtiens une ordonnance des juges en vertu
de laquelle les dépositaires des titres dont j'ai à
faire usage, sont tenus de les représenter, et
d'en donner ou d'en laisser prendre des copies
qui me sont délivrées. On peut voir à l'article
COMPULSOIRE les formalités qui sont à observer
dans cette espèce de procédure, pour la validité
de la collation des pièces compulsées.

Le procès-verbal de collation dont il s'agit
dans cet article, se fait à l'égard de pièces qui
se trouvent être engagées par la production qu'on
a été obligé d'en faire précédemment dans une
instance, et dont on a cependant besoin relativement à une nouvelle instance dans laquelle on
a à produire ces mêmes pièces, ou bien si l'on
veut, lorsqu'ayant en sa possession les originaux
dont on a intérêt de justifier, on juge à propos,
pour ne pas s'en dessaisir, de n'en représenter
en justice que des copies.

Voyez les articles GREFFIER, NOTAIRE, CO-
PIE, etc.

COLLECTE.—COLLECTEUR.

On nomme en général *collecte* la recette ou
le recouvrement qui se fait des deniers provenant
d'un droit ou d'une imposition quelconque. Et
l'on appelle *collecteurs* ceux qui sont chargés de
faire ce recouvrement.

Le tribunal criminel du département de la
Manche, ayant proposé au corps législatif la question de savoir quelle peine devait être infligée à
un collecteur des impositions de 1790, déclaré
par le jury de jugement convaincu de concussion

et de falsification de ses rôles, en altérant les chiffres, en augmentant les sommes à la charge des redevables, et se faisant payer sur le pied des augmentations qu'il avait fabriquées, il intervint le 28 prairial de l'an 2 une loi par laquelle il fut déclaré qu'il n'y avait pas lieu à délibérer, attendu que l'article 15 de la cinquième section du titre premier de la seconde partie du Code pénal déterminait clairement la peine qui devait être infligée à tout fonctionnaire public convaincu de faux dans l'exercice de ses fonctions.

Voyez les articles PERCEPTEUR, IMPÔT, FAUX, FONCTIONNAIRE PUBLIC, etc.

COLLÉGE.

Ce mot signifie, dans son acception la plus commune, un établissement où l'on enseigne à la jeunesse les sciences, les belles-lettres et les arts.

L'instruction de la jeunesse n'était confiée autrefois qu'aux personnes consacrées à la religion : les Mages dans la Perse, les Gymnosophistes dans les Indes, les Druides dans les Gaules avaient le soin des écoles publiques.

Après l'établissement du christianisme, il y eut autant de *colléges* que de monastères. Charlemagne dans ses *capitulaires* enjoint aux moines d'élever les jeunes gens, et de leur enseigner la musique, la grammaire et l'arithmétique. Mais soit que cette occupation détournât trop les moines de la contemplation, soit dégoût pour l'honorable mais pénible fonction d'instruire les autres, ils la négligèrent, et le soin des *colléges* qui ont été fondés depuis a été confié à des personnes uniquement occupées de cet emploi.

Comme l'éducation nationale est un des principaux objets du gouvernement, c'est un principe de droit public que l'érection des établissemens consacrés à l'instruction publique, ne peut avoir lieu qu'en vertu de l'autorité souveraine.

Voyez les articles Lycée, Université, etc.

COLLÉGE ÉLECTORAL.

Voyez le nombre 23 de l'article Constitutions de l'Empire français.

COLLOCATION.

C'est l'action par laquelle on range des créanciers dans l'ordre suivant lequel ils doivent être payés.

Ce terme signifie aussi l'ordre, le rang dans lequel chaque créancier se trouve placé.

Les collocations les plus ordinaires sont celles auxquelles on procède après les ventes d'immeubles qui ont lieu en vertu d'expropriations forcées.

Il se fait aussi des collocations après les ventes volontaires et dans les directions.

L'article 2218 du Code Napoléon a ordonné que les collocations relatives à la distribution du prix des immeubles d'un débiteur, vendus par expropriation forcée, auraient lieu conformément aux règles établies par le code de procédure civile.

Comme il est important pour les créanciers de toucher promptement le montant de leurs créances, il faut, suivant ces règles, que dans le mois de la signification du jugement d'adjudication, s'il n'est pas attaqué, et en cas d'appel, dans le mois postérieur à la signification du jugement confir- matif, les créanciers et la partie saisie s'accordent pour procéder à la distribution du prix des im- meubles vendus.

Si, après le mois expiré, les créanciers et la partie saisie ne sont pas parvenus à se régler en- tr'eux, le saisissant, dans la huitaine, et à son dé- faut, après ce délai, le créancier le plus diligent, ou l'adjudicataire, est fondé à requérir la nomi- nation d'un juge-commissaire, pour être procédé devant lui à l'ordre suivant lequel chaque créan- cier doit être colloqué sur le prix dont il s'agit.

Pour cet effet, la loi veut qu'il soit tenu au greffe un registre des adjudications, sur lequel il faut que celui qui requiert l'ordre fasse son réqui- sitoire, et à la suite de ce réquisitoire le président est chargé de nommer un juge-commissaire.

Le poursuivant prend l'ordonnance de ce juge, qui ensuite ouvre le procès-verbal d'ordre auquel doit être annexé un extrait délivré par le conser- vateur des hypothèques de toutes les inscriptions qui existent.

En vertu de l'ordonnance qu'on vient de spé- cifier, les créanciers doivent être sommés de pro- duire, par acte signifié aux domiciles qu'ils ont élus par leurs inscriptions, ou aux domiciles de leurs avoués s'il y en a de constitués.

Dans le mois de cette sommation, chaque créan- cier est tenu de produire ses titres, avec acte de produit signé de son avoué et contenant demande en collocation. Le juge-commissaire est chargé de faire mention de cette production sur son pro- cès-verbal.

Après l'expiration du mois, et même auparavant si les créanciers ont produit, le juge-commissaire dresse, à la suite de son procès-verbal, un état de collocation sur les pièces qui sont produites. Le poursuivant doit dénoncer, par acte d'avoué à avoué, aux créanciers qui ont produit et à la partie saisie, la rédaction de l'état de collocation, avec sommation d'en prendre communication et de contredire s'il y échoit, sur le procès-verbal du commissaire, dans le délai d'un mois.

Faute, par les créanciers produisans, de prendre communication des productions entre les mains du commissaire, dans le délai qu'on vient d'exprimer, ils demeurent forclos, sans qu'il faille aucune nouvelle sommation ni jugement. Il ne peut être fait aucun dire, à moins qu'il n'y ait contestation.

Les créanciers qui n'ont produit qu'après le délai fixé, doivent supporter sans répétition, et sans pouvoir employer, dans aucun cas, les frais auxquels leur production tardive et la déclaration de cette production aux créanciers afin que ceux-ci en prissent connaissance ont donné lieu. Ils sont d'ailleurs obligés de garantir les intérêts qui ont couru à compter du jour où ils auraient cessé si leur production eût été faite dans le délai fixé.

En cas de contestation, il faut que le commissaire renvoie les parties litigantes à l'audience, et néanmoins il doit arrêter l'ordre relativement aux créances antérieures à celles qui sont contestées, et ordonner la délivrance des bordereaux de collocation aux propriétaires de ces créances antérieures, sans que ces derniers puissent être assujettis à aucun rapport envers tous créanciers dont la production serait postérieure à cette délivrance.

Quand il ne s'élève aucune contestation, le juge-commissaire est chargé de faire la clôture de l'ordre, de liquider les frais de radiation et de poursuite d'ordre, qu'il doit colloquer par préférence à toute autre créance. Il prononce ensuite la déchéance des créanciers qui n'ont fait aucune production, et il ordonne la délivrance des bordereaux de collocation aux créanciers utilement colloqués, et la radiation des inscriptions des autres. La loi veut qu'en faveur de l'adjudicataire il soit fait, sur le montant de chaque bordereau, distraction des frais de radiation de l'inscription.

Les créanciers postérieurs en ordre d'hypothèque aux collocations contestées, sont obligés, dans la huitaine du mois accordé pour contredire, de s'accorder entr'eux sur le choix d'un avoué, sinon ils doivent être représentés par l'avoué du dernier créancier colloqué. Lorsqu'un créancier conteste individuellement, il est tenu de supporter les frais auxquels sa contestation particulière a donné lieu, sans qu'il soit fondé à les répéter ni employer en aucun cas. L'avoué poursuivant ne peut, en cette qualité, être appelé dans la contestation.

L'audience se poursuit par la partie la plus diligente, sur un simple acte d'avoué à avoué, sans autre procédure.

Le jugement doit être rendu sur le rapport du juge-commissaire et les conclusions du ministère public. Il faut qu'il contienne liquidation des frais.

L'appel de ce jugement ne doit être reçu qu'autant qu'il a été interjeté dans les dix jours de la signification qui en a été faite à avoué, outre un jour par trois myriamètres de distance du domicile réel de chaque partie : il faut aussi que cet appel contienne assignation, avec énonciation des griefs de l'appelant.

L'avoué du créancier qui a été colloqué le dernier, peut être intimé s'il y a lieu.

Il ne doit être signifié sur l'appel que des conclusions motivées de la part des intimés, et l'audience doit être poursuivie de la même manière qu'on l'a dit précédemment pour le jugement dont est appel, sur un simple acte d'avoué à avoué, sans autre procédure.

La loi veut que l'arrêt contienne la liquidation des frais, et que les parties qui viennent à succomber sur l'appel soient condamnées aux dépens, sans qu'elles puissent être fondées à les répéter.

Quinzaine après le jugement des contestations, et en cas d'appel, quinzaine après la signification de l'arrêt par lequel elles ont été terminées, le juge-commissaire est chargé d'arrêter définitivement l'ordre des créances contestées, et de celles qui sont postérieures, de la même manière que nous avons dit précédemment qu'il devait en être usé dans le cas où il ne s'élève aucune contestation. Alors doivent cesser les intérêts et les arrérages des créanciers utilement colloqués.

Les frais de l'avoué par lequel les créanciers en contestation ont été représentés, doivent être colloqués, par préférence à toute autre créance, sur le restant des deniers à distribuer, déduction faite de ceux qu'il a fallu employer à l'acquit des créances antérieures à celles qui ont été contestées.

L'arrêt qui autorise l'emploi des frais, doit prononcer la subrogation au profit du créancier sur lequel les fonds manquent, ou de la partie saisie. Il faut que l'exécutoire énonce cette disposition, et qu'il indique la partie qui doit en profiter.

La partie saisie et le créancier sur lequel les fonds viennent à manquer, ont leur recours contre ceux qui ont succombé dans la contestation relativement aux intérêts et arrérages dont le cours a eu lieu durant cette contestation. L'objet de cette disposition a été de mettre obstacle à ce que les créanciers entreprissent légèrement des contestations.

Dans les dix jours postérieurs à l'ordonnance du juge-commissaire, le greffier est tenu de délivrer à chaque créancier utilement colloqué, le bordereau de collocation. Ce bordereau est un titre exécutoire contre l'acquéreur.

Lorsque le créancier donne quittance du montant de sa collocation, il est obligé de consentir la radiation de son inscription.

A mesure que le payement des collocations s'effectue, il faut que le conservateur des hypothèques, à qui l'on représente le bordereau et la quittance du créancier, procède d'office à la décharge de l'inscription jusqu'à concurrence de la somme acquittée.

Cette inscription d'office doit être rayée définitivement, lorsque l'adjudicataire justifie du payement de la totalité de son acquisition soit aux créanciers utilement colloqués, soit à la partie saisie, ainsi que de l'ordonnance du juge-commissaire, qui prononce la radiation des inscriptions des créanciers non colloqués.

Dans le cas d'une aliénation différente de celle qui a lieu par expropriation forcée, l'ordre ne peut être provoqué à moins qu'il n'y ait plus de trois créanciers inscrits. Alors cette provocation peut être faite par le créancier le plus diligent, ou par l'acquéreur, après l'expiration des trente jours qui suivent les délais prescrits par les articles 2185 et 2194 du Code Napoléon.

Il faut que l'ordre soit introduit et réglé selon les formes prescrites par le titre 14 du livre 5 de la première partie du code de procédure civile, d'où sont dérivées les dispositions qu'on vient de rappeler et celles qui vont suivre.

L'acquéreur doit être employé par préférence pour le coût de l'extrait des inscriptions et des dénonciations aux créanciers inscrits.

La loi autorise tout créancier à prendre inscription pour conserver les droits de son débiteur ; mais il faut observer que le montant de la collocation du débiteur doit être distribué comme chose mobilière, entre tous les créanciers inscrits ou opposans avant la clôture de l'ordre.

Dans le cas de retard ou de négligence dans la poursuite de l'ordre, la subrogation peut être demandée. Cette demande peut être formée par une requête insérée au procès-verbal d'ordre, et communiquée au poursuivant par acte d'avoué. On la juge ensuite sommairement à la chambre du conseil, sur le rapport du juge-commissaire.

Voyez, avec le titre 14 *cité précédemment, les articles* INSCRIPTION HYPOTHÉCAIRE, SAISIE IMMOBILIÈRE, *etc.*

COLLUSION.

Terme qu'on emploie en justice pour désigner une intelligence secrète entre deux ou plusieurs personnes, au préjudice d'un tiers.

Il y a autant d'espèces de collusions qu'on peut imaginer de moyens différens de concerter la fraude avec quelqu'un, pour tromper autrui.

La collusion peut se prouver et par écrit et par témoins : quelquefois aussi elle peut se manifester par le fait même qui en est la suite.

Entre parens elle se présume facilement : entre étrangers, il y a plus de difficulté ; il faut qu'elle soit prouvée ou que les circonstances la fassent regarder comme indubitable. Quand elle est établie, la moindre peine qui puisse en résulter, est de voir déclarer nuls et comme non-avenus les actes où elle se trouve pratiquée.

Il y a des cas où la loi veut que la collusion soit regardée comme certaine, sans qu'il soit nécessaire d'en faire la moindre preuve : tel est, par exemple, celui où un négociant obéré aurait fait à l'insu de ses créanciers une vente ou une cession de ses biens dix jours avant sa faillite : cette circonstance de la faillite est un cas déterminé par la loi, pour décider sans autre examen, qu'il y a eu de la collusion entre le vendeur et l'acquéreur, à dessein de frustrer les créanciers. Mais lorsque la loi n'a point déterminé le cas où la collusion doit se présumer d'elle-même, il faut alors, comme nous l'avons dit, qu'elle soit établie pour être fondé à s'en plaindre. Observez que dans tous les cas, la collusion n'opère rien par elle-même de plein droit, et qu'il faut avoir recours au ministère du juge pour faire prononcer la rescision ou la nullité des actes auxquels on prétend qu'elle a donné lieu.

Suivant le nombre premier de l'article 505 du titre 3 du livre 4 de la première partie du code de procédure civile, la collusion qu'on prétend avoir eu lieu par le fait d'un juge, soit dans le cours de l'instruction, soit dans les jugemens, est un moyen de prise à partie.

Vous observerez, à cet égard, que dans l'édition officielle du Code de procédure civile, on a substitué au terme *collusion* qui était dans l'intention du législateur, le terme de *concussion*. C'est une erreur évidente.

COLOMBIER.

C'est un bâtiment en forme de tour ronde ou

Tome IV.   K.

carrée, qui a des boulins ou des trous dans toute sa hauteur, pour les pigeons qu'on y élève. Ces boulins ne sont autre chose que de petites loges qui servent de nids aux pigeons, et qui entourent intérieurement les murs du colombier : les uns sont ronds et les autres carrés.

On ne donne pas indifféremment le nom de colombier à tous les endroits où l'on retire les pigeons : on appelle *volets* ou *fuies* ceux dont les boulins ne règnent pas depuis le sommet jusqu'au rez-de-chaussée.

Les lois romaines ont peu de dispositions relatives aux colombiers ; mais sous l'ancien régime, il n'en était pas de même parmi nous. Les législateurs avaient déterminé les personnes auxquelles il était permis d'avoir des colombiers ; ils avaient fixé le nombre de pigeons que chacun avait droit de nourrir, et ils avaient fait plusieurs autres dispositions auxquelles il serait aujourd'hui superflu de s'arrêter.

Il suffira de dire que par l'article 2 de la loi du 21 septembre 1789, le droit exclusif des fuies et colombiers a été aboli. Il a été, en outre, ordonné que les pigeons seraient enfermés aux époques fixées par les communautés, et que durant ce temps, ils seraient regardés comme un gibier que chacun aurait le droit de tuer sur son terrain.

L'article 524 du code Napoléon porte que quand les pigeons des colombiers ont été placés par le propriétaire, pour le service et l'exploitation du fonds, ils sont réputés immeubles.

Et l'article 564 du même code veut que les pigeons qui passent dans un autre colombier, appartiennent au propriétaire de ce colombier, pourvu qu'ils n'y aient point été attirés par fraude et artifice.

COLONEL-GÉNÉRAL DES SUISSES.

C'est un officier militaire qui remplit les fonctions que la capitulation du 4 vendémiaire an 12 lui a attribuées.

Lorsque le colonel-général des suisses a été annoncé par le ministre de la guerre, le décret impérial du 11 janvier 1808, veut qu'il reçoive dans les places et dans les armées où se trouvent les corps qu'il doit inspecter, les honneurs militaires et civils qui doivent être rendus aux grands officiers de l'Empire, colonels ou inspecteurs-généraux. Conformément aux articles 5 et 6 du titre 8 du décret du 24 messidor an 12, une compagnie tirée des régimens Suisses, doit l'attendre en bataille à la porte de la ville.

Quand cet officier est maréchal de l'Empire, les honneurs militaires et civils de son grade doivent lui être rendus, conformément aux articles 2 et 7 du même décret, concernant les maréchaux de l'Empire qui voyagent hors de leur commandement, et deux compagnies tirées des régimens Suisses, doivent être rangées en bataille à la porte de la ville, lors de son arrivée.

COLONIE.

On donne ce nom à une réunion d'hommes sortis d'un pays pour en peupler un autre.

Tyr et Carthage ont fondé différentes colonies où les vaisseaux fatigués d'une longue navigation faisaient réciproquement leurs échanges. Rome en établit pour assujettir les peuples qu'elle conquérait, et pour récompenser ses soldats : les Barbares envahirent plusieurs contrées où ils s'établirent; mais toutes ces anciennes colonies différaient de celles que la découverte de l'Amérique a fait naître.

Les établissemens des Européens dans le nouveau monde, ont pour base la culture et le commerce des denrées que la métropole acheterait désavantageusement chez les nations étrangères.

Les premiers colons des îles de l'Amérique, furent des aventuriers exilés de leur patrie par l'inquiétude que font naître l'ambition ou la misère : d'abord soldats et navigateurs heureux, ils devinrent bientôt des dévastateurs redoutables. Après avoir saccagé les huttes des sauvages, ils se jurèrent entre eux des haines implacables, qui furent suivies des plus grandes atrocités; ils se divisèrent en bandes sous le nom de flibustiers, et ne connurent plus d'autre frein que la subordination inspirée par l'intrépidité de leur chef. La seule loi convenue et observée fut le partage égal du butin.

Soumises en même temps à des compagnies commerçantes qui, sans faire des avances suffisantes, voulaient retirer beaucoup et promptement, les îles de l'Amérique furent long-temps victimes des priviléges exclusifs.

Lors de la révocation de la dernière de ces compagnies en 1674, toute la puissance de l'administration se trouvait entre les mains des deux gouverneurs lieutenans-généraux, que le gouvernement envoyait l'un dans les *îles du vent*, l'autre dans les *îles sous le vent* (1). Les premiers de ces

_____

(1) Les colonies françaises de l'Amérique sont établies dans une partie des îles Antilles situées entre le 293ᵉ degré et le 156ᵉ de longitude. Les vents qui soufflent presque toujours de la partie de l'est, ont fait appeler celles qui

militaires furent des citoyens vertueux qui n'employèrent leur autorité que pour la prospérité des établissemens naissans; mais les abus que quelques-uns de leurs successeurs firent de cette autorité, obligèrent le gouvernement à la limiter aux troupes réglées en garnison dans les colonies; aux escadres françaises qui naviguaient dans les mers de l'Amérique; aux habitans classés en compagnies de gardes-côtes ou de milice, et aux vaisseaux marchands qui abordaient dans les ports des colonies : l'arrêt du conseil d'état du 21 mai 1762, et l'ordonnance du premier février 1766, prescrivaient à ces chefs de prêter main-forte pour l'exécution des jugemens civils, et leur défendaient de connaître de l'administration de la justice.

Nous ne nous arrêterons pas à l'historique des faits et des troubles qui ont eu lieu dans les colonies françaises depuis la révolution : il suffit d'annoncer qu'elles sont une portion de l'Empire français.

L'article 91 de la constitution de l'an 8, a statué que le régime des colonies françaises serait réglé par des lois spéciales; mais on conçoit qu'il n'est guères possible de s'occuper des suites de cette disposition, avant que la paix ait terminé la guerre qui existe actuellement entre la France et l'Angleterre.

COLONNE DES BRAVES.

Par un arrêté du 29 ventôse de l'an 8, le gouvernement a ordonné que dans chaque chef-lieu

---

sont les plus à l'orient, *îles du vent*, et les autres *îles sous le vent*.

du département, il serait élevé sur la plus grande place, une colonne à la mémoire des braves du département, morts pour la défense de la patrie et de la liberté.

Sur cette colonne doivent être inscrits les noms de tous les militaires domiciliés dans le département qui, après s'être distingués par des actions d'éclat, sont morts sur le champ de bataille.

Les noms d'aucun homme vivant ne peuvent être inscrits sur la colonne, excepté ceux des militaires qui ont obtenu des sabres, des fusils, des grenades ou des baguettes d'honneur.

A Paris, outre la colonne du département de la Seine à élever sur la place Vendôme, il doit être érigé une grande colonne nationale au milieu de la place de la Concorde.

Les noms des militaires morts après avoir rendu des services d'une importance majeure, doivent être inscrits sur cette dernière colonne.

COLON PARTIAIRE.

On donne ce nom à celui qui cultive sous la condition d'un partage de fruits, avec le propriétaire.

Ce colon ne peut ni sous-louer, ni céder son bail à moins que la faculté ne lui en ait été expressément accordée par le propriétaire. C'est ce qui résulte de l'article 1763 du code Napoléon.

En cas de contravention à cette disposition, l'article suivant attribue au propriétaire le droit de rentrer en jouissance du bien loué, et le preneur doit être condamné aux dommages-intérêts auxquels peut donner lieu l'inexécution du bail.

L'art. 2062 du code cité veut que le colon partiaire puisse être contraint par corps, faute par lui de représenter à la fin du bail, le cheptel de bétail, les semences et les instrumens aratoires qui lui ont été confiés, à moins qu'il ne justifie que le défaut de représentation de ces objets, ne procède point de son fait.

––––––––

COLPORTEUR.

On donne ce nom aux merciers ou petits marchands qui portent sur le dos ou devant eux diverses marchandises dans des malles pendues à leur cou, avec une sangle ou une large courroie de cuir.

On donne le même nom à ceux qui vont dans les maisons y acheter ou revendre de vieilles marchandises, en habits, en linges, etc.

On entend aussi par colporteurs ceux qui promènent un certain nombre de livres dans les rues, ou qui crient, vendent et affichent des édits, des ordonnances, des arrêts et d'autres papiers imprimés.

C'est de ces derniers colporteurs qu'il s'agit dans cet article.

Suivant le réglement du 28 février 1723, qu'on nomme communément le code de la librairie, nul ne pouvait être colporteur qu'il ne sût lire et écrire.

Ce réglement paraît devoir encore être exécuté d'après les dispositions de la loi du 28 germinal de l'an 4, relative aux punitions des délits qui peuvent être commis par la voie de la presse.

En effet, lorsque le corps législatif a jugé qu'il était nécessaire de soumettre les imprimeurs, vendeurs, *colporteurs*, distributeurs et afficheurs d'écrits, à une police par le moyen de laquelle le gouvernement pût être en état de maintenir l'exécution des lois contre ceux qui abuseraient de la liberté de la presse, et de faire punir les coupables, il a implicitement voulu que nul individu ne pût être colporteur d'écrits imprimés, qu'il ne sût lire ; et c'est parce que l'on a supposé que les colporteurs d'écrits imprimés savaient lire, que l'article 4 de la loi citée du 28 germinal, a ordonné que les colporteurs seraient assujettis aux mêmes peines que celles qui sont prononcées contre les auteurs ou imprimeurs, par les articles précédens.

Suivant l'article 5, les colporteurs d'écrits contenant les provocations déclarées criminelles par la loi du 27 du même mois de germinal, doivent être poursuivis comme cette loi veut qu'on poursuive les auteurs de ces provocations.

COMBLE.

C'est le faîte d'une maison, d'un édifice.

L'entrepreneur qui a construit un comble, doit en garantir la solidité pendant dix ans. Ce n'est qu'après ce laps de temps qu'il peut être déchargé de cette garantie. C'est ce qui résulte de l'article 2270 du Code Napoléon.

COMÉDIEN.

C'est celui dont la profession est de jouer la comédie sur un théâtre public.

Voyez SPECTACLE.

COMESTIBLES.

On exprime en général par ce mot, les choses qui se mangent, se digèrent et servent à entretenir la vie.

Par le paragraphe 4 de l'article 3 du titre 11e de la loi du 16 août 1790, les municipalités sont tenues de veiller à ce qu'il ne se commette aucune infidélité dans le débit des denrées qui se vendent au poids ou à la mesure; et à ce que la salubrité des comestibles exposés en vente publique ne soit point incertaine.

Les officiers de police sont également chargés par l'article 9 du titre premier de la loi du 19 juillet 1791, de visiter fréquemment les lieux où tout le monde est admis, tels que les cabarets, les cafés, etc., pour y vérifier la salubrité des comestibles.

L'article 20 du même titre veut qu'en cas d'exposition en vente de comestibles gâtés, corrompus ou nuisibles, ils soient confisqués et détruits, et le délinquant condamné à une amende du tiers de sa contribution mobilière; laquelle amende ne peut être au-dessous de trois livres.

Et l'article 29 veut, que les anciens réglemens relatifs à la salubrité des comestibles, continuent d'être exécutés jusqu'à ce qu'il en ait été autrement ordonné.

L'article 605 du Code des délits et des peines, décrété le 3 brumaire de l'an 4, assujettit aux peines de simple police ceux qui exposent en vente des comestibles gâtés, corrompus ou nuisibles.

Suivant l'article 38 du titre 2 de la loi citée, du 19 juillet 1791, toute personne convaincue d'avoir vendu des boissons falsifiées par des mixtions nuisibles, doit être condamnée à une amende qui ne peut point excéder mille livres, et à un emprisonnement qui ne peut pas s'étendre à plus d'une année. La peine doit être du double en cas de récidive ; et dans tous les cas, l'impression et l'affiche du jugement doivent être ordonnées.

COMITÉ.

Ce terme a été emprunté des anglais, chez lesquels il signifie un bureau composé de plusieurs membres, soit de la chambre haute, soit de la chambre des communes, commis pour examiner une affaire.

Une loi du 4 ventose an 9 ayant affecté aux besoins des hospices les rentes et les domaines nationaux appartenant à l'État, et dont la reconnaissance ainsi que le payement se trouvaient interrompus, ou qui avaient été usurpés par des particuliers, il est intervenu le 7 messidor an 9 une autre loi, par laquelle pour assurer l'exécution de la précédente et diriger à cet égard les opérations des commissions administratives des hospices, elle a créée dans chaque arrondissement communal, un comité consultatif dont elle a spécifié, comme il suit, la composition et les fonctions particulières.

Elle a réglé que ce comité serait composé de trois membres choisis par le sous-préfet, parmi les jurisconsultes les plus éclairés de l'arrondissement.

Lorsque la commission administrative croit devoir intenter une action juridique relativement aux droits attribués aux hospices par la loi du 4 ventose citée précédemment, il faut que cette commission soumette sa prétention à l'examen du comité consultatif.

Celui-ci, après avoir examiné l'objet, est chargé de déclarer par une consultation écrite et motivée, s'il y a lieu d'autoriser la commission à plaider.

L'avis du comité doit ensuite être transmis au conseil de préfecture, qui conformément à l'article 4 de la loi du 28 pluviose an 8, accorde ou refuse l'autorisation.

Si cette autorisation est accordée, il faut que le procureur impérial fasse près du tribunal auquel il est attaché, tous les réquisitoires nécessaires pour que les actions qui y sont portées soient jugées sommairement et sans frais; il doit, à cet égard, se conformer particulièrement aux dispositions de l'arrêté du Gouvernement du 10 thermidor an 4.

Le comité consultatif a la faculté, pour les cas qui le permettent, de transiger sur tous les droits litigieux.

Les transactions qu'il fait doivent être exécutées provisoirement; mais elles ne sont définitives et irrévocables que quand le Gouvernement les a approuvées : c'est pourquoi il faut qu'elles soient transmises au ministre de l'intérieur, revêtues de l'avis du préfet et du sous-préfet.

La loi veut que tous les trois mois les préfets se fassent rendre compte des rentes et domaines usurpés en possession desquels les commissions administratives ont pu être envoyées, soit par jugement des tribunaux, soit par mesure de conciliation et d'arbitrage, et qu'ils en transmettent l'état au ministre de l'intérieur.

S'il arrivait que plusieurs commissions administratives découvrissent en même temps les mêmes rentes ou domaines usurpés, le comité consultatif prononcerait, sauf la confirmation du sous-préfet, sur celle de ces commissions à laquelle il conviendrait d'accorder la préférence.

COMITÉ GÉNÉRAL DU CORPS LÉGISLATIF. C'est une

séance particulière du corps législatif, qui, suivant l'article 30 du sénatus-consulte organique du 28 frimaire an 12, doit avoir lieu afin de délibérer une réponse aux communications que le Gouvernement lui a faites pour quelque autre objet que le vote de la loi.

Ce comité doit toujours être présidé par le président du corps législatif, ou en cas d'empêchement par un des vices-présidents que le président a désigné.

S'il arrive que le corps législatif désire des renseignements sur quelqu'une de ces communications, il peut, par une délibération préalable, charger son président d'en faire la demande au Gouvernement.

L'article 31 veut que la réponse du Gouvernement soit portée par ses orateurs au corps législatif.

Les délibérations du comité général doivent être prises à la majorité des voix, sans nomination de commission ni de rapporteur ; elles doivent parvenir au Gouvernement par une députation composée du président chargé de porter la parole, de deux vice-présidens, de deux questeurs et de vingt membres.

Les secrétaires du corps législatif sont tenus de consigner les procès-verbaux des délibérations prises en comité général, dans un registre particulier qui doit être déposé chez le président, avec le sceau du corps législatif.

Ajoutez aux dispositions précédentes, que le sénatus-consulte organique du 28 floréal de la même année, a statué, par l'article 82, que le corps législatif entendrait les orateurs du conseil d'état en séance ordinaire, et qu'ensuite il voterait sur le projet de loi présenté par ces orateurs ; sauf la discussion à laquelle les avantages et les inconvénients de ce projet peuvent donner lieu en comité général, entre les membres du corps législatif.

Suivant l'article 83, ce corps se forme en comité général, 1° sur l'invitation du président pour les affaires intérieures du corps ;

2° Sur une demande faite au président, et signée par cinquante membre présens ;

Dans ces deux cas le comité général est secret, et les discussions ne doivent être ni imprimées ni divulguées ;

3° Sur la demande des orateurs du conseil d'état, spécialement autorisés à cet effet.

Dans ce cas, le comité général est nécessairement public.

Aucune délibération ne peut être prise dans les comités généraux.

Lorsque la discussion en comité général est fermée, la délibération est ajournée au lendemain en séance ordinaire.

COMMAND.

On emploie ce mot pour désigner celui au nom duquel on a acheté un bien quelconque, sans spécifier ce nom dans l'acte d'acquisition, qui porte seulement qu'on *acquiert pour soi ou pour un command*.

Cette clause est usitée, tant dans les ventes judiciaires, que dans les ventes volontaires.

Suivant la loi du 13 septembre 1791, le délai pour faire et pour accepter une déclaration de command était fixé à six mois, à compter du jour de la vente ou adjudication : mais ce délai a été réduit à vingt-quatre heures par l'article 5 de la

loi du 14 thermidor an 4, et par celle du 22 frimaire an 7.

Il est d'ailleurs nécessaire que la faculté de nommer un command ait lieu par acte public, et qu'elle
soit notifiée dans les vingt-quatre heures de l'acte.

Au reste, celui qui a fait une déclaration de
command, et qui l'a notifiée en temps utile à la
régie de l'enregistrement, ne peut être poursuivi
pour le payement des droits auxquels la mutation
donne ouverture. La raison en est qu'il n'a agi que
comme le fondé de pouvoir de celui qu'il a déclaré son command. Ce dernier est le seul acquéreur : cette opinion a été confirmée par une décision du ministre des finances, du 12 thermidor
an 12.

COMMANDANT.

C'est en général un officier militaire qui commande en chef.

Les commandans des places fortes doivent tenir
la main à ce que le service se fasse dans ces places
en temps de paix, avec la même exactitude qu'à
la guerre et dans les camps.

Comme dans une guerre défensive, les places
fortes deviennent la sûreté de l'Etat, il est évident
qu'il importe de prendre les mesures les plus rigou-
reuses pour empêcher l'ennemi de s'en emparer.
Ces considérations ont donné lieu à la loi du 26
juillet 1792, qui contient les dispositions suivantes:

« Art. I. Tout commandant de place forte ou
» bastionnée, qui la rendra à l'ennemi avant qu'il y
» ait brèche accessible et praticable au corps de
» ladite place, et avant que le corps de place ait
» soutenu au moins un assaut, si toutefois il y a un
» retranchement intérieur derrière la brèche, sera

» puni de mort, à moins qu'il ne manque de muni-
» tions ou de vivres.

» II. Les places de guerre étant la propriété de
» tout l'Empire, dans aucun cas les habitans, ni
» les corps administratifs ne pourront requérir un
» commandant de place de la rendre, sous peine
» d'être traités comme des révoltés et des traîtres
» à la patrie.

» III. Lorsqu'une ville assiégée aura brèche ac-
» cessible et praticable au corps de la place, et
» qu'elle aura soutenu au moins un assaut dans le
» cas prévu par l'article 1er, le commandant de
» ladite place ne pourra néanmoins la rendre, ni
» capituler que du consentement des corps admi-
» nistratifs réunis, s'il y en a dans la place. »

Comme il est important que les commandans
des places ne soient point troublés dans leurs
moyens de défense, ni le courage des corps administratifs ébranlé par les manœuvres des mauvais
citoyens, la loi du 26 août de la même année, a
prononcé la peine de mort contre tout citoyen qui,
dans une ville assiégée, parlerait de se rendre.

L'article 3 de la loi du 9 août 1793, a déclaré
les commandans des places responsables sur leur
tête, de la surveillance et de la sûreté des arsenaux,
magasins et établissemens publics qui leur sont
confiés.

La loi du 15 nivose de l'an xi, a ordonné l'établissement de commandans amovibles dans les
places de guerre et postes militaires.

Ces commandans sont choisis parmi les officiers
de toutes les armes, du grade de capitaine et au-
dessus, soit en activité de service ou retirés avec
pension. Ils doivent jouir du traitement réglé pour
chaque place de guerre et poste militaire.

Les commandans tirés des corps militaires,
continuent d'y conserver leur rang et leurs appoin-

temens, conformément aux dispositions de l'article 2 de la loi du 16 mai 1792 : mais ces appointemens, ainsi que les pensions accordées aux militaires vétérans, doivent être précomptés sur le traitement réglé au commmandant de la place où ils se trouvent employés.

Chaque commandant amovible est tenu d'avoir un secrétaire qu'il peut choisir, soit parmi les militaires de la garnison, soit parmi les autres citoyens.

La loi du 14 pluviose de l'an 2, a prescrit la conduite que doivent tenir les commandans des vaisseaux français devant des vaisseaux ennemis.

Elle contient les dispositions suivantes :

« Art. I. Le capitaine et les officiers des vais-
» seaux de ligne de la république, qui auront amené
» le pavillon national devant des vaisseaux enne-
» mis, quel qu'en soit le nombre, à moins que le
» vaisseau ne fût maltraité au point qu'il courût
» risque de couler bas par la quantité d'eau intro-
» duite dans la cale, et qu'il ne restât que le temps
» nécessaire pour sauver l'équipage, seront décla-
» rés traîtres à la patrie, et punis de mort.

» II. Les capitaines et officiers commandant les
» frégates, corvettes et autres bâtimens légers,
» qui se rendront à une force qui ne serait pas
» double de la leur, et avant d'avoir éprouvé les
» mêmes avaries, seront punis de la même peine.

» III. Quand un vaisseau, frégate, corvette ou
» autre bâtiment de la république aura pris un
» vaisseau ennemi, dont la force se trouvera supé-
» rieure au moins d'un tiers à la sienne, il sera
» rendu compte au ministre de la marine, des
» actions d'éclat qui auront contribué à la prise.
» Ceux qui les auront faites, seront avancés au
» grade ou à la paye immédiatement supérieure à
» ceux dont ils jouissaient, et il sera accordé trois

» cents livres de plus par canon à l'équipage pre-
» neur.

Une autre loi du premier messidor de la même année a ordonné que le commandement d'un vaisseau, au poste duquel la ligne se trouverait coupée, serait puni de mort. Cette loi veut que si l'ennemi manœuvre pour couper la ligne devant ou derrière un commandant de vaisseau, celui-ci manœuvre de son côté pour mettre obstacle au projet de l'autre, et qu'il se laisse plutôt aborder que de souffrir que l'ennemi remplisse son objet.

L'article 615 du Code des délits et des peines, décrété le 3 brumaire de l'an 4, déclare coupable du crime de révolte, et en conséquence, punissable de mort tout commandant d'un corps de troupes, d'une flotte ou d'une escadre, d'une place forte ou d'un poste qui en retiendrait le commandement contre l'ordre du directoire exécutif.

Il en serait de même de tout commandant qui tiendrait son armée rassemblée après que la séparation en aurait été ordonnée;

Et de tout chef militaire qui retiendrait sa troupe sous les drapeaux, lorsque le licenciement en aurait été prescrit.

Voyez les articles PLACE DE GUERRE, MARINE, etc.

COMMANDEMENT.

C'est un exploit que fait un huissier, en vertu d'un jugement ou d'un autre titre portant exécution parée, par lequel il commande, au nom de la loi, de payer une somme, de vider des lieux,

Tome IV.   L

enfin de satisfaire aux condamnations ou engagemens énoncés dans le titre (1).

Toute exécution que l'on veut faire sur une
personne ou sur les biens d'un débiteur, doit être
régulièrement précédée d'un commandement de
payer ou de satisfaire aux engagemens portés dans
le titre.

L'article 583 du Code de procédure civile veut
que ce commandement soit fait, au moins un jour
avant la saisie, à la personne ou au domicile du
débiteur, et qu'il contienne notification du titre
s'il n'a pas encore été notifié.

Le procès-verbal de saisie-exécution doit d'ailleurs contenir *itératif commandement* si la saisie
est faite dans la demeure du saisi.

Il faut que ce commandement contienne élection
de domicile dans la commune où doit se faire l'exécution, si le créancier n'y demeure pas ; et le dé-

---

(1) *Formule d'un commandement de payer.*

L'an . . . . le 10 vendémiaire, en
vertu d'un jugement rendu par le tribunal civil de . . . .
le 15 messidor dernier, et à la requête du citoyen Emile,
négociant, demeurant à . . . . . . pour lequel domicile
est élu chez D . . . . . je . . . . . huissier, soussigné,
déclare avoir fait commandement au nom de la loi au citoyen Maldame, limonadier, demeurant à . . . . . . en
son domicile, parlant à . . . . . . de payer présentement
audit citoyen Emile ou à moi huissier, porteur de pièces
pour lui, la somme de six cents livres pour les causes énoncées dans ledit jugement, sans préjudice à d'autres dûs,
droits, actions, intérêts et frais ; lequel susdit Maldame a
fait refus de payer ladite somme de six cents livres ; pourquoi
je lui ai déclaré que ledit citoyen Emile se pourvoirait par
les voies de droit, et lui ai en son domicile, parlant comme
dessus, laissé copie du présent exploit, les an et jour ayant
dits.

biteur est autorisé à faire, à ce domicile, toute signification même d'appel et d'offres réelles.

Il est nécessaire que, conformément à l'article 585 du Code, l'huissier soit assisté de deux témoins français, majeurs, qui ne soient ni parens ni alliés des parties ou de l'huissier jusqu'au degré de cousin issu de germain inclusivement.

En faisant le commandement, on donne ordinairement au débiteur l'alternative de payer la somme répétée au demandeur, ou entre les mains de l'huissier chargé de la commission. Si le débiteur paye entre les mains de l'huissier, celui-ci lui donne une quittance qui a la même valeur que si le créancier l'eût donnée lui-même : ainsi, dans le cas où l'huissier aurait dissipé les deniers reçus, le créancier n'aurait d'action que contre cet huissier, et n'en pourrait plus exercer aucune contre le débiteur, parce qu'il aurait valablement payé.

Cependant, pour que le créancier ne puisse plus rien répéter au débiteur, si l'huissier vient à dissiper les deniers, il faut qu'il soit exprimé dans l'exploit de commandement, que ce débiteur a payé. Ainsi, le payement fait entre les mains de l'huissier, postérieurement à l'acte de commandement, n'opérerait pas la décharge du débiteur, et le créancier pourrait continuer ses poursuites contre lui : la raison en est que l'huissier à qui l'on paye lors du commandement, a, pour recevoir la somme due, une procuration tacite, émanée des pièces dont il est porteur, et en vertu desquelles il agit (1). Mais après le commandement, cette

_____

(1) L'huissier chargé de faire un commandement doit énoncer dans l'exploit qu'il est porteur des pièces en vertu desquelles il agit, parce que ce sont ces pièces qui l'autorisent à agir, et qu'il doit prouver au débiteur qu'on est en droit de le contraindre; autrement le commandement

procuration cesse, et l'huissier est dans la classe de tout particulier qui ferait une recette pour autrui sans avoir été chargé de la faire.

Il faut que la cause pour laquelle le commandement se fait soit exprimée, et que la chose qu'on demande soit en argent, soit en espèce, soit liquidée; autrement le commandement serait nul, parce que la justice n'autorise point les démarches qui n'ont pas un objet précis.

L'huissier qui fait commandement de payer le contenu d'un titre dont il est porteur, doit recevoir la réponse de la personne à laquelle il le signifie, si elle juge à propos de lui en faire une, et l'insérer dans son exploit.

L'huissier qui est sans caractère pour exploiter dans le lieu où la contrainte doit être exercée, ne peut point y signifier de commandement; s'il le faisait, son exploit serait nul.

L'article 626 du Code de procédure veut que la saisie-brandon soit précédée d'un commandement avec un jour d'intervalle.

Et la même règle est établie par l'article 636, relativement à la saisie d'une rente constituée.

S'il s'agit d'une saisie immobilière, il faut, suivant l'article 673 du Code de procédure, qu'elle soit précédée d'un commandement à personne ou domicile, en tête duquel il doit être donné copie entière du titre en vertu duquel cette saisie est faite. Il est nécessaire que ce commandement contienne élection de domicile dans le lieu où siège le tribunal chargé de connaître de la saisie, si le

---

serait nul, et le débiteur ne serait pas libéré. D'ailleurs, l'huissier serait répréhensible; parce qu'en faisant le commandement, il parle au nom de la puissance publique, ce qu'il ne peut faire qu'en justifiant qu'il y est autorisé.

créancier n'y demeure pas ; le même commandement doit d'ailleurs énoncer que faute de payement, il sera procédé à la saisie des immeubles du
débiteur. L'huissier ne se fait point assister de témoins ; mais il faut que dans le jour il fasse viser
l'original par le maire ou l'adjoint du domicile du
débiteur, et qu'il laisse une seconde copie à celui
qui donne le *visa*.

Ce n'est que trente jours après le commandement, que la saisie immobilière peut être faite ; et
si le créancier laisse écouler plus de trois mois
entre le commandement et la saisie, l'article 674
veut que ce commandement soit réitéré dans les
formes et avec le délai ci-dessus.

Nulle contrainte par corps ne peut être mise à
exécution qu'un jour après la signification avec
commandement, du jugement qui l'a prononcée.

Il faut d'ailleurs que le procès-verbal d'emprisonnement contienne, outre les formalités ordinaires des exploits, 1° itératif commandement ;
2° élection de domicile dans la commune où le
débiteur doit être détenu, si le créancier n'y demeure pas : l'huissier est tenu, pour ce cas, d'être
assisté de deux recors.

S'il s'est écoulé une année entière depuis le
commandement, il doit être fait un nouveau commandement par un huissier commis à cet effet.

Ces dispositions concernant la contrainte par
corps, sont fondées sur les articles 780, 783 et
784 du Code de procédure civile.

La loi attribue aux propriétaires et aux principaux locataires des maisons et des biens ruraux,
la faculté de faire saisir-gager un jour après le commandement, sans permission de juge, les effets
qui sont dans ces maisons et sur ces biens, pour
les loyers et fermages échus, soit qu'il y ait bail
ou qu'il n'y en ait pas.

Suivant l'article 198 du Code de commerce, il ne peut être procédé à la saisie d'un bâtiment de mer que vingt-quatre heures après le commandement de payer.

Ce commandement doit être fait à la personne du propriétaire, ou à son domicile, s'il s'agit d'une action générale à exercer contre lui ; mais le commandement peut être fait au capitaine du navire, si la créance est du nombre de celles qui sont susceptibles de privilége sur le navire. C'est ce qui résulte de l'article 199.

Voyez les articles SAISIE , ENREGISTREMENT , HUISSIER, etc.

COMMANDITAIRE.

C'est celui qui est intéressé dans une société en commandite.

Voyez SOCIÉTÉ.

COMMENCEMENT DE PREUVE.

Cette expression désigne des indices qui font présumer la vérité d'un fait ou d'une promesse dont la certitude n'est pas encore suffisamment établie.

Ces indices peuvent être ou par écrit, ou par une existence physique, ou par des faits préliminaires qui ont une relation à l'objet principal qu'il s'agit de vérifier. Ils sont par écrit dans le cas, par exemple, que voici. Un ami m'écrit de lui faire le plaisir de lui prêter cent écus , en m'assurant qu'il me les remettra dans tel temps ; je lui

envoie cette somme par le porteur de sa lettre,
sans exiger de lui d'autre reconnaissance. Mon
ami vient à mourir ; je demande à ses héritiers le
payement de la somme prêtée ; ils me répondent
que la lettre du défunt prouve bien qu'il m'a prié
de lui prêter la somme, mais qu'elle ne prouve
pas en même temps que je la lui ai prêtée, et sur
ce prétexte ils m'en refusent le payement. Il est
vrai que dans la règle la lettre du défunt ne fait
pas une preuve du prêt des cent écus qu'il me demandait ; mais si d'ailleurs je suis en état de prouver par témoins que réellement j'ai remis cette
somme au porteur de la lettre, ou que le défunt,
dans telle ou telle circonstance, est convenu de
l'avoir reçue, quoique là loi s'oppose à toute
preuve vocale pour vérifier la demande d'une
somme qui excède celle de cent cinquante livres ; cependant, comme elle se relâche de la rigueur de cette disposition lorsqu'il y a un commencement de preuve par écrit, la lettre du défunt
est un indice suffisant pour faire présumer que je
n'aurais pas la mauvaise foi de réclamer la somme
portée par cette lettre, si réellement je ne l'avais
pas prêtée, et les juges doivent m'autoriser à faire,
dans cette occasion, une preuve par témoins qu'ils
seraient fondés à me refuser sans cette circonstance.

Les indices par écrit se peuvent manifester,
non-seulement par des lettres missives, mais encore par des journaux de fournitures et de livrai-
sons, par des déclarations faites dans le cours
d'une procédure, par des énonciations contenues
dans des actes qu'ont passés de tierces personnes.
Par exemple, si je vends un héritage, et que je
charge l'acquéreur de payer, en déduction du prix,
ce que je dois à tel particulier, cette énonciation
ne fait pas à la vérité une preuve que je lui dois,

je suppose, une somme de six cents livres, puisque la délégation est indéterminée ; mais sur le
fondement de cette même énonciation, qui est un
indice par écrit, le particulier sera fondé à demander à faire preuve par témoins que réellement
il m'a prêté une certaine somme déterminée, et
que c'est cette même somme qui lui est due, en
observant toutefois qu'il y ait de la vraisemblance
pour le montant du prêt ; car il ne serait point admis à vouloir prouver, sur cette simple énonciation, qu'il lui est dû trente, quarante ou cinquante
mille livres, parce que, pour des sommes pareilles, on doit avoir des titres positifs.

Par la même raison, si l'on m'a fait un billet de la
somme de *cent......* avec cette omission de dire si
c'est de cent sous, de cent livres ou de cent mille
livres, le billet sera bien un commencement de
preuve par écrit qu'il m'est dû, mais je ne serai
admis à prouver le plus ou le moins d'étendue de
la créance, que suivant la vraisemblance que don-
neront mes facultés, ainsi que les besoins et les
sûretés de l'emprunteur ; et si je ne fais point la
preuve, ce dernier sera reçu à dire que je ne lui ai
prêté que cent sous, par la règle que, dans les
choses douteuses, on prend toujours le parti le
moins rigoureux pour le débiteur. *Semper in
obscuris quod minimum est sequimur.*

Un billet écrit, mais non signé du débiteur, ou
une quittance non souscrite du créancier, ne sont
pas des certitudes complettes qu'il est dû ou qu'on
a reçu, mais ce sont des commencemens de preuve
suffisans pour faire admettre la preuve testimoniale,
pourvu que le billet et la quittance expriment des
sommes déterminées.

Une obligation reçue par un notaire incompétent
peut-elle servir de commencement de preuve par
écrit, lorsque les parties ont déclaré ne savoir

signer ? Pothier ne le pense pas ; mais d'autres trouvent l'opinion contraire préférable ; parce que, disent-ils, quoiqu'un notaire ne puisse point instrumenter hors de son district, ou quand il est interdit de ses fonctions, il est toujours probable que réellement il y a eu une obligation contractée devant notaire ; et si cette obligation ne mérite pas la faveur d'un acte sous signature privée, elle mérite du moins celle de pouvoir être regardée comme un commencement de preuve par écrit.

Les indices physiques ou naturels sont encore des commencemens de preuve, surtout en matière criminelle. Les meurtrissures sur un cadavre font penser que la personne est décédée de mort violente. Celui sur lequel on trouve l'arme offensive dont le défunt paraît avoir été frappé, peut être présumé l'auteur du délit, etc.

Il en est de même des faits préliminaires qui ont une relation médiate ou immédiate avec le fait essentiel à éclaircir. L'existence d'un de ces faits détermine souvent à autoriser des recherches ultérieures soit en matière civile, soit en matière criminelle. Ceci dépend de la nature des choses et de la sagesse des magistrats.

Voyez les articles CIRCONSTANCE, INDICE, PRÉSOMPTION, PREUVE, etc.

COMMERCE.

SOMMAIRES.

1. *Définition et courte notice des avantages que le commerce a procurés à différens peuples.*

2. *Du commerce de France durant la guerre qui a suivi la révolution ; des pertes qu'il a faites et des moyens de le rétablir avantageusement.*

3. *De la liberté du commerce.*
4. *Du commerce extérieur.*
5. *Des chambres de commerce.*

1. *Définition et courte notice des avantages que le commerce a procurés à différens peuples.* On appelle *commerce*, un négoce, un trafic de marchandises, d'effets, d'argent.

L'histoire nous représente rarement un peuple fortuné, sans rappeler combien le commerce a contribué à sa prospérité.

Ce fut par le commerce que les Phocéens établirent des colonies sur toutes les côtes connues de leurs temps. Les monumens de la magnificence des Egyptiens prouvent qu'il régnait à Memphis, et presque dans toute l'Egypte, un commerce intérieur fort étendu. Le faste, les mœurs, les lois, la religion, le goût si éclairé des habitans, enfin tout ce que nous savons de la Grèce, nous apprend qu'elle fut très-commerçante. Alexandre était si persuadé que le commerce doit réparer les calamités causées par les dévastations, qu'il bâtit Alexandrie dans la situation la plus favorable pour en faire le centre d'un grand commerce. Carthage reçut, par le négoce, un éclat qu'elle ne pouvait attendre de son sol aride et de sa température peu favorable à la population.

Après la dévastation de l'empire romain, notre hémisphère ne jouit que de quelques instans de prospérité jusqu'à la restauration des sciences et des arts : les villes libres de l'Italie, où ils fleurirent d'abord, se disputèrent l'empire des mers ; les Flamands s'illustrèrent par le commerce quelque temps après ; on vit ensuite s'élever dans le Nord la Hanse Teutonique, et bientôt toutes les nations de l'Europe se divisèrent entr'elles les branches de commerce, tandis que les plus entreprenantes s'en créaient de nouvelles par des découvertes en Asie et en Amérique.

La prospérité des Anglais et des Hollandais excitant de plus en plus l'émulation des gouvernemens modernes, ils s'étudièrent tous à multiplier les denrées de leur sol, et à négocier les productions étrangères.

Avant Louis XIV le commerce était peu de chose en France. Alors parut Colbert qui interrogea toutes les lumières de son siècle sur les arts et sur l'industrie. Il fit venir près de lui les négocians et les artistes les plus célèbres. Il exigea de tous les consuls français des instructions sur le commerce du Levant, en sorte qu'en quelques années, la plupart des villes et des ports de France furent changés en ateliers et en arsenaux. De grands établissemens d'industrie s'élevèrent de tous côtés. Le commerce naissant reçut des encouragemens et des prix. De grands canaux furent ouverts ; la navigation dans l'intérieur et une grande marine au dehors furent fondées : enfin la France, puissante et riche, répandit bientôt dans son sein et dans toute l'Europe la prospérité de son commerce.

2. *Du commerce de France durant la guerre qui a suivi la révolution, des pertes qu'il a faites et des moyens de le rétablir avantageusement.* Dans un discours prononcé devant le corps législatif le 18 prairial de l'an 4, sur les moyens de relever le commerce et les arts, un membre de ce corps, Eschassériaux l'aîné, observa que les années communes de 1787, 1788 et 1789 offraient un tableau d'importation d'environ 227 millions et de 380 millions d'exportation. D'après ce calcul, la balance du commerce était en faveur de la France. Mais en ôtant 170 millions que les denrées coloniales jetaient alors dans le commerce,

cette balance a cessé d'être pour nous : en effet, l'importation s'est trouvée être de 227 millions, tandis que l'exportation n'était que de 210 millions. Ainsi la perte du commerce français avec les autres peuples a été évidemment de 17 millions par année.

Il suit de-là une vérité sensible, qui consiste en ce que les denrées des colonies françaises nous assuraient une supériorité sur le commerce des étrangers.

Une autre vérité qui dérive de la même source, est que la France, privée du produit de ses colonies, et réduite à l'exploitation de son territoire, a éprouvé une perte réelle dans le mouvement général du commerce avec les puissances de l'Europe. Il est néanmoins démontré, dit l'orateur cité, qu'avec un territoire plus fertile et une population aussi nombreuse qu'industrieuse, la France devrait jouir d'une supériorité commerciale proportionnée à la fécondité de son sol, et à l'activité de ses peuples : d'où il a conclu que dans le système d'économie politique d'alors il existait un vice qu'il convenait de détruire.

La révolution a dispersé, disait-il, une foule de citoyens qui cultivaient les arts : une terreur passagère a arraché les uns de leurs ateliers ; les circonstances révolutionnaires ont jeté les autres dans une nouvelle carrière de travaux ; les fabriques, les manufactures, les arts utiles ne comptaient plus autant d'ouvriers et d'artistes qu'autrefois ; le travail dont la masse et les divisions font une partie de la richesse d'une nation a diminué, et cette diminution a amené celle du produit de l'industrie ; ainsi la puissance commerciale de l'Etat a subi une décadence marquée.

Pour remédier au mal, l'orateur a désiré ce que le gouvernement actuel exécute. Par des institutions sages, on rappelle tous les citoyens à leurs travaux, et l'on consacre solennellement la maxime que tout citoyen dans un État doit être utile à la société : il paraît, en effet, qu'il ne peut y avoir de nation vraiment puissante que celle où tous les citoyens travaillent, et où le travail est honoré.

Il faut en conséquence que la loi accorde protection, liberté et sûreté aux arts et à toute industrie commerciale.

Il conviendrait aussi d'établir une caisse de prêt en faveur des fabricans et des manufacturiers dont les métiers et les manufactures ont souffert ou péri dans la révolution.

Il serait également utile d'accorder annuellement des primes et des encouragemens aux manufacturiers et négocians français qui exporteraient leurs ouvrages fabriqués avec les matières ou productions du sol. Il faudrait que ces encouragemens fussent particulièrement dirigés vers les objets d'industrie que l'étranger recherche et achète par préférence.

Les primes sont incontestablement le vrai mobile qui enhardit le spéculateur industrieux : elles secondent puissamment les espérances du fabricant et de l'armateur : il importe surtout de les appliquer à l'exportation des ouvrages de luxe que le génie français peut inventer et perfectionner.

Ajouter aux primes et aux encouragemens les canaux de navigation et des chemins bien entretenus. On a dit avec raison que les chemins et la navigation sont les pieds et les ailes du commerce. C'est par ces moyens que les productions d'une contrée sont versées avec rapidité et parcourent tous les pays.

3. *Liberté du commerce.* Par une loi du 5 avril 1790, le corps législatif décréta que le commerce

de l'Inde au-delà du cap de Bonne-Espérance serait libre pour tous les Français.

La même liberté fut accordée par la loi du 18 janvier 1791 relativement au commerce du Sénégal.

La loi du 21 juillet suivant a également déclaré que tous les Français pourraient librement faire le commerce dans les échelles du Levant et en Barbarie.

Chaque négociant a été autorisé à y faire des établissemens en fournissant un cautionnement à l'effet de garantir les autres établissemens français des actions qui pourraient être exercées contr'eux par son fait ou celui de ses agens.

Les retours du commerce du Levant et de Barbarie peuvent, suivant l'article 5 de cette dernière loi, avoir lieu dans tous les ports de France, après avoir fait quarantaine à Marseille (1), en avoir acquitté les frais ainsi que les droits imposés pour l'administration du Levant, et à la charge de rapporter un certificat de santé.

Remarquez que suivant l'article 176 du Code pénal, tout commandant des divisions militaires, des départemens ou des places et des villes, et tout préfet ou sous-préfet qui dans l'étendue des lieux où il a droit d'exercer son autorité, fait ouvertement, ou par des actes simulés, ou par interposition de personnes, le commerce des grains, grenailles, farines, substances farineuses, vins ou boissons autres que ceux qui proviennent de ses propriétés, doit être puni d'une amende

---

(1) La loi du 10 août 1791 a ordonné qu'il serait ajouté à cet article 5, ces mots : *Sans entendre rien innover au sujet du Lazaret de Toulon, qui continuera d'exercer le droit de donner la quarantaine comme par le passé.*

de 500 francs au moins, de 10,000 francs au plus, et de la confiscation des denrées appartenant à ce commerce.

4. *Commerce extérieur.* Le commerce extérieur est celui que fait une nation avec d'autres nations.

Suivant le droit public des nations commerçantes, chacune peut empêcher qu'il ne soit porté hors de chez elle les marchandises ou productions qu'elle juge à propos de conserver.

Une nation est également fondée à imposer des droits sur les denrées ou marchandises qui entrent sur son territoire ou qui en sortent.

Elle peut empêcher qu'on n'introduise chez elle certaines marchandises étrangères, et elle peut les assujettir à telles charges qu'elle juge convenables.

Elle défend quelquefois aux étrangers d'apporter chez elle d'autres productions que celles du pays qu'ils habitent.

Suivant Mably, les peuples qui font entre eux des traités de commerce, s'accordent toujours la liberté de porter respectivement les uns chez les autres toutes les marchandises que les lois de l'état n'ont pas prohibées : les commerçans sont protégés, et afin qu'on ne leur fasse aucune difficulté, on doit afficher dans tous les bureaux des douanes les tarifs des droits d'entrée et de sortie. On accorde à tout négociant la liberté de conscience ; il peut se servir de tels agens, notaires ou facteurs que bon lui semble : il tient ses livres de compte et de commerce dans la langue qu'il juge à propos ; et s'il est nécessaire de les produire en justice pour décider quelque procès, les juges ne peuvent prendre connaissance que des articles qui regardent l'affaire contestée.

Il est aussi convenu entre les nations, qu'un
vaisseau marchand est confiscable lorsque ces
nations sont en guerre et qu'elles se sont interdit
tout commerce réciproque. On saisit même les
vaisseaux neutres qui portent des munitions de
guerre à un ennemi ; mais il est permis aux nations neutres de commercer avec celles qui sont
en guerre, si elles no leur portent pas des marchandises utiles à l'usage de la guerre.

Tous les bâtimens marchauds doivent, pour
prévenir la fraude, être munis de lettres qui en
fassent connaître les propriétaires et les capitaines, le pays d'où ils sont, celui où ils vont et
les marchandises qu'ils portent.

Ces bâtimens doivent d'ailleurs prendre dans
le port qu'ils quittent les certificats de santé prescrits par la loi, afin de prévenir la contagion
des maladies pestilentielles.

Le propriétaire d'un vaisseau échoué sur les
côtes doit recouvrer tout ce qu'on sauve de la
cargaison ou du bâtiment, pourvu qu'il fasse sa
réclamation dans un an et un jour, et qu'il rembourse les frais faits pour retirer de l'eau les effets
naufragés.

En temps de paix, ce serait offenser le droit
des gens que d'arrêter les marchauds, les pilotes,
les vaisseaux et les cargaisons pour quelque cause
que ce fût, excepté les saisies de justice faites
par les voies ordinaires, en vertu de dettes légitimes.

Un vaisseau de guerre qui veut visiter un
bâtiment marchand, ne doit en approcher qu'à
une certaine distance, et ensuite il envoie sa
chaloupe pour faire la visite.

Lorqu'un navire est chargé de marchandises de
contrebande, il faut avant de les saisir en faire
l'inventaire.

On confisque ces marchandises et l'on ne touche au reste de la cargaison qu'autant que le capitaine a jeté les papiers à la mer.

En temps de paix, on ne doit jamais courir sur des vaisseaux, quels qu'ils soient, et ils ne sont sujets à confiscation, que quand ils débarquent dans un port, ou qu'ils y chargent des marchandises prohibées, ou en contravention des droits auxquels elles sont assujetties.

5. *Des chambres de commerce.* Par un arrêté du 3 nivose de l'an 11, le Gouvernement a ordonné l'établissement d'une chambre de commerce dans chacune des villes de Lyon, Rouen, Bordeaux, Marseille, Bruxelles, Anvers, Nantes, Dunkerque, Lille, Mayence, Nîmes, Avignon, Strasbourg, Turin, Montpellier, Genève, Baïonne, Toulouse, Tours, Carcassonne, Amiens et le Hâvre.

Les chambres de commerce doivent être composées chacune de quinze commerçans, dans les villes où la population excède cinquante mille âmes, et de neuf commerçans dans toutes celles où la population est au-dessous de ce nombre, indépendamment du préfet qui en est membre-né, et en a la présidence lorsqu'il assiste aux séances. Le maire remplace le préfet dans les villes qui ne sont pas chef-lieux de préfecture.

Nul ne peut être reçu membre de la chambre, s'il n'a fait le commerce en personne au moins pendant dix ans.

Les fonctions attribuées aux chambres de commerce consistent, 1° à présenter des vues sur les moyens d'accroître la prospérité du commerce, et à faire connaître au Gouvernement les causes qui en arrêtent les progrès ;

2° A indiquer les ressources qu'on peut se procurer ;

Tome IV. M

3° A surveiller l'exécution des travaux publics relatifs au commerce, tels, par exemple, que le curage des ports, la navigation des rivières, et l'exécution des lois et règlemens concernant la contrebande.

Les chambres de commerce correspondent directement avec le ministre de l'intérieur.

Les membres de la chambre doivent être renouvelés par tiers chaque année. Les membres sortans peuvent être réélus.

Toute nomination doit être transmise au ministre de l'intérieur pour recevoir son approbation.

Les chambres de commerce doivent présenter à ce ministre l'état de leurs dépenses et proposer les moyens de les acquitter : il soumet ensuite leurs demandes au Gouvernement.

Voyez les articles ACQUIT, DÉCLARATION, VENTE, SAISIE, NAUFRAGE, PATENTES, NAVIGATION, DOUANE, CHANGE, CONTREBANDE, COUR PRÉVÔTALE.

***

COMMINATOIRE.

On appelle *clause comminatoire*, celle qui étant apposée dans un contrat ne peut produire son effet qu'après une interpellation, parce qu'on la regarde comme n'ayant été stipulée que par forme de menace contre la partie en retard de s'acquitter dans un temps marqué, de l'obligation pour l'exécution de laquelle cette clause est intervenue.

On a introduit parmi nous une distinction entre

les différentes clauses pénales qu'on peut stipuler
dans des conventions : on regarde les unes comme
étant de rigueur et produisant leur effet de plein
droit, et les autres comme étant simplement
comminatoires, et n'ayant d'effet qu'après une
interpellation judiciaire. Cette distinction inconnue dans le droit romain pourrait paraître
contraire à l'équité ; car il est de la nature des
conventions qu'elles s'exécutent dans toute leur
étendue et de la manière convenue entre les
parties. Il est vrai que nous ne réputons comminatoires que les clauses qui ont rapport au
temps dans lequel on doit remplir telle ou telle
obligation. Une partie s'est obligée de faire ou de
livrer telle chose dans tel délai, elle ne l'a pas
fait ; on présume qu'il y a de l'oubli, ou qu'un
contre-temps imprévu l'en a empêchée : on croit
alors qu'il est juste de lui laisser encore la faculté
d'accomplir son obligation, en l'avertissant pour
cet effet par une interpellation judiciaire.

Mais pour que cette faveur lui soit accordée,
il faut que l'obligation puisse encore s'accomplir
sans blesser les intérêts de l'autre partie. Je suis
convenu, par exemple, de la construction d'un
bâtiment avec un entrepreneur, et il a été dit
par le marché que ce dernier le commencerait
dans trois mois. Les trois mois se sont écoulés
sans que rien ait été commencé ; le marché
n'est pas nul pour cela ; l'entrepreneur est encore en droit de commencer. Mais si je vois
qu'il n'en veuille rien faire, et qu'il me faille
recourir à un autre entrepreneur, je dois auparavant faire faire une sommation au premier de
remplir son engagement, en lui déclarant que si
dans tel délai raisonnable que je lui prescrirai,
comme de huitaine, de quinzaine ou d'un mois,
suivant l'importance de l'entreprise, il n'a pas

commencé l'ouvrage, le marché sera regardé comme non avenu, et que je m'adresserai à un autre entrepreneur pour traiter avec lui, en me réservant toutefois les dommages-intérêts que le retard m'aura occasionnés. Si après cette sommation faite l'entrepreneur ne s'est pas mis en devoir de commencer l'ouvrage dans le nouveau délai déterminé, je suis en droit de conclure un nouveau marché avec un autre entrepreneur.

Il y a des cas où le délai étant une fois expiré, il ne faut pas d'interpellation judiciaire ; il n'en faut point, par exemple, dans le cas que voici : un cabaretier a acheté d'un vigneron trois muids de vin, avec convention que ce vigneron les lui conduira et livrera huit jours avant telle foire qui doit se tenir dans l'endroit où demeure le cabaretier. Au temps marqué, le vin n'étant pas arrivé, il est certain que ce cabaretier est en droit de se pourvoir ailleurs, parce que la raison de la tenue de la foire est un motif pour lui de ne pas attendre davantage, de crainte de s'exposer à être dépourvu et à perdre ses pratiques.

Il en est de même de tous les autres cas où il y a du péril dans la demeure, surtout en matière de commerce où les circonstances sont précieuses et où une occasion manquée est souvent irréparable.

Si lors de la convention il est dit que la chose s'exécutera dans tel délai, ou qu'autrement le traité demeurera nul de fait et de droit sans autre sommation ni interpellation, comme il est évident dans ce cas que l'intention des parties a été que cette clause s'exécutât à la rigueur, la simple expiration du délai lui donne tout l'effet qu'elle doit avoir, sans entrer dans aucun examen si la chose peut ou ne peut pas se différer encore, autrement les conventions les mieux conçues deviendraient illusoires.

COMMIS.

Ce titre se donne en général à celui qui est préposé par un autre pour faire à sa place quelque chose.

Tels sont les commis des douanes, ceux des droits-réunis, ceux de la régie de l'enregistrement, etc.

Voyez les articles DOUANE, DROITS-RÉUNIS, ENREGISTREMENT, GREFFIER, etc.

COMMISSAIRE.

On donne en général le nom de commissaire à celui qui est préposé par quelque pouvoir légitime pour exercer un acte de juridiction ou remplir certaines fonctions soit de justice, soit de police, soit militaires.

Ainsi, il y a plusieurs sortes de commissaires; les uns s'appellent simplement *commissaires*, et les autres ajoutent à ce titre quelque dénomination particulière et relative aux fonctions qu'ils ont à remplir.

Nous allons parler successivement de chaque espèce de commissaire dans les articles suivans.

COMMISSAIRES NOMMÉS PAR DES TRIBUNAUX.

Chez les Romains, tout magistrat qui avait une juridiction et le pouvoir d'exercer, pouvait nommer une personne pour le suppléer dans ses fonctions.

Il faut même observer que la personne à qui cette juridiction était commise d'une manière générale, pouvait en particulier commettre quelqu'un pour juger les procès, parce que le principal effet de la juridiction consistait dans le pouvoir de donner un juge : c'est ce qu'on remarque dans la loi 5, *in fine*, ff. *de juridictione*.

Ainsi il y avait une différence considérable entre celui à qui la juridiction était déléguée et le juge donné. Le premier était le commis général du magistrat, au lieu que le second n'était qu'un délégué particulier, et souvent même le subdélégué du commis général.

Au surplus, l'autorité appelée en droit *merum imperium* ou *jus gladii*, et qu'on a appelée en France *droit de haute-justice*, ne pouvait être aucunement commise ni déléguée par le magistrat.

Sous les empereurs, le droit en vertu duquel des officiers pouvaient se faire suppléer dans les fonctions de leurs charges, fut restreint peu à peu : on remarque que sous Justinien, l'entière juridiction ne pouvait être déléguée à d'autres qu'aux lieutenans en titre d'office, parce qu'une loi du Code défend aux magistrats de commettre particulièrement les procès à juger, excepté ceux de peu de conséquence, ou lorsqu'ils sont extrêmement occupés.

En France, sous l'ancien régime, dans les affaires qui étaient soumises à la décision d'une cour souveraine, celle-ci pouvait nommer des commissaires, non-seulement pour informer, mais encore pour juger, tant en matière civile qu'en matière criminelle.

Les présidiaux pouvaient aussi renvoyer devant un autre présidial les affaires portées devant eux : mais cela ne devait avoir lieu que quand quelqu'un des officiers était partie au procès, ou lorsqu'il y avait partage d'opinions.

A l'égard des bailliages et des autres juges subalternes, ils ne pouvaient donner à d'autres la commission de juger, ni envoyer les parties, même de leur consentement, devant un tribunal dont elles n'étaient pas justiciables.

Il y avait néanmoins un cas où ces juges pouvaient nommer un commissaire pour les suppléer : c'était lorsqu'il s'agissait de procéder à quelque acte judiciaire dont on avait besoin pour mettre un procès en état d'être décidé, et que cet acte devait se faire hors du ressort du siége de ces juges : ils requéraient alors le juge du lieu de les suppléer. Tel était le cas où il fallait faire une enquête hors de la juridiction des juges qui l'avaient permise : ils adressaient une commission rogatoire au juge du lieu, afin qu'il entendît les témoins.

On doit encore en pareil cas en user de même aujourd'hui.

Lorsque l'instruction d'un procès se fait dans le ressort d'un tribunal saisi de la contestation, les juges de ce tribunal peuvent nommer commissaire quelqu'un d'entr'eux pour procéder à cette instruction.

L'édit du mois de février 1705, veut que les jugemens qui ordonnent des descentes sur les lieux, des enquêtes ou d'autres actes semblables, nomment le commissaire par lequel il y sera procédé ; et que s'il arrive qu'il faille nommer un autre commissaire, les parties soient tenues pour cet effet de s'adresser au président.

Aucune loi n'a jusqu'à présent dérogé à cet édit : ainsi l'on doit en exécuter les dispositions.

Il faut remarquer que le commissaire qu'un tribunal a nommé pour procéder à quelque instruction, est obligé de prendre, pour écrire sous lui, le greffier du siége ou quelqu'un des commis assermentés de ce greffier, à peine de nullité. C'est ce qui résulte de différentes lois.

COMMISSAIRE DE LA FAILLITE.

C'est un juge que le tribunal de commerce nomme dans son sein pour procéder aux opérations prescrites par la loi en matière de faillite.

Lorsque le tribunal de commerce déclare par un jugement, l'époque de l'ouverture d'une faillite, il faut que, par le même jugement, il nomme commissaire de cette faillite un de ses membres, et un ou plusieurs agens, suivant l'importance de la faillite, pour remplir sous la surveillance de ce commissaire, les fonctions que la loi leur attribue.

Le même commissaire est chargé de faire au tribunal de commerce, le rapport de toutes les contestations que la faillite peut faire naître, et qui sont de la compétence de ce tribunal.

Ce fonctionnaire est pareillement chargé d'accélérer la formation du bilan, ainsi que la convocation des créanciers, et de surveiller la faillite, soit pendant la durée de la gestion provisoire des agens, soit pendant celle de l'administration des syndics provisoires ou définitifs.

Remarquez que les agens ne peuvent faire aucune fonction avant d'avoir prêté serment devant le commissaire, de bien et fidèlement s'acquitter des fonctions qui leur sont attribuées.

Après l'apposition des scellés sur les papiers du failli, les effets du porte-feuille qui sont à courte échéance ou susceptibles d'acceptation, doivent être décrits et remis aux agens pour en faire le recouvrement, et le bordereau en doit être fourni au commissaire de la faillite.

Quant aux autres sommes dues au failli, les agens peuvent les recevoir sur leurs quittances qui doivent être visées par le commissaire.

Les marchandises qui ne sont pas sujettes à dépérir, ne peuvent être vendues par les agens qu'après la permission du tribunal de commerce et sur le rapport du commissaire.

Il est nécessaire qu'après l'apposition des scellés, le commissaire rende compte au tribunal de l'état apparent des affaires du failli : il peut alors proposer ou la mise en liberté pure et simple de ce failli, avec sauf-conduit provisoire de sa personne, ou sa mise en liberté avec sauf-conduit, en fournissant caution de se représenter, sous peine de payer une somme arbitrée par le tribunal, et qui, le cas échéant, doit tourner au profit des créanciers.

A défaut, par le commissaire, de proposer un sauf-conduit pour le failli, ce dernier a la faculté de présenter sa demande au tribunal de commerce qui statue après avoir entendu le commissaire.

La loi autorise ce fonctionnaire à interroger, soit d'office, soit sur la demande d'un ou de plusieurs créanciers et même de l'agent, les commis et les autres employés du failli, tant sur ce qui concerne la formation du bilan, que sur les causes et les circonstances de la faillite.

Aussitôt que les agens ont remis le bilan au

commissaire, celui-ci est chargé d'adresser dans trois jours pour tout délai, la liste des créanciers qui doit être remise au tribunal de commerce, et de les faire convoquer par lettres, par affiches et par insertion dans les journaux.

Il peut même, avant la formation du bilan, les convoquer suivant l'exigence des cas.

Les créanciers réunis sont tenus de présenter au commissaire une liste triple du nombre des syndics provisoires qu'ils estiment devoir être nommés, et le tribunal de commerce en fait la nomination sur cette liste.

Dans les vingt-quatre heures postérieures à la nomination des syndics provisoires, les agens sont obligés de cesser leurs fonctions, et de rendre compte aux syndics, en présence du commissaire, de toutes leurs opérations et de l'état de la faillite.

Lorsque ce compte est rendu, les syndics doivent continuer les opérations commencées par les agens, et ils sont chargés provisoirement de toute l'administration de la faillite, sous la surveillance du commissaire.

Si le ministère public présume qu'il y a banqueroute, ou s'il y a mandat d'amener, de dépôt ou d'arrêt décerné contre le failli, la loi veut qu'il en donne connaissance, sans délai, au commissaire du tribunal de commerce ; et dans ce cas ce commissaire ne peut proposer ni le tribunal accorder aucun sauf-conduit au failli.

Lorsque l'inventaire des effets du failli est terminé, les syndics peuvent, sous l'autorisation du commissaire, procéder au recouvrement des dettes actives.

Si les créanciers avaient quelque motif de se plaindre des opérations des syndics, il faudrait qu'ils en référassent au commissaire qui statuerait, s'il y avait lieu, ou ferait son rapport au tribunal de commerce.

Les deniers qui proviennent des ventes et des recouvremens, doivent être versés sous la déduction des dépenses et des frais, dans une caisse à double serrure. Une des clefs se remet au plus âgé des agens ou syndics, et l'autre, à celui des créanciers que le commissaire prépose à cet effet.

Toutes les semaines le bordereau de situation de la caisse de la faillite doit être remis au commissaire, qui peut, sur la demande des syndics et à raison des circonstances, ordonner le versement du tout ou d'une partie des fonds à la caisse d'amortissement, ou entre les mains du délégué de cette caisse dans les départemens, à la charge de faire courir au profit de la masse les intérêts accordés aux sommes déposées dans cette caisse.

Le retirement de ces fonds se fait en vertu d'une ordonnance du commissaire.

Remarquez que ce commissaire est chargé de veiller à ce qu'il soit procédé, sans délai, à la vérification des créances, et à mesure que les créanciers se présentent.

Cette vérification doit être faite contradictoirement entre le créancier ou son fondé de pouvoir et les syndics, et en présence du commissaire qui doit en dresser procès-verbal.

Il faut que ce procès-verbal énonce la représentation des titres de créance, le domicile des créanciers et celui de leurs fondés da pouvoirs.

Il faut aussi qu'il contienne la description sommaire des titres, lesquels doivent être rapprochés des livres du failli.

Il est également nécessaire de faire mention des surcharges, ratures et interlignes.

Enfin, il doit exprimer que le porteur est légitime créancier de la somme qu'il réclame.

Le commissaire peut, suivant l'exigence des cas, demander aux créanciers la représentation de leurs registres, ou un extrait de ces registres fait par les juges de commerce du lieu, en vertu d'un compulsoire : il a d'ailleurs d'office la faculté de renvoyer devant le tribunal de commerce, qui est chargé de statuer sur son rapport.

Lorsque la créance n'est pas contestée, les syndics doivent signer sur chacun des titres la déclaration suivante :

Admis au passif de la faillite de......, pour la somme de......, le......

Il faut que le *visa* du commissaire soit mis au bas de cette déclaration.

Chaque créancier, dans le délai de huitaine, après la vérification de sa créance, est tenu d'affirmer entre les mains du commissaire, que cette créance est sincère et véritable.

Si la créance est contestée en tout ou en partie, le commissaire, sur la réquisition des syndics, peut ordonner la représentation des titres du créancier, et que le dépôt en soit fait au greffe du tribunal de commerce. Il a même la faculté, sans qu'il soit besoin de citation, de renvoyer les parties a bref délai devant le tribunal de commerce, qui est chargé de juger sur son rapport.

Le tribunal de commerce peut ordonner qu'il soit procédé devant le commissaire à une enquête sur les faits, et que les personnes qui peuvent fournir des renseignemens à cet égard, soient citées pardevant lui.

Quand les délais fixés pour les vérifications des créances sont expirés, les syndics doivent dresser un procès-verbal contenant les noms des créanciers qui n'ont pas comparu. Ce procès-verbal clos par le commissaire, les établit en demeure.

Le tribunal de commerce doit ensuite fixer, par jugement sur le rapport du commissaire, un nouveau délai pour la vérification. Ce délai doit être déterminé d'après la distance du domicile du créancier en demeure, conformément aux règles prescrites par le Code de procédure civile.

A défaut de comparution et d'affirmation dans ce délai, les défaillans ne doivent pas être compris dans les répartitions à faire.

Les créanciers dont les créances ont été admises, doivent alors être convoqués par les syndics pour se rendre au lieu et à l'époque que le commissaire a fixés. L'assemblée se forme sous la présidence de ce magistrat, et il ne doit y être admis que des créanciers connus, ou leurs fondés de pouvoirs.

Le failli doit être appelé à cette assemblée : il faut qu'il s'y présente en personne, s'il a obtenu un sauf conduit, et il ne peut s'y faire représenter que pour des motifs valables et approuvés par le commissaire.

Ce magistrat doit vérifier les pouvoirs de ceux qui s'y présentent comme fondés de procuration : il est chargé de faire rendre compte, en sa présence, par les syndics, de l'état de la faillite, des formalités qui ont été remplies et des opérations qui ont eu lieu : le failli doit être entendu.

Il faut que le même fonctionnaire tienne procès-verbal de ce qui peut résulter de cette assemblée.

S'il survient ensuite un concordat entre les créanciers et le failli, et que ce concordat soit homologué, les syndics doivent rendre leur compte définitif au failli en présence du commissaire. Ce compte est débattu et arrêté : en cas de contestation, le tribunal de commerce prononce. Les syndics doivent ensuite remettre au failli l'universalité de ses biens ainsi que ses livres et ses papiers : le failli en donne décharge. Alors les fonctions du commissaire sont terminées, et il doit être dressé procès-verbal du tout par ce magistrat.

Voyez le titre premier du livre 3 du Code de commerce et les articles BANQUEROUTE, FAILLITE, CONCORDAT, UNION DE CRÉANCIERS.

———

COMMISSAIRE - GÉNÉRAL DE POLICE.

SOMMAIRES.

1. *Définition.*

2. *Des fonctions des commissaires-généraux de police.*

3. *Des individus qui sont sous les ordres des commissaires-généraux, et qui sont chargés de l'exécution de leurs réquisitions.*

4. *Des villes et des arrondissemens où les commissaires-généraux de police exercent leurs fonctions.*

5. *Des traitemens et des dépenses des commissaires-généraux de police.*

6. *De la manière de procéder à l'égard des commissaires-généraux de police et de leurs délégués pour les reconnaissances de signatures et les dépositions.*

7. *Des attributions des commissaires-généraux relativement à la police des théâtres.*

8. *Du rang qui appartient à ces fonctionnaires dans les cérémonies publiques.*

1. *Définition.* Le titre de commissaire-général de police appartient à des fonctionnaires publics

dans l'ordre administratif, qui ont été créés par la loi du 28 pluviôse an 8.

2. *Des fonctions des commissaires-généraux de police.* L'article premier du décret impérial du 23 fructidor an 13, a réglé, que les commissaires-généraux de police, dans quelque ville de l'empire qu'ils fussent établis, exécuteraient les ordres qu'ils recevraient immédiatement du ministre de la police générale, et qu'ils correspondraient avec les conseillers d'état chargés d'un des arrondissemens de la police générale de l'empire. Ils sont, d'ailleurs, autorisés à correspondre directement avec le ministre.

Par l'article 2 ils ont, sous l'autorité du préfet, l'exercice des fonctions de police locale que les dispositions suivantes leur ont attribuées.

Ainsi, ils ont la faculté de publier de nouveau les lois et les réglemens de police en activité et de rendre des ordonnances pour en assurer l'exécution, avec l'approbation du préfet du département.

Ils sont chargés de délivrer les attestations nécessaires aux citoyens de l'empire, domiciliés dans leur arrondissement, afin qu'il puissent obtenir du préfet du département les passe-ports convenables pour voyager chez l'étranger ou pour aller aux colonies françaises.

Les étrangers qui entrent en France, et les Français qui reviennent des colonies ou d'un voyage chez l'étranger, sont tenus de présenter ou de faire présenter leurs passe-ports au commissaire-général de police, sans qu'ils soient dispensés de le présenter au maire lorsqu'ils résident plus de 24 heures dans la ville.

Les militaires et les marins en congés limités, sont obligés de faire viser leurs permissions ou congés par le commissaire-général de police, s'ils résident dans la ville ou la banlieue.

Les commissaires-généraux de police sont chargés de faire exécuter les lois sur la mendicité et le vagabondage : en conséquence, ils sont autorisés à envoyer les mendians, les vagabonds et les gens sans aveu, aux maisons de détention, sans préjudice des dispositions locales prises par les préfets, les sous-préfets et les maires.

Les commissaires-généraux ont la surveillance des prisons de la ville où ils résident, et ils délivrent seuls les permissions de communiquer avec les personnes qui sont détenues en vertu de leurs ordres.

Ces fonctionnaires sont aussi chargés de surveiller l'exécution des lois et des réglemens de police concernant les hôtels garnis et les logeurs, sans préjudice de l'exercice en concurrence avec la police municipale.

Il leur appartient pareillement de faire exécuter les lois et les règlemens de police sur l'imprimerie, la librairie et les journaux.

Le décret impérial dont il s'agit veut qu'ils portent une attention particulière aux églises, et qu'ils veillent à ce que l'ordre, la décence et le respect convenables dus aux saints lieux soient observés. Ils doivent faire arrêter tout individu qui trouble la liberté et la publicité du culte.

Ils sont chargés de faire la recherche des militaires ainsi que des marins déserteurs, et des prisonniers de guerre évadés.

Ils sont pareillement chargés de veiller à l'exécution des lois et des règlemens des douanes concernant la contrebande, et ils peuvent faire saisir les marchandises prohibées.

Les mesures de sûreté prescrites par les lois et les arrêtés concernant les navires neutralisés et les individus venant d'Angleterre, ainsi que toutes les autres mesures relatives aux pays avec lesquels l'empire est en guerre, sont de même dans les attributions des commissaires - généraux de police.

Ces fonctionnaires et leurs agens ont la faculté de faire saisir et de traduire devant les tribunaux de police correctionnelle les individus prévenus de délits, dont la connaissance est attribuée à ces tribunaux.

Ils sont également fondés, concurremment avec les autorités légales, à faire saisir et remettre aux officiers chargés de l'administration de la justice criminelle, les personnes surprises en flagrant délit, arrêtées à la clameur publique ou prévenues de délits qui sont de la compétence des cours de justice criminelle.

Toutes ces dispositions dérivent des articles 3 à 16 du décret cité.

3. *Des individus qui sont sous les ordres des commissaires-généraux et qui sont chargés de l'exécution de leurs réquisitions.* L'article 17 a statué que les commissaires-généraux auraient sous leurs ordres, pour l'exercice de leurs attributions, les commissaires de police des villes de leur résidence et de leur arrondissement, et qu'ils correspondraient avec les maires et adjoints.

L'article 18 a en outre mis à leur disposition, pour l'exercice de la police, la garde nationale, la gendarmerie, et les compagnies de réserve départementales.

Ils sont aussi autorisés à requérir la force armée en activité.

4. *Des villes et des arrondissemens où les commissaires-généraux exercent leurs fonctions.* Dans les villes où ces fonctionnaires sont placés, ils exercent leurs attributions, 1° dans la ville où ils résident; 2° dans la banlieue de cette ville, et c'est en vertu de décrets impériaux délibérés en conseil

Tome IV. N

d'état que cette banlieue doit être déterminée ; 3°. pour les commissaires-généraux qui sont sur les frontières de terre ou de mer, dans la ligne des douanes et dans l'étendue de cette ligne fixée par Sa Majesté l'empereur sur le rapport du ministre de la police ; 4° dans toute l'étendue des lignes des camps ou cantonnemens militaires quand ils sont établis dans l'intérieur, et qu'ils sont situés dans l'arrondissement du commissaire-général ou qu'ils y sont contigus.

5. *Des traitemens et des dépenses des commissaires-généraux de police.* L'article 21 du décret dont il s'agit, porte que les traitemens et les dépenses des commissaires-généraux de police seront réglés annuellement par Sa Majesté impériale, sur les fonds affectés à son département ; sauf le supplément qui pourra être accordé sur les revenus municipaux des villes.

6. *De la manière de procéder à l'égard des commissaires-généraux de police et de leurs délégués, pour les reconnaissances de signatures et les dépositions.* Un décret impérial du 20 juin 1806, a réglé que les commissaires-généraux de police et leurs délégués, ne pourraient, à raison des actes qu'ils auraient signés comme administrateurs, être traduits hors de leur arrondissement, soit pour reconnaître leurs signatures ou pour servir de témoins.

Si au sujet de ces actes, leur déclaration ou leur déposition est jugée nécessaire, ils doivent faire leur déclaration devant le juge d'instruction de leur arrondissement, en matière criminelle, et devant un juge commis pour cet effet, par le tribunal de l'arrondissement en matière civile : il faut qu'il soit dressé un procès-verbal d   déclarations pour être envoyé à qui de droit.

Au reste, vous remarquerez que dans les contestations où la présence des fonctionnaires dont il s'agit est regardée comme indispensable, le juge peut s'adresser au ministre de la justice, qui, après avoir examiné l'affaire autorise, s'il y a lieu, le déplacement de ces fonctionnaires.

7. *Des attributions des commissaires-généraux relativement à la police des théâtres.* Par un décret impérial du 11 frimaire an 14, il a été ordonné que les commissaires-généraux auraient la police des théâtres, mais seulement en ce qui concerne la qualité des ouvrages qu'on y représente.

Les maires sont chargés par le même décret sous tous les autres rapports, de la police des théâtres, ainsi que du maintien de l'ordre et de la sûreté.

8. *Du rang qui appartient aux commissaires-généraux de police, dans les cérémonies publiques.* Le décret impérial du 24 messidor an 12, concernant ces cérémonies, a fixé le rang des commissaires-généraux de police entre les évêques et le président du collège électoral de l'arrondissement.

***

COMMISSAIRE DES GUERRES.

C'est le titre sous lequel sont désignés des officiers auxquels la loi a confié la plupart des détails de l'administration militaire, tant dans les places de guerre et autres lieux de garnison ou rassemblement de troupes, que dans les camps ou armées.

Il y a eu, tant sous l'ancien régime que depuis la révolution, beaucoup de créations et de suppressions des offices de commissaires des guerres : nous ne croyons pas nécessaire de rappeler

ici les dispositions des lois relatives à ces créations et suppressions ; mais nous allons exposer ce
qu'ont statué la loi du 28 nivose de l'an 3 et l'arrêté
du Gouvernement du 9 pluviose de l'an 8, qui forment le dernier état de la jurisprudence sur les
officiers dont il s'agit.

Suivant la loi de nivose an 3, les fonctions des
commissaires des guerres s'étendaient sur toutes
les parties de l'administration militaire ; mais l'arrêté de pluviose ayant créé un corps d'inspecteurs
aux revues, il a réglé que ce corps serait chargé
de l'organisation, embrigadement, incorporation,
levée, licenciement, solde et comptabilité des
corps militaires, de la revue des contrôles, de la
formation des revues, et qu'il serait immédiatement sous les ordres du ministre de la guerre.

Le Gouvernement a ensuite ordonné que les
commissaires des guerres conserveraient les autres
détails de l'administration militaire que la loi de
nivose an 3 leur avait attribués.

Ces détails consistent, 1° dans la surveillance
des approvisionnemens en tout genre, tant aux
armées que dans les places ;

2° Dans la levée des contributions en pays ennemi ;

3° Dans la police des étapes et convois militaires ;

4° Dans celle des équipages des vivres, de
l'artillerie et de l'ambulance ;

5° Dans celle des hôpitaux, des prisons, des
corps-de-garde, et des autres établissemens militaires ;

6° Dans les distributions de vivres, de fourrages,
de chauffage, d'habillement et d'équipement ;

7° Dans la vérification des dépenses qui résultent de ces distributions, et de toutes les autres
dépenses, excepté celles de la solde.

Le corps des commissaires des guerres consiste en 35 commissaires ordonnateurs, 320 commissaires ordinaires de première classe, 120 commissaires ordinaires de seconde classe, et 35 adjoints.

Les appointemens des commissaires des guerres sont fixés comme il suit :

Les commissaires ordonnateurs doivent recevoir 10,000 francs par an, et en outre une indemnité de 1,000 fr. par mois quand ils sont chargés en chef de l'administration d'une armée.

Les appointemens des commissaires des guerres de première classe sont de 5,000 fr. par an ; ceux des commissaires de seconde classe, de 4,000 fr., et ceux des adjoints, de 1,800 fr.

Les frais de bureau des ordonnateurs en chef doivent être acquittés sur les états de la dépense effective, appuyés sur des pièces justificatives.

Il est attribué aux autres ordonnateurs une indemnité de 250 fr. par mois, et aux commissaires ordinaires, tant de première que de seconde classe 120 fr. ; mais les adjoints n'ont aucun droit à cette indemnité.

Il doit être payé par mois de présence et comme appointemens, à chaque commissaire ordonnateur, pour lui tenir lieu de logement, une somme de 100 fr., et la moitié à chaque commissaire ordinaire des guerres.

Quant aux rations de vivres et de fourrages, les ordonnateurs en chef aux armées doivent être traités comme les généraux de division ; et les autres ordonnateurs, comme les chefs de brigade de cavalerie.

Nul ne peut entrer dans le corps des commissaires des guerres, que d'après un examen qui doit être ouvert tous les ans au lieu indiqué par le ministre de la guerre. La loi veut que cet examen roule sur les élémens de mathématiques, et sur la théorie de l'administration militaire, c'est-à-dire, sur la composition des corps de diverses armes, sur la solde et les fournitures qui doivent leur être faites, et sur le mode de comptabilité de toutes les dépenses.

On ne peut admettre à cet examen que les citoyens français, âgés de vingt-un ans, en état de justifier qu'ils ont servi au moins trois ans dans les troupes, et qui sont actuellement officiers. Il faut d'ailleurs qu'ils soient porteurs de certificats de bonne conduite, délivrés par les conseils d'administration, ou, s'ils ne tiennent à aucun corps, par l'état-major de l'armée ou de la division à laquelle ils sont attachés.

Les adjoints parviennent aux places de commissaires de seconde classe, un tiers à l'ancienneté, et les deux autres tiers au choix.

Les commissaires de seconde classe parviennent également à la première classe, un tiers à l'ancienneté, et les deux autres tiers au choix.

Quant aux ordonnateurs, ils sont tous au choix de l'empereur et pris parmi les commissaires des guerres de première classe.

COMMISSAIRE DE JUSTICE.

C'est un des trois fonctionnaires principaux que le Gouvernement a créés par l'arrêté du 29 germinal an 9, pour la régie de la colonie française de la Guadeloupe.

Ce magistrat a l'inspection et la grande police des tribunaux de la colonie et des officiers ministériels qui en dépendent. Il est chargé de se faire rendre des comptes assidus par les présidens de ces tribunaux, et par les procureurs impériaux qui y remplissent les fonctions du ministère public.

Il faut qu'il donne tous ses soins à la prompte distribution de la justice, tant au civil qu'au criminel, ainsi qu'à la sûreté et à la salubrité des prisons.

L'arrêté cité lui attribue dans les tribunaux une séance d'honneur seulement, d'inspection et de communication, sans qu'il puisse opiner dans aucune affaire particulière, ni se permettre la moindre influence sur les jugemens.

Il est chargé de veiller à la bonne tenue des greffes et des dépôts des actes civils, ainsi qu'à l'exécution des lois, des règlemens, des tarifs et des jugemens : il doit aussi recevoir les plaintes des justiciables, et donner en conséquence les ordres ou les instructions nécessaires.

Dans les dix premiers jours de chaque mois, il doit se faire remettre des états visés par le président et signés par le greffier, qui indiquent, tant les procès jugés dans le mois précédent, que ceux qui sont encore indécis ou en instruction, pour en référer au capitaine-général de la colonie et en rendre compte au ministre de la marine.

Il est autorisé à faire des règlemens provisoires sur les matières de procédure et de tarif ; mais il ne peut pas s'écarter de l'esprit des lois de la métropole, et il est nécessaire qu'ils aient été consentis par le capitaine-général. Il les fait alors enregistrer aux greffes des tribunaux sur son propre mandement.

Il appartient au même commissaire de justice de préparer les lois qu'il croit les plus propres à former à l'avenir le code civil de la colonie ; et après les avoir communiquées au capitaine-général et au préfet colonial dans des assemblées communes, elles doivent être envoyées en projet au ministre de la marine et des colonies, avec le procès-verbal des opinions respectives.

Ce commissaire de justice est spécialement chargé de la police purement personnelle envers les gens sans aveu, les vagabonds, et les perturbateurs de la tranquillité publique. Il a la faculté de décerner des mandats d'arrêt contre eux, sauf à les faire poursuivre dans les trois jours pardevant les tribunaux compétens, s'il y a lieu.

Il requiert la gendarmerie et même plus ample main-forte s'il est nécessaire, soit pour l'exécution de ses ordres ou ordonnances, soit pour celle des jugemens des tribunaux.

En cas d'absence hors de la colonie ou de mort, le commissaire de justice doit être remplacé de droit et provisoirement, par le procureur général impérial près du tribunal d'appel, et celui-ci, par le premier de ses substituts.

Deux arrêtés du Gouvernement des 6 prairial et 11 messidor an 10, concernant la maniere dont doivent être régies les colonies de la Martinique, de Sainte-Lucie et de Tabago, contiennent des dispositions à peu près semblables aux précédentes, relativement aux commissaires de justice de ces colonies.

Voyez les articles CAPITAINE-GÉNÉRAL, PRÉFET COLONIAL, etc.

COMMISSAIRES DE MARINE.

C'est le titre que portent des officiers employés dans les ports maritimes de l'empire, et dont nous parlons à l'article MARINE. *Voyez ce mot.*

COMMISSAIRE DE POLICE.

C'est le titre attribué à des officiers dont les fonctions ont pour objet le maintien habituel de l'ordre public dans chaque lieu et dans chaque partie de l'administration générale.

La loi du 28 pluviose an 8 a ordonné qu'il y aurait un commissaire de police dans les communes dont la population s'étendrait de cinq mille à dix mille habitans ; et que dans les communes ou il y aurait un nombre plus considérable d'habitans, il y aurait un autre commissaire de police par chaque nombre de dix mille habitans qui excéderaient les premiers dix mille.

Les fonctions de ces officiers, en matière administrative, consistent particulièrement à employer leurs moyens pour prévenir les crimes et les délits. Ils sont, en cette partie, subordonnés tant au préfet de police à Paris, qu'aux préfets des départemens, et aux commissaires généraux de police dans les villes où il y en a d'établis.

Les commissaires de police sont aussi officiers de police judiciaire. En conséquence ils exercent cette police en recherchant les crimes, les délits et les contraventions.

Ils reçoivent les rapports, les dénonciations et les plaintes qui sont relatifs aux contraventions de police.

Ils consignent dans les procès-verbaux qu'ils rédigent à cet effet, la nature et les circonstances des contraventions, le temps et le lieu où elles ont été commises, et les preuves ou indices à la charge de ceux qui en sont présumés coupables.

Dans les communes divisées en plusieurs arrondissemens, les commissaires de police exercent ces fonctions dans toute l'étendue de la commune où ils sont établis, sans pouvoir alléguer que les contraventions ont été commises hors de l'arrondissement auquel ils sont préposés.

Ces arrondissemens ne limitent ni ne circonscrivent leurs pouvoirs respectifs ; ils indiquent seulement les termes dans lesquels chacun d'eux est plus spécialement contraint à un exercice constant et régulier de ses fonctions.

Le préfet de police à Paris et les préfets des départemens peuvent requérir les officiers de police judiciaire, chacun en ce qui le concerne, de faire tous les actes nécessaires, afin de constater les crimes, délits et contraventions, et d'en livrer les auteurs aux tribunaux chargés de les punir. Ces préfets sont même autorisés à procéder personnellement à ces actes.

Lorsque l'un des commissaires de police d'une même commune se trouve légitimement empêché, celui de l'arrondissement voisin est tenu de le suppléer, sans qu'il puisse retarder le service pour lequel il est requis, sous prétexte qu'il n'est pas le plus voisin du commissaire empêché, ou que l'empêchement n'est pas légitime ou qu'il n'est pas prouvé.

Dans les communes où il n'y a qu'un commissaire de police, la loi veut que s'il se trouve légitimement empêché, il soit remplacé par le maire, ou à défaut de celui-ci, par l'adjoint du maire, tant que dure l'empêchement.

Dans les cas de flagrant délit ou de réquisition de la part d'un chef de maison, les commissaires de police, agissant en qualité d'officiers de police auxiliaires du procureur impérial, dressent les procès-verbaux, reçoivent les déclarations des témoins, et font les visites, ainsi que les autres actes qui sont de la compétence du procureur impérial.

Les fonctions du ministère public, au sujet des faits de police, doivent être remplis par le commissaire de police du lieu où siége le tribunal de police. En cas d'empêchement de ce commissaire, ou s'il n'y en a point dans la commune, c'est le maire qui est chargé d'en faire les fonctions ; mais il peut se faire remplacer par son adjoint.

Quand il y a plusieurs commissaires de police dans une commune, le procureur général près de la cour impériale nomme celui ou ceux d'entre eux qui doivent faire le service.

Voyez les articles PROCUREUR IMPÉRIAL, JUGE DE PAIX, MAIRE, MINISTÈRE PUBLIC, FLAGRANT DÉLIT, etc.

COMMISSAIRE DES RELATIONS COMMERCIALES.

Ce titre est celui sous lequel on désigne aujourd'hui les officiers qu'on appelait *consuls*, sous les règnes précédents, et dont les fonctions consistent dans les lieux où ils sont établis, à maintenir la sûreté et la police du commerce que les Français font chez l'étranger.

Les commissaires des relations commerciales sont nommés par l'Empereur.

L'ordonnance de la marine du mois d'août 1681, contient relativement à ces officiers les dispositions suivantes, qui résultent du titre 9 du livre premier.

Lorsqu'un commissaire des relations commerciales convoque une assemblée pour les affaires générales du commerce et de la marine, il faut qu'il y appelle tous les marchands, capitaines et patrons français qui se trouvent sur les lieux.

Ce commissaire est chargé de tenir un mémoire exact des affaires importantes qui sont agitées devant lui, et d'envoyer tous les ans ce mémoire au ministre de la marine.

Il est défendu à cet officier d'emprunter au nom de la nation, aucune somme de deniers des Turcs, des Maures, des Juifs ou d'autres individus, sous quelque prétexte que ce puisse être, et de cotiser les négocians français, à moins que ce ne soit en vertu d'une délibération commune qui en contienne les causes et la nécessité, à peine de payer en son nom.

Il est pareillement défendu aux commissaires des relations commerciales, sous peine de concussion, de lever plus de droits que ceux qui leur sont attribués, et d'en exiger aucun des maîtres et patrons de navire qui viennent mouiller dans les ports et rades de leurs établissemens, sans y charger ni décharger aucune marchandise.

Quant à la juridiction tant en matière civile que criminelle, les commissaires des relations commerciales sont tenus de se conformer à l'usage et aux capitulations faites avec les souverains des lieux où ils sont établis.

Les jugemens de ces commissaires doivent être exécutés par provision en matière civile en donnant caution, et définitivement sans appel, en matière criminelle, quand il n'échet point de peine afflictive : le tout pourvu que ces jugemens soient donnés avec les députés et quatre notables de la nation.

S'il y a lieu à peine afflictive, le commissaire des relations commerciales doit instruire le procès et l'envoyer avec l'accusé, par le premier vaisseau qui retourne en France, pour être jugé par le tribunal du premier port où ce vaisseau doit faire sa décharge.

Les commissaires dont il s'agit sont aussi autorisés, après information faite et avec l'avis des députés de la nation, à faire sortir des lieux de leur établissement les Français *de vie et conduite scandaleuse.* Les capitaines et les maîtres de navire sont tenus d'embarquer ces Français, en vertu des ordres de ces fonctionnaires.

Les appels des jugemens rendus par les commissaires des relations commerciales, établis tant aux Echelles du Levant qu'aux côtes d'Afrique et de Barbarie, doivent être portés devant la cour impériale d'Aix, et tous les autres devant la cour impériale la moins éloignée du lieu où les sentences ont été rendues.

S'il survient quelque contestation entre un commissaire des relations commerciales et des négocians, tant aux Echelles du Levant qu'aux côtes d'Afrique et de Barbarie, pour leurs affaires particulières, il faut que les parties se pourvoient au tribunal de première instance de Marseille.

Le commissaire des relations commerciales est obligé de procéder à l'inventaire des biens et effets des Français qui décèdent sans héritiers sur les lieux, ainsi que des effets sauvés des naufrages, de tout quoi il faut qu'il charge le chancelier au pied de l'inventaire en présence de deux notables marchands.

Remarquez néanmoins que si le défunt avait constitué un procureur pour recueillir ses effets, où s'il se présentait un commissionnaire porteur du connaissement des marchandises sauvées, il faudrait que ces effets leur fussent remis.

Les actes expédiés dans les pays étrangers où il y a des commissaires des relations commerciales, ne font foi en France qu'autant qu'ils sont légalisés par ces fonctionnaires.

Comme le chancelier qui est près du commissaire des relations commerciales, est tout à-la-fois le notaire et le greffier de la nation française; il doit avoir un registre coté et parafé par ce commissaire pour y inscrire les délibérations et les actes qui ont lieu sous l'administration du même commissaire. Ainsi ce chancelier doit enregistrer les polices d'assurance, les obligations et les contrats qu'il reçoit; les connaissemens ou polices de chargement que les mariniers et les passagers déposent entre ses mains; l'arrêté des comptes des députés de la marine; les testamens des Français décédés; les inventaires de leurs effets, et en général tous les actes et procédures qu'il fait en qualité de chancelier.

Les maîtres ou capitaines de navire qui abordent dans les ports où il y a des commissaires des relations commerciales, sont tenus en arrivant de leur représenter leurs congés, de faire un rapport de leur voyage, et de prendre d'eux en partant un certificat des époques de leur arrivée et de leur départ, ainsi que de l'état et qualité de leur chargement.

Voyez le titre 9 du livre premier de l'ordonnance de la marine du mois d'août 1681.

Un décret impérial du 22 novembre 1807, a ordonné que les commissaires des relations commerciales qui délivreraient des certificats d'origine pour des marchandises chargées dans les ports de leur résidence et destinées pour la France, ne se borneraient pas à attester que ces marchandises ne viennent ni d'Angleterre, ni de ses colonies et de son commerce; mais qu'il faudrait qu'ils indiquassent le lieu de l'origine, les pièces qu'on leur aurait représentées à l'appui de la déclaration qu'on leur aurait faite, et le nom du bâtiment à bord duquel elles auraient été transportées primitivement du lieu de l'origine dans celui de leur résidence.

Ces fonctionnaires sont obligés d'adresser un duplicata de leur certificat au conseiller d'état, directeur général des douanes.

Un autre décret impérial du 11 août 1808, a fixé, comme il suit, le droit à percevoir par les commissaires des relations commerciales, à raison des certificats d'origine qu'ils sont chargés de délivrer et dont on vient de parler.

Pour le chargement d'un bâtiment, dont le port est au-dessous de deux cents quintaux décimaux (*environ quatre cents quintaux* ou *vingt tonneaux*), 6 francs;

Pour un bâtiment de deux cents à quatre cents quintaux décimaux, 10 francs;

De quatre cents à sept cent cinquante, 15 francs.

De mille à quinze cents, 30 francs;

De quinze cents à deux mille, 40 francs;

De deux mille et au-dessus, 50 francs.

Pour les marchandises transportées par terre et qui sont sujettes au certificat d'origine, 2 francs pour le premier quintal décimal, et 25 centimes pour chaque quintal décimal excédant.

Le certificat d'origine doit comprendre la totalité du chargement.

Il ne peut point être délivré de certificats partiels que sur la réquisition des expéditeurs : il faut que ces certificats partiels contiennent l'extrait requis du certificat général ; au reste, ils ne sont soumis qu'au droit d'expédition que le décret dont il s'agit a fixé à 1 franc 50 centimes.

Le montant du droit perçu, tant pour le certificat d'origine que pour les certificats partiels, doit être énoncé en toutes lettres en marge de ces certificats.

Voyez les articles MARINE, CONGÉ, MARCHANDISES, CERTIFICATS, etc.

COMMISSAIRES-PRISEURS,

VENDEURS DE MEUBLES.

C'est la dénomination sous laquelle la loi du 27 ventose de l'an 9, a créé quatre-vingts officiers pour faire les prisées des meubles, et procéder à Paris aux ventes publiques et aux enchères d'effets mobiliers.

Ces officiers ont exclusivement le droit de faire ces sortes d'opérations à Paris, et ils ont la concurrence pour les ventes de même nature qui peuvent avoir lieu dans le département de la Seine.

Il est défendu à tout autre officier public et à tout autre particulier de s'immiscer à Paris dans les opérations dont on vient de parler, à peine d'une amende qui ne peut excéder le quart du prix des objets prisés ou vendus.

Les commissaires - priseurs, vendeurs de meubles, peuvent recevoir toute déclaration concernant ces ventes, recevoir et visiter toutes les oppositions qui y sont formées, introduire devant les autorités compétentes les référés auxquels leurs opérations peuvent donner lieu, et citer à cet effet, devant ces autorités, toute partie intéressée.

Remarquez que les oppositions ou saisies-arrêts formées entre les mains des commissaires-priseurs, vendeurs, et relatives à leurs fonctions, ainsi que toute signification de jugement prononçant la validité de ces oppositions ou saisies-arrêts doivent demeurer sans effet, lorsque l'original de ces actes n'a point été visé par le commissaire - priseur, vendeur, ou en cas d'absence ou de refus par le syndic de ces officiers.

La police dans les ventes est attribuée aux commissaires-priseurs, vendeurs, et ils peuvent faire toute réquisition pour y maintenir l'ordre.

Il est alloué à ces officiers pour frais de prisée, six francs par chaque vacation de trois heures.

La loi leur alloue d'ailleurs pour frais de vente, vacations à la vente, rédaction de minute et première expédition du procès-verbal, droits de clerc et tout autre droit, non compris les déboursés faits pour annoncer la vente et acquitter les droits; savoir, huit francs pour cent francs, lorsque le produit de la vente s'élève jusqu'à mille francs; sept pour cent, lorsque le produit s'élève jusqu'à quatre mille francs; et cinq pour cent, lorsque le produit s'élève au-dessus de quatre mille francs.

L'Empereur nomme les commissaires-priseurs, vendeurs de meubles sur une liste de candidats qui lui est soumise par le tribunal de première instance du département de la Seine, devant lequel les officiers nommés prêtent serment. Ils sont sous la surveillance du procureur impérial près de ce tribunal.

Ces officiers sont tenus de verser au trésor public, et par forme de cautionnement, une somme de dix mille francs dont ils doivent recevoir l'intérêt sur le pied de cinq pour cent par an sans retenue, en conformité de l'article 5 de la loi du 25 ventose an 8.

Le tribunal ne peut admettre à la prestation du serment que ceux qui justifient de la quittance de ce cautionnement; c'est pourquoi le jugement par lequel il est donné acte du serment, doit faire mention de la quittance.

Par un arrêté du germinal de l'an 9, le Gouvernement a déclaré que les dispositions contenues au règlement du 13 frimaire précédent concernant les avoués (1), seraient communes aux commis-

_____

(1) Voyez ce règlement à l'art. ORDRE JUDICIAIRE.

saires-priseurs, vendeurs de meubles, sauf les modifications suivantes :

1° La chambre de discipline de ces derniers doit être composée d'un président, d'un syndic, d'un rapporteur, d'un secrétaire, d'un trésorier et de dix autres membres. Les assemblées ordinaires de cette chambre doivent se tenir tous les dix jours à dix heures du matin;

2° Les membres de la chambre sont nommés par l'assemblée générale des commissaires-priseurs, vendeurs de meubles, et ils doivent être renouvelés par tiers chaque année;

3° Tout commissaire-priseur, vendeur de meubles est tenu de faire au secrétariat, la déclaration de toutes les ventes dont il est chargé, vingt-quatre heures au moins avant le commencement de chaque vente, et d'indiquer le jour, le lieu et l'heure où elles se feront, ainsi que le nom des requérans. Le commissaire-priseur qui négligerait de faire cette déclaration, serait obligé de payer trois francs pour la première fois, dix francs pour la seconde, et vingt-cinq francs pour la troisième.

Ces déclarations doivent être reçues moyennant un franc, et il faut qu'elles soient portées jour par jour, sur un registre ouvert à cet effet, signé et parafé par le président;

4° Les membres composant la chambre de discipline, ont la faculté de se transporter dans les ventes, d'inspecter les procès-verbaux et de les parafer s'ils le jugent convenable.

5° Il doit y avoir une bourse commune destinée à recevoir les deux cinquièmes des droits alloués aux commissaires-priseurs, et produits par chaque vente. Ces fonds sont affectés comme garantie spéciale, au payement des deniers produits par les ventes, et ils sont saisissables.

6° Les commissaires-priseurs particulièrement

attachés à l'établissement du Mont-de-Piété, étant obligés personnellement à une garantie sur les prêts, peuvent par un traité passé entre eux et les commissaires-priseurs, régler la somme que les premiers seront tenus de verser dans la bourse commune par forme d'abonnement.

Ce traité doit être soumis à l'homologation du tribunal de première instance, sur les conclusions du procureur impérial;

7° La répartition des émolumens de bourse commune doit être faite par portion égale entre les commissaires-priseurs, de deux mois en deux mois;

8° Ces officiers doivent avoir dans l'exercice de leurs fonctions, l'habit complet noir, un chapeau à la française, et une ceinture de soie noire.

Vous remarquerez que, conformément au décret du 24 mars 1809, les huissiers tant de Paris que des départemens, qui réclament le remboursement de leurs cautionnemens, sont tenus de produire indépendamment des autres pièces exigées d'eux avant ce décret, un certificat de *quitus* du produit des ventes dont ils ont été chargés.

Ce certificat doit leur être délivré par leur chambre, sur le vu des quittances du produit de toutes les ventes qu'ils ont faites, ou de récépissé de consignation des fonds restés entre leurs mains; il faut que ce certificat soit visé par le président ou le procureur impérial du tribunal dans le ressort duquel ils exercent.

COMMISSION.

SOMMAIRES.

1° *Définition et notice de différentes sortes de Commissions.*

2° *De la Commission en matière de commerce.*
3°. *Des Commissions du Corps législatif.*
4° *Des Commissions du Conseil d'état.*

1. *Définition et notice de différentes sortes de Commissions.* Une commission est en général l'acte par lequel on charge une personne de faire quelque chose.

Ainsi, ceux qui ont à traiter quelques affaires où ils ne peuvent assister, comme une vente, une société, une transaction, donnent pouvoir à un autre de traiter pour eux.

Ainsi, ceux que leurs emplois empêchent de s'appliquer à leurs affaires domestiques, choisissent des personnes auxquelles ils donnent pouvoir d'en prendre soin.

Dans cette acception, la commission est la même chose que le mandat et la procuration. *Voyez ces articles.*

2. *De la Commission en matière de commerce.* C'est l'acte par lequel un négociant charge d'autres marchands qui demeurent dans des lieux éloignés de sa résidence, d'acheter et de vendre des marchandises pour son compte, et de tirer ou d'acquitter des lettres en son nom, moyennant un certain profit qu'il leur accorde pour leurs peines.

Le commerce qui se fait par commission est très-important. Les plus célèbres négocians sont ceux qui tirent des marchandises des pays où elles abondent, pour les faire passer dans ceux où elles manquent : ils ne pourraient le faire avec avantage, s'ils n'avaient dans ces différens lieux des commissionnaires. *Voyez* COMMISSIONNAIRES.

3. *Des Commissions du corps législatif.* Un sénatus-consulte du 19 août 1807 a statué que la discussion préalable des lois, qui avait lieu précédemment par les sections du tribunat, serait dé-

sormais effectuée par trois commissions formées dans le sein du corps législatif.

La première est appelée *Commission de législation civile et criminelle ;*

La seconde, *Commission d'administration intérieure ;*

Et la troisième, *Commission des finances.*

Chacune de ces commissions doit délibérer séparément et sans assistans. Il faut qu'elle soit composée de sept membres nommés par le corps législatif au scrutin secret, et à la majorité absolue des voix. L'Empereur nomme le président soit parmi les membres de la commission, soit parmi les autres membres du corps législatif.

Il faut que la forme du service soit dirigée de manière qu'il y ait, autant que cela est possible, quatre jurisconsultes dans la commission de législation.

S'il arrive qu'il y ait discordance d'opinions entre la section du conseil d'état qui a rédigé le projet de loi et la commission compétente du corps législatif, le sénatus-consulte veut que l'une et l'autre se réunissent sous la présidence de l'archichancelier de l'empire ou de l'archi-trésorier, suivant la nature des objets à examiner.

Lorsque les conseillers d'état et les membres de la commission du corps législatif sont du même avis, le président de la commission doit être entendu après que l'orateur du conseil d'état a exposé devant le corps législatif les motifs de la loi.

Mais si la commission se déclare contre le projet de loi, tous les membres de cette commission ont la faculté d'exposer devant le corps législatif les motifs de leur opinion.

Les membres d'une commission qui ont discuté un projet de loi doivent être admis, comme tous les autres membres du corps législatif, à voter sur ce projet.

Lorsque les circonstances donnent lieu à l'examen de quelque projet d'une importance particulière, l'Empereur peut appeler, dans l'intervalle de deux sessions, les membres du corps législatif nécessaires pour former les commissions ; celles-ci doivent procéder de suite à la discussion préalable du projet ; et elles se trouvent nommées pour la session prochaine.

4. *Des commissions du conseil d'état.* Indépendamment des commissions particulières que l'Empereur forme quelquefois accidentellement, et dont les membres sont pris dans le conseil d'état, il existe, dans ce conseil, trois sortes de commissions permanentes, dont l'une est appelée *Commission de haute police administrative ;* une autre, *Commission des pétitions ;* et la troisième, *Commission du contentieux.*

Nous allons exposer les règles par lesquelles ces commissions sont dirigées.

La responsabilité morale est l'objet sur lequel s'étend la haute police administrative.

Ainsi, quand l'Empereur juge convenable de faire examiner, par son conseil d'état, la conduite de quelque fonctionnaire inculpé, il doit être procédé comme il suit :

Le rapport ou les dénonciations et les pièces relatives aux faits susceptibles d'examen, sont renvoyés par les ordres de l'Empereur, soit directement, soit par l'intermédiaire du grand-juge, à une commission composée du président de l'une des sections du conseil, et de deux conseillers d'état.

Si cette commission estime que l'inculpation n'est pas fondée, il faut qu'elle charge son président d'en informer le grand-juge, afin qu'il en rende compte à Sa Majesté impériale.

Mais si la commission pense que celui dont elle a reçu ordre d'examiner la conduite, doit être préalablement entendu, elle en informe le grand-juge, et ce magistrat mande ensuite le fonctionnaire inculpé qu'il interroge en présence de cette commission, dont les membres ont aussi la faculté de faire des questions.

Un auditeur est chargé de tenir procès-verbal de l'interrogatoire et des réponses.

Si la commission juge, avant l'interrogatoire, sur le vu des pièces ou après l'interrogatoire, que les faits dont il s'agit doivent donner lieu à des poursuites juridiques, il faut qu'elle en rende compte par écrit à l'Empereur, afin que Sa Majesté impériale donne au grand-juge l'ordre de faire exécuter les lois de l'empire.

Lorsque la commission est d'avis que les fautes imputées ne peuvent entraîner que la destitution, ou des peines de discipline et de correction, elle doit prendre les ordres de l'Empereur pour faire son rapport au conseil d'état.

Dans le cours de l'instruction, l'inculpé peut être entendu sur sa demande, ou en vertu d'une délibération du conseil d'état.

Il a d'ailleurs la faculté de produire sa défense par écrit; mais les mémoires qui la contiennent doivent être signés par lui, ou par un avocat au conseil, et il n'est pas permis de les imprimer.

Le conseil d'état peut prononcer qu'il y a lieu à réprimander, censurer, suspendre, ou même destituer le fonctionnaire inculpé; mais la décision de ce conseil ne peut être exécutée qu'après avoir été approuvée par Sa Majesté impériale dans la forme ordinaire.

Toutes les règles précédentes dérivent du titre
5 du décret impérial du 11 juin 1806.

De la Commission des pétitions. Cette commission a été créée par un décret impérial du 20
septembre 1806. Il résulte du préambule de ce
décret, que quoique l'organisation de tous les
pouvoirs publics assure à tous les Français les
moyens de présenter leurs demandes et d'obtenir
justice, l'Empereur a néanmoins considéré que
ses sujets pouvaient désirer, dans certains cas
étrangers à la marche ordinaire de l'administration, de faire arriver jusqu'à sa personne leurs réclamations ; en conséquence, Sa Majesté impériale a organisé comme il suit une commission des
pétitions.

Cette commission est composée de deux conseillers au conseil d'état, de quatre maîtres des
requêtes, et de quatre auditeurs. Elle doit être
renouvelée tous les trois mois.

Il faut que son service soit réglé de manière
qu'il y ait, trois fois par semaine, depuis dix
heures du matin jusqu'à midi, au palais impérial
des Tuileries, l'un des deux conseillers d'état,
deux maîtres des requêtes, et deux auditeurs,
pour recevoir les pétitions et entendre les pétition-
naires.

Une fois par semaine la commission est chargée de se réunir dans la salle des séances du conseil d'état, pour procéder à l'examen des pétitions.

Il faut aussi qu'une fois par semaine l'un des
deux conseillers d'état porte à l'Empereur les pétitions qui sont de nature à être mises sous ses
yeux, et au sujet desquelles la commission aura
pensé qu'il est nécessaire qu'il intervienne une
décision spéciale de Sa Majesté impériale.

Pendant la durée des voyages de l'Empereur,

les pétitions doivent être adressées, avec l'avis de la commission, au ministre secrétaire d'état

De la Commission du contentieux. Cette commission, composée de six maîtres des requêtes et de six auditeurs, est présidée par le grand-juge.

Elle fait l'instruction et prépare le rapport de toutes les affaires contentieuses qui sont soumises au conseil d'état, soit que ces affaires soient introduites sur le rapport du ministre, ou à la requête des parties intéressées.

Dans le premier cas, les ministres font remettre au grand-juge, par un auditeur, tous les rapports relatifs aux affaires contentieuses de leurs départemens, ainsi que les pièces à l'appui.

Dans le second cas, il faut que les requêtes des parties soient déposées, ainsi que les pièces, au secrétariat général du conseil d'état, avec un inventaire dont il doit être fait registre.

Deux fois par semaine, le secrétaire-général doit remettre au grand-juge le bordereau des affaires, et dans l'un comme dans l'autre cas, ce ministre nomme, pour chaque affaire, un auditeur qui est chargé de prendre les pièces et de préparer l'instruction.

Sur l'exposé de l'auditeur, le grand-juge ordonne, s'il y a lieu, la communication aux parties intéressées, pour répondre et fournir leurs défenses dans le délai fixé par le règlement.

A l'expiration de ce délai, il doit être passé outre au rapport que l'auditeur est chargé de faire à la commission.

Les maîtres des requêtes ont voix délibérative, et la délibération doit être prise à la pluralité des suffrages. En cas de partage, le grand-juge a voix prépondérante.

Ce ministre est chargé de remettre à Sa Majesté impériale, chaque semaine, le bordereau des af-

faires qui sont en état d'être portées au conseil
d'état.

Les rapports des ministres, ou les requêtes des
parties ainsi que les pièces à l'appui, sont remises
par le grand-juge au ministre secrétaire-d'état, et
par celui-ci au secrétaire-général du conseil d'état,
avec le nom du maître des requêtes que l'Empereur a désigné pour faire le rapport de chaque
affaire au conseil.

Ce maître des requêtes doit prendre les pièces
au secrétariat général, et il ne peut présenter au
conseil d'état que l'avis de la commission.

Le secrétaire-général du conseil d'état est tenu
de délivrer à qui de droit les expéditions des décisions et avis du conseil d'état que Sa Majesté
impériale a approuvées. Ces expéditions sont exé-
cutoires.

Dans le cas de pourvoi au conseil d'état contre
un arrêt de la cour des comptes, conformément
à l'article 17 de la loi d'organisation de cette cour,
du 16 septembre 1807, si la commission du contentieux pense qu'il est nécessaire de se faire ré-
présenter quelques pièces justificatives déposées
aux archives de la même cour, l'article premier
du décret impérial du 27 mars 1809, veut que le
grand-juge en fasse la demande au procureur-gé-
néral impérial près de cette cour.

En conséquence, le secrétaire de la commission
du contentieux doit se transporter au greffe de la
cour des comptes, pour y recevoir les pièces de-
mandées, dont le greffier est obligé de faire un
inventaire double. L'un doit être laissé au greffier
pour sa décharge, avec le reçu du secrétaire de
la commission, et il faut que l'autre soit joint aux
pièces communiquées.

Lorsque la décision du conseil d'état a eu lieu,
le secrétaire de la commission doit rétablir les

pièces au greffe de la cour des comptes, et retirer
le double laissé au greffier avec son reçu.

*Voyez les décrets impériaux du 11 juin et du
22 juillet 1806, l'article 83 de la constitution du
23 frimaire an 8, le sénatus-consulte du 19 août
1807, et les articles* Corps législatif, Conseil
d'état, Affaires contentieuses, *etc.*

COMMISSION MILITAIRE.

C'est une sorte de tribunal momentanée qui a
été créé par le décret impérial du 17 messidor an
12, pour juger les crimes des embaucheurs et des
espions.

Les commissions militaires doivent être composées de sept membres parmi lesquels il faut qu'il
y ait au moins un officier supérieur.

Les membres de chaque commission militaire
doivent être nommés, savoir, dans les camps et
armées et dans les lieux où sont stationnées les
troupes françaises, par le général commandant
en chef, et dans l'intérieur par le général qui
commande la division. Le décret cité veut qu'ils
soient choisis parmi les officiers en activité.

La commission doit être présidée par celui de
ses membres qui est le plus élevé en grade, et à
grade égal, par le plus ancien dans ce grade.

Un des membres de la commission est chargé
de faire les fonctions de rapporteur : il a voix délibérative au jugement.

Un sous-officier choisi par le rapporteur doit
remplir les fonctions de greffier.

Les jugemens rendus par la commission ne
peuvent être attaqués au moyen d'un recours à
un autre tribunal, et ils doivent être exécutés

dans les vingt-quatre heures après qu'ils ont été prononcés.

Remarquez que toute commission militaire doit être dissoute immédiatement après avoir jugé les accusés au sujet desquels elle a été convoquée.

Les dépenses qui résultent des opérations d'une commission militaire sont assimilées à celles les conseils de guerre permanens, et elles doivent être payées conformément aux arrêtés des 17 floréal an 5 et 18 germinal an 9.

Les officiers appelés à composer les commissions militaires n'ont droit à aucune indemnité pour ce service extraordinaire.

S'il arrive que dans l'intérieur de l'empire, il ne se trouve pas un nombre suffisant d'officiers généraux ou d'officiers supérieurs pour la formation d'une commission militaire, on peut, pour compléter cette commission, mettre un officier supérieur à la place du général de brigade, et un capitaine à la place de chaque officier supérieur qui manque. C'est ce qui est établi par le décret impérial du 17 frimaire de l'an 14.

Voyez les articles EMBAUCHEURS, ESPIONS, etc.

COMMISSIONNAIRE.

SOMMAIRES.

1. *Définition et distinction des commissionnaires.*

2. *Observations générales sur l'utilité, la rétribution, les fonctions et les devoirs des commissionnaires.*

3. *Des commissionnaires chargés d'acheter des marchandises.*

4. *Des commissionnaires chargés de vendre des marchandises.*

5. *Des commissionnaires qni acquittent les lettres de change de leurs commettans ou en reçoivent la valeur.*

6. *Des commissionnaires d'entrepôt.*

7. *Des obligations des commissionnaires pour les transports, soit par terre, soit par eau.*

8. *Des règles à suivre pour l'exécution des conventions qui interviennent entre les expéditeurs, les commissionnaires et les voituriers.*

9. *De la prescription des actions qui peuvent dériver de la perte ou des avaries des marchandises.*

1. *Définition et distinction des commissionnaires.* On appelle *commissionnaire*, celui qui est chargé par un négociant éloigné du lieu de sa résidence, de traiter des affaires de commerce.

On distingue plusieurs sortes de commissionnaires, dont les uns sont chargés d'acheter des marchandises, d'autres d'acquitter les lettres de change de leurs commettans, ou d'en recevoir la valeur et de la leur faire passer ; d'autres sont des commissionnaires d'entrepôt, qui, domiciliés dans les villes maritimes ou dans celles d'un grand passage, reçoivent les marchandises quand elles arrivent, et les envoient à leur destination ; d'autres enfin sont des commissionnaires de voiture.

2. *Observations générales sur l'utilité des commissionnaires.* Il ne faut pas confondre les commissionnaires avec les agens et courtiers de change et de commerce. Ceux-ci sont des hommes publics qui ne peuvent faire en même temps le commerce en leur nom, et s'entremettre de négociations de marchandises et de lettres de change avec les négocians et les banquiers d'une même

ville, au lieu que les commissionnaires ne sont que les mandataires des commerçans ou banquiers étrangers, et ne tiennent leurs pouvoirs que de leurs commettans.

Au surplus, le ministère des uns n'est pas plus gratuit que celui des autres; ils reçoivent également une rétribution proportionnée aux affaires dont ils sont chargés.

Cette rétribution proportionnée distingue les commissionnaires des simples facteurs ou commis qui ont des gages fixes, indépendans des évènemens, et qui n'étant employés que par un seul marchand, ne peuvent partager le bénéfice ni les pertes de leurs commettans.

Les fonctions des commissionnaires sont très-importantes au commerce. Les grands négocians qui font venir de chaque contrée les marchandises qu'on y trouve en abondance, pour les verser dans les lieux où elles manquent, qui trafiquent à la fois dans les différentes parties du monde, et en assortissent les productions dans leurs magasins, ne pourraient suffire à des entreprises aussi vastes sans le secours des commissionnaires.

Ces commissionnaires doivent en général se conformer aux maximes tracées dans le droit pour tous les mandataires et les procureurs fondés. Ainsi, ils doivent se renfermer dans les termes de leur commission, s'ils ne veulent pas être personnellement responsables de la perte et du dommage qui peuvent arriver à leurs commettans.

Remarquez que le commissionnaire qui a fait des avances sur des marchandises qu'on lui a expédiées, afin qu'il les vendît pour le compte d'un commettant, a privilége pour le remboursement de ses avances, intérêts et frais sur la valeur des marchandises, si elles sont à sa disposition, dans les magasins ou dans un dépôt public, ou si avant qu'elles soient arrivées, il peut constater par un connaissement ou par une lettre de voiture ; l'expédition qu'on lui en a faite.

Si les marchandises ont été vendues et livrées pour le compte du commettant, le commissionnaire se rembourse du montant de ses avances, intérêts et frais, sur le produit de la vente par préférence aux créanciers du commettant.

Les prêts, avances ou payemens qui peuvent être faits sur des marchandises déposées ou consignées par un individu résidant dans le lieu du domicile du commissionnaire, ne donnent privilége à ce commissionnaire, qu'autant qu'il s'est conformé aux dispositions prescrites par le titre 17 du livre 3 du Code Napoléon, concernant les prêts sur gage ou nantissement.

Voyez les articles 93, 94 et 95 du Code de commerce.

3. *Commissionnaires chargés d'acheter des marchandises* Tout particulier peut acheter des marchandises par commission.

Ces commissionnaires demeurent dans des lieux où il y a un grand commerce, ou qui abondent en manufactures ; ils donnent avis à leurs commettans des révolutions qu'y essuie le commerce, de l'augmentation ou de la diminution du prix des marchandises, des nouveautés qui s'y vendent ou s'y fabriquent; ils achètent pour le compte de ces correspondans les choses qu'ils leur demandent, et les leur font passer en recevant deux ou trois pour cent pour le droit de commission, suivant la nature des affaires, outre les frais d'emballage et d'envoi.

Quelquefois ces commissionnaires achètent eux-mêmes les matières premières et les font travailler sous leurs yeux pour le compte de leurs commettans, par les ouvriers des manufactures.

Ces commissionnaires doivent avoir des livres-journaux et y écrire les marchandises qu'ils achètent, les noms des marchands ou des manufacturiers de qui ils les reçoivent, le prix et le temps du payement : ils doivent aussi en envoyer la facture à leurs commettans. La facture et les livres du vendeur doivent faire mention que les marchandises sont pour le compte du commettant, sans quoi les commissionnaires seraient exposés à payer en leur nom, et le vendeur n'aurait pas même d'action contre le commettant ; il pourrait au plus saisir entre ses mains, supposé qu'il fût encore débiteur du commissionnaire lors de sa faillite.

Au contraire, s'il est dit sur le journal du vendeur, que le commissionnaire doit pour le compte du commettant, cette disposition les rend tous deux débiteurs et cautions l'un de l'autre ; en sorte que si le premier fait faillite et se trouve créancier du second à raison des mêmes marchandises, le vendeur peut demander la distraction de cette dette à son profit.

Enfin, si le Journal porte que la marchandise livrée au commissionnaire est due par le commettant, celui-ci est le seul débiteur. Le commissionnaire n'est garant que de l'envoi et de la commission. En justifiant de l'un et de l'autre, il ne peut être inquiété par le vendeur. Mais s'il ne prouvait pas que la marchandise eût été envoyée à ceux pour le compte desquels il avait déclaré l'avoir achetée, il serait obligé de la payer en son nom.

4. *Commissionnaires chargés de vendre des marchandises.* Des anciennes ordonnances avaient défendu de vendre par commission quelques denrées de première nécessité ; l'article 5 de l'ordonnance du 21 novembre 1577 comprenait le

foin dans cette prohibition ; mais ces lois ne sont plus en vigueur.

Les commissionnaires chargés de vendre doivent convenir avec leurs commettans s'ils demeureront garans de la solvabilité des marchands auxquels ils vendent à crédit ou non, et s'ils feront les deniers bons ; alors, comme ils courent plus de risque, leur droit de commission est plus fort : on leur accorde un certain délai pour faire les payemens, et laisser rentrer l'argent des ventes. Ce délai est ordinairement de trois mois.

Les commissionnaires qui ne demeurent point responsables du prix des ventes, doivent, dans leur livre de crédit, faire mention qu'ils ont vendu pour le compte de leurs commettans, afin que s'ils faisaient eux-mêmes faillite, ceux-ci pussent revendiquer les sommes dues par les débiteurs.

Cette revendication aurait lieu quand même les commissionnaires auraient pris des billets en leur nom, pourvu cependant que la date s'en rapportât à celle des ventes constatées dans les livres-journaux et qu'ils ne fussent pas à ordre ou au porteur, et négociés à un tiers.

Mais si les marchandises étaient écrites sur les livres au nom du commissionnaire, les dettes seraient censées leur appartenir et non aux commettans, à moins qu'elles ne leur eussent été transportées par des actes en bonne forme.

Lorsque des marchands vendent à la fois pour leur propre compte et par commission, il est encore plus essentiel pour eux de ne point confondre ces deux espèces d'affaires, et de distinguer tout ce qui vient de leur commerce particulier et ce qui concerne leurs différens commettans.

En un mot, si les registres du commissionnaire ne constatent pas que les marchandises vendues appartenaient à son commettant, celui-ci n'a point d'action contre l'acheteur, mais seulement contre le commissionnaire.

5. *Commissionnaires en matière de lettre de change.* Il y a deux sortes de commissionnaires pour la remise et la traite des lettres de change.

Les uns sont les négocians et banquiers qui font des commissions respectives pour les traites et remises, chacun en leur nom particulier.

Les autres ne font point le commerce pour leur compte particulier; ils sont seulement commissionnaires de négocians et de banquiers, pour recevoir leurs traites et en faire les remises: ceux-ci, lorsqu'ils se sont conduits avec exactitude, n'ont aucune part à la perte ni au profit; ils ont seulement un droit de commission, leurs frais et les intérêts de leurs avances.

Un commissionnaire doit avoir soin de faire accepter les lettres que son commettant lui remet ou lui fait remettre, de les faire protester faute d'acceptation de payement, et de les dénoncer dans les délais, sans quoi elles tomberaient à son compte et à ses risques. Il doit aussi ne point faire tirer des lettres de change sur lui ou à son ordre, afin que, si elles passent entre les mains d'un tiers, on ne puisse s'adresser à lui en cas de faillite des tireurs, des endosseurs et du commettant.

6. *Commissionnaires d'entrepôt.* Les commissionnaires d'entrepôt demeurent ordinairement dans les lieux où les marchandises arrivent par terre ou par eau, et sont déchargées par des voituriers qui ne les conduisent point jusqu'à leur dernière destination.

Quand les commissionnaires reçoivent les balles et caisses de marchandises, il faut qu'ils aient attention à ce qu'elles soient bien conditionnées;

et s'ils les trouvent en mauvais état, ils doivent en dresser des procès-verbaux, afin d'éviter toute difficulté entre les voituriers et les marchands. Ces difficultés pourraient même retomber sur eux, puisque les lettres de voitures portent ordinairement *l'ayant reçue* (la marchandise) *bien conditionnée et en temps dû*. Ainsi le commissionnaire qui recevrait des marchandises défectueuses et mal conditionnées, serait tenu des dommages-intérêts envers les marchands à qui elles appartiendraient.

7. *Des obligations des commissionnaires pour les transports, soit par terre, soit par eau.* Le commissionnaire qui se charge d'un transport de cette espèce, est obligé d'inscrire sur son livre-journal la déclaration tant de la nature, que de la quantité des marchandises et même de la valeur s'il en est requis.

Il est garant de l'arrivée de ces marchandises dans le délai spécifié par la lettre de voiture, à l'exception toutefois des cas d'une force majeure légalement constatée.

Il est pareillement garant des avaries ou pertes des marchandises, à moins qu'il n'y ait stipulation contraire dans la lettre de voiture, et sauf aussi le cas de force majeure.

Il est encore garant des faits du commissionnaire intermédiaire auquel il adresse les marchandises.

Lorsque la marchandise est sortie du magasin du vendeur ou de l'expéditeur, elle voyage, s'il n'y a point de convention contraire, aux risques et périls de celui à qui elle appartient, sauf son recours contre le commissionnaire et le voiturier chargé du transport.

Telles sont les dispositions des articles 96 à 100 du Code de commerce.

8. *Des règles à suivre pour l'exécution des conventions qui interviennent entre les expéditeurs, les commissionnaires et les voituriers.* Il faut que la lettre de voiture soit datée, et qu'elle exprime la nature et le poids ou la contenance des objets à transporter, ainsi que le délai dans lequel le transport doit être effectué.

Il faut aussi que cette lettre indique le nom et le domicile du commissionnaire par l'entremise duquel le transport s'opère, s'il y en a un ; le nom de celui à qui la marchandise est adressée, et le nom et le domicile du voiturier.

Il faut encore qu'elle énonce le prix de la voiture et l'indemnité due pour cause de retard.

Elle doit être signée par l'expéditeur ou le commissionnaire, et présenter en marge les marques et numéros des objets à transporter.

Elle doit en outre être copiée par le commissionnaire sur un registre coté et paraphé sans intervalle et de suite.

A l'exception des cas de force majeure, le voiturier est garant de la perte des objets à transporter, ainsi que des avaries autres que celles qui proviennent du vice propre de la chose.

Lorsque par l'effet de la force majeure, le transport n'est pas effectué dans le délai fixé, on ne peut exiger du voiturier aucune indemnité pour cause de retard.

Remarquez que la réception des objets transportés et le payement du prix de la voiture, éteignent toute action contre le voiturier.

En cas de refus ou de contestation pour la réception des objets transportés, l'état en doit être vérifié et constaté par des experts que nomme le président du tribunal de commerce, ou à son défaut le juge de paix par une ordonnance au bas d'une requête.

Le dépôt ou séquestre, et ensuite le transport dans un dépôt public peuvent en être ordonnés.

On peut pareillement en ordonner la vente en faveur du voiturier, jusqu'à concurrence du prix de la voiture.

Tout ce qu'on vient de dire relativement aux voituriers, est également applicable aux maîtres de bateaux et aux entrepreneurs de diligences ou voitures publiques.

9. *De la prescription des actions qui peuvent dériver de la perte ou des avaries des marchandises.* Ces actions sont prescrites en faveur des commissionnaires et des voituriers après six mois pour les expéditions faites dans l'intérieur de la France, et après un an à l'égard de celles qui ont eu lieu pour les pays étrangers ; le tout à compter, quant aux cas de perte, du jour où le transport des marchandises a dû être effectué; et quant aux cas d'avaries, du jour où la remise des marchandises a été faite, le tout sans préjudice des cas de fraude ou d'infidélité.

Voyez le titre 6 du livre premier du Code de commerce, et les articles COMMERCE, MARCHANDISE, CHANGE, MESSAGERIE, etc.

COMMUNAUTÉ DE BIENS ENTRE CONJOINTS.

SOMMAIRES.

1. *Définition.*

2. *De l'origine de la communauté de biens, et des différentes sortes de droits qui ont eu lieu sur cette matière.*

3. *Des personnes entre lesquelles peut être*

contractée la communauté, soit légale, soit conventionnelle, et de l'époque où elle commence.

4. Comment s'établit la communauté légale, et des choses qui la composent.

5. Du passif de la communauté et des actions qui en résultent.

6. De l'administration de la communauté, et de l'effet des actes de l'un ou de l'autre époux relativement à la société conjugale.

7. De la dissolution de la communauté et de quelques-unes de ses suites.

8. De l'acceptation de la communauté et de la renonciation qu'on peut y faire, avec les conditions qui y sont relatives.

9. Du partage de la communauté après qu'elle a été acceptée.

10. Partage de l'actif.

11. Du passif de la communauté.

12. Des effets qui résultent de la renonciation de la femme à la communauté.

13. De la communauté conventionnelle.

14. De la clause qui exclut de la communauté le mobilier en tout ou en partie.

15. De la clause de séparation de dettes.

16. Des clauses qui assignent à chacun des époux des parts inégales dans la communauté.

17. De la communauté à titre universel.

18. Des conventions qui excluent la communauté.

1. *Définition.* La communauté de biens entre conjoints est une société établie entre le mari et la femme par une convention exprimée dans le contrat de mariage ou tacitement en vertu de la loi, et en conséquence de laquelle tous leurs

meubles et les immeubles qu'ils acquièrent durant leur mariage sont communs entre eux.

Quand la communauté est fondée sur le contrat de mariage, on l'appelle *communauté conventionnelle ;* et lorsqu'elle est fondée sur la coutume du lieu où les parties ont leur domicile, on l'appelle *communauté légale.*

2. *Origine de la communauté des biens, et des différentes sortes de droits qui ont eu lieu sur cette matière.* Il ne paraît pas que la communauté de biens entre le mari et la femme ait été connue des Romains : la femme donnait ordinairement une partie de son bien à son mari et elle se réservait l'autre partie ; et c'est ce qui se pratique encore aujourd'hui dans plusieurs départemens où l'on suivait le droit romain. Ce que la femme donne à son mari s'appelle *dot.* Il en a la jouissance pour subvenir aux charges du mariage. Il peut aliéner les biens dotaux qui consistent en effets mobiliers ; mais il ne peut aliéner ni hypothéquer les immeubles.

La communauté dont il s'agit est un droit fort ancien, dont on ne connaît ni le commencement, ni la manière dont il a été introduit. Quelques-uns prétendent qu'il avait lieu chez les anciens habitans des Gaules, lorsqu'ils jouissaient de leur liberté, et qu'ils ne faisaient point usage de lois écrites. Ils se fondent sur ce que César, en parlant des mœurs des Gaulois dans ses Commentaires, nous apprend que quand ils se mariaient, le mari était tenu de mettre en communauté autant de biens qu'il en recevait de sa femme, et que le tout devait appartenir au survivant des deux. Mais ce don réciproque paraît avoir été tout différent de notre communauté.

Il est plus vraisemblable que les pays coutumiers, qui sont plus voisins de l'Allemagne que les pays de droit écrit, ont emprunté cet usage des anciens Germains, chez lesquels le tiers ou la moitié des acquêts faits durant le mariage appartenait à la femme, conformément au titre 29 de la loi des Ripuaires, et au titre 8 de la loi des Saxons.

Sous la première et sous la seconde race des rois de France, la femme n'avait que le tiers des biens acquis pendant le mariage, ce qui était conforme à la loi des Ripuaires. La communauté avait lieu alors pour les reines : en effet, on lit dans Aimoin, que lors du partage qui fut fait de la succession de Dagobert entre ses enfans, on réserva le tiers des acquisitions qu'il avait faites pour la reine sa veuve, ce qui confirme que l'usage était alors de donner aux femmes le tiers de la communauté. Louis-le-Débonnaire et Lothaire son fils, en firent un loi générale : *volumus ut uxores defunctorum, post obitum maritorum, tertiam partem collaborationis, quàm simul in beneficio collaboraverunt, accipiant.*

Cette loi fut encore observée par les veuves des rois subséquens, comme Flodoard le fait connaître en parlant de Raoul, roi de France, lequel aumônant une partie de ses biens à diverses églises, réserva la part de la reine son épouse ; mais il ne dit pas quelle était la quotité de cette part. Ce passage justifie aussi qu'il n'était pas au pouvoir du mari de disposer des biens de la communauté au préjudice de sa femme.

Les coutumes de Bourgogne, rédigées en 1459, sont les premières où il soit parlé de la communauté de biens, dont elles donnent à la femme moitié, ce qui est conforme à la loi des Saxons. Cet usage nouveau, par rapport à la part de la femme, adopté dans ces coutumes et dans la plupart de celles qui ont été rédigées dans la suite, pourrait bien avoir été introduit en France par les Anglais qui, comme l'on sait, sont Saxons d'origine, et s'étaient emparés d'une partie de la France sous le règne de Charles VI.

Le droit de communauté est accordé à la femme, en considération du travail commun qu'elle fait ou est présumée faire, soit en aidant son mari dans son commerce, s'il en a un, soit par son industrie personnelle, ou par les soins qu'elle donne au ménage.

3. *Des personnes entre lesquelles peut être contractée la communauté, soit légale ou conventionnelle.* On conçoit qu'il n'y a qu'entre les personnes capables de contracter un mariage civil, que la communauté, soit légale, soit conventionnelle, puisse avoir lieu, puisqu'elle est un effet civil du mariage. Ainsi, dans les cas où l'une des parties serait privée, en se mariant, de l'état civil, il n'y aurait point de communauté entre les conjoints, par la raison qu'il ne pourrait point y avoir de mariage civil entr'eux.

Observez cependant que quand l'une des parties a une juste cause d'ignorer l'obstacle qui devait empêcher la validité ou la légitimité du mariage, sa bonne foi peut donner à son mariage des effets civils, quoiqu'il ne soit pas mariage civil; et en conséquence la communauté peut avoir lieu entre de tels conjoints.

La communauté, tant légale que conventionnelle, commence du jour du mariage contracté devant l'officier de l'état civil. La loi défend de stipuler qu'elle commencera à une autre époque.

4. *Comment s'établit la communauté légale, et des choses qui la composent.* Cette communauté s'établit par la simple déclaration qu'on se marie sous le régime de la communauté. A défaut d'acte

qui exprime cette déclaration, la communauté légale est soumise aux règles suivantes :

L'actif de cette communauté est composé, 1° de tout le mobilier que les époux possédaient au jour de la célébration du mariage, ensemble de tout le mobilier qui leur échoit durant le mariage à titre de succession, ou même de donation quand le donateur n'a pas exprimé le contraire ;

2°. De tous les fruits, revenus, intérêts et arrérages, de quelque nature qu'ils soient, échus ou perçus pendant le mariage, et qui proviennent des biens dont les époux étaient propriétaires quand ils se sont mariés ou de ceux qui leur sont échus durant le mariage, à quelque titre que ce soit ;

3° De tous les immeubles que les époux ont acquis pendant le mariage.

On doit réputer acquêt de communauté tout immeuble dont il n'est pas prouvé qu'un des époux avait la propriété ou possession légale avant le mariage, ou qu'il lui est échu postérieurement par succession ou donation.

Les coupes de bois et les produits des carrières et des mines tombent dans la communauté pour tout ce qu'on peut considérer comme usufruit. *Voyez* USUFRUIT.

Si les coupes de bois qui, en suivant les règles relatives à l'usufruit, pouvaient être faites pendant la communauté, ont été négligées, il en est dû récompense à l'époux non propriétaire du fonds ou à ses héritiers.

Quand les carrières et les mines ont été ouvertes pendant le mariage, les produits n'en doivent tomber dans la communauté, qu'à la charge de récompense ou d'indemnité envers l'époux qui en a la propriété.

Les immeubles que les époux possèdent à l'instant de la célébration du mariage, ou qui leur échoient par succession avant que leur union soit dissoute, n'entrent point en communauté.

Mais s'il arrivait que postérieurement au contrat de mariage contenant stipulation de communauté, et avant que le mariage fût célébré, un des époux fît l'acquisition d'un immeuble, cet immeuble ferait partie de la communauté, à moins que l'acquisition n'eût eu lieu en exécution de quelque clause du contrat de mariage. Dans ce cas il faudrait se conformer à la convention.

Les donations d'immeubles faites pendant le mariage à l'un des époux ne font point partie de la communauté : elles appartiennent au donataire seul, quand il n'est pas expressément déclaré qu'elles appartiendront à la communauté.

L'immeuble que le père, ou la mère, ou quelqu'autre ascendant abandonne ou cède à l'un des époux, soit pour le remplir de ce qui lui est dû, soit à la charge de payer les dettes du donateur à des étrangers, n'entre point en communauté, sauf récompense ou indemnité.

Un immeuble acquis pendant le mariage à titre d'échange contre un immeuble dont la propriété appartient à l'un des époux n'entre point en communauté : il tient lieu de celui qui a été aliéné, sauf la récompense quand il y a soute.

Lorsqu'un des époux acquiert pendant le mariage, par licitation ou autrement, une portion d'un immeuble dont il était propriétaire par indivis, cette acquisition ne forme point un conquêt; mais elle donne lieu à une indemnité envers la communauté pour raison de ce que celle-ci a fourni pour payer celle-là.

S'il arrivait qu'un mari devînt seul et en son nom personnel, acquéreur ou adjudicataire d'une portion ou de la totalité d'un immeuble dont sa femme aurait la propriété par indivis, cette dernière aurait, lors de la dissolution de la communauté, le choix ou de retirer l'immeuble, en remboursant à la communauté le prix de l'acquisition, ou d'abandonner cet immeuble à la communauté sous la condition que celle-ci serait tenue de lui payer le prix de la portion qu'elle avait dans ce même immeuble.

5. *Du passif de la communauté et des actions qui en résultent.* Le passif de la communauté se compose, 1° de toutes les dettes mobilières dont les époux étaient grévés au jour de la célébration de leur mariage, ou dont étaient chargées les successions qu'ils ont recueillies pendant le mariage, sauf la récompense pour les dettes relatives aux immeubles propres à l'un ou à l'autre des époux ;

2° Des dettes tant en capitaux qu'en arrérages ou intérêts, contractées par le mari durant la communauté, ou par la femme du consentement du mari, sauf la récompense dans le cas où elle doit avoir lieu ;

3° Des arrérages et intérêts seulement des rentes ou dettes passives qui sont personnelles aux deux époux ;

4° Des réparations usufructuaires des immeubles qui ne font pas partie de la communauté ;

5° Des alimens des époux, de l'entretien des enfans et de toute autre charge du mariage.

Pour que la communauté soit tenue des dettes mobilières que la femme a contractées avant le mariage, il faut qu'elles soient fondées sur un acte authentique antérieur au mariage, ou qui ait reçu avant la même époque, une date certaine, soit par l'enregistrement, soit par le décès d'un ou de plusieurs signataires de l'acte.

Le créancier de la femme, en vertu d'un acte qui n'a pas une date certaine antérieure au mariage, ne peut poursuivre le payement de sa créance que sur la nue propriété des immeubles de cette femme.

Et si le mari prétendait avoir payé pour sa femme, une dette de cette nature, il ne pourrait en demander la récompense ni à sa femme ni à ses héritiers.

Les dettes des successions purement mobilières qui viennent à échoir aux époux durant le mariage sont pour le tout à la charge de la communauté.

Mais les dettes d'une succession purement immobilière qui survient à l'un des époux ne sont point à la charge de la communauté, sauf aux créanciers à poursuivre leur payement sur les immeubles de la succession.

Remarquez néanmoins que si une telle succession est échue au mari, les créanciers ont la faculté de poursuivre leur payement tant sur les biens qui appartiennent à ce dernier que sur ceux de la communauté; sauf dans ce cas-ci la récompense due à la femme ou à ses héritiers.

Remarquez aussi que si une pareille succession immobilière était échue à la femme et que celle-ci l'eût acceptée avec le consentement de son mari, les créanciers de cette succession seraient fondés à poursuivre leur payement sur tous les biens personnels de la femme : mais si cette dernière n'avait accepté la succession que comme autorisée par justice au refus de son mari, les créanciers, en cas d'insuffisance des immeubles de la succession, ne pourraient se pourvoir que sur la nue propriété des autres biens personnels de la femme.

Lorsque la succession échue à l'un des époux est en partie mobilière et en partie immobilière, les dettes dont elle est grevée ne sont à la charge de la communauté que jusqu'à concurrence de la portion contributoire du mobilier dans les dettes, eu égard à la valeur de ce mobilier comparée à celle des immeubles.

Cette portion contributoire doit se régler d'après l'inventaire auquel le mari est chargé de faire procéder, soit de son chef, si la succession le concerne personnellement, soit comme dirigeant et autorisant les actions de sa femme s'il s'agit d'une succession échue à cette dernière.

A défaut d'inventaire, et dans tous les cas où ce défaut préjudicie à la femme, elle ou ses héritiers sont fondés, quand la communauté est dissoute, à poursuivre les récompenses de droit et même à faire preuve tant par titres que par témoins, et au besoin par la commune renommée, de la consistance et de la valeur du mobilier non inventorié.

On conçoit que le mari ne doit jamais être admis à faire une pareille preuve.

Au surplus, les dispositions précédentes n'empêchent pas que les créanciers d'une succession en partie mobilière et en partie immobilière, ne puissent poursuivre leur payement sur les biens de la communauté, soit que la succession ait été recueillie par le mari ou par sa femme quand celle-ci l'a acceptée avec le consentement de son mari; le tout sauf les récompenses respectives.

Il doit en être de même quand la succession n'a été acceptée par la femme que comme autorisée par justice, et que néanmoins le mobilier en a été confondu dans celui de la communauté sans un inventaire préalable.

Lorsque la femme n'a accepté la succession que comme autorisée par justice au refus de son mari, et qu'il y a eu inventaire, les créanciers ne peuvent poursuivre leur payement que sur les biens tant mobiliers qu'immobiliers de cette succession, et en cas d'insuffisance, sur la nue propriété des autres biens personnels de la femme.

Remarquez que les règles précédentes qui concernent les dettes d'une succession, sont également applicables aux dettes relatives à une donation.

Les créanciers ont la faculté de poursuivre le payement des dettes que la femme a contractées avec le consentement du mari, tant sur tous les biens de la communauté que sur ceux du mari ou de la femme, sauf la récompense due à la communauté ou l'indemnité due au mari.

Toute dette qui n'est contractée par la femme qu'en vertu de la procuration générale ou spéciale du mari, est à la charge de la communauté, et le créancier ne peut en poursuivre le payement ni contre la femme ni sur les biens dont elle a personnellement la propriété.

6. *De l'administration de la communauté, et de l'effet des actes de l'un ou de l'autre époux relativement à la société conjugale.*

Le mari a seul le droit d'administrer les biens de la communauté. Il peut les vendre, aliéner et hypothéquer sans le concours de sa femme.

Mais il ne peut disposer entre-vifs à titre gratuit des immeubles de la communauté, ni de l'universalité ou d'une quotité du mobilier, à moins que ce ne soit pour l'établissement des enfans communs.

Il a néanmoins la faculté de disposer des effets mobiliers à titre gratuit et particulier, au profit d'autrui, pourvu qu'il ne s'en réserve pas l'usufruit.

La donation qu'un mari fait par testament ne peut excéder sa part dans la communauté. Et s'il a donné en cette forme un effet de la communauté, le donataire n'est fondé à le réclamer en nature, qu'autant que cet effet tombe au lot des héritiers du mari par l'événement du partage. S'il ne tombe point dans ce lot, le légataire doit obtenir la valeur de l'effet donné tant sur la part des héritiers du mari dans la communauté que sur les biens personnels de ce dernier.

Les amendes auxquelles le mari a été condamné pour un délit qui n'emporte pas mort civile, peuvent se poursuivre sur les biens de la communauté, sauf la récompense due à la femme : mais si cette dernière est l'objet de la condamnation, le payement auquel elle est assujettie, ne peut être poursuivi que sur la nue propriété de ses biens personnels tant que dure la communauté.

Si les condamnations prononcées contre l'un des deux époux emportent mort civile, elles ne frappent que sa part de la communauté et ses biens personnels.

Les actes que la femme a faits sans le consentement du mari, et même avec l'autorisation de la justice, n'engagent pas les biens de la communauté, à moins qu'elle n'ait contracté comme marchande publique et pour le fait de son commerce.

La femme ne peut pas s'obliger, ni engager les biens de la communauté, même pour tirer son mari de prison ou pour l'établissement de ses enfans en cas d'absence du mari, que quand elle y a été autorisée par justice.

La loi attribue au mari l'administration de tous les biens personnels de la femme ; il suit de là qu'il peut exercer seul toutes les actions mobilières et accessoires qui appartiennent à sa femme : mais il ne peut pas aliéner les immeubles personnels de celle-ci sans son consentement.

Au surplus, il est responsable de tout dépérissement des biens personnels de sa femme, lorsque ce dépérissement est occasionné par un défaut d'actes conservatoires.

Les baux que le mari seul a passés des biens de sa femme pour un temps qui excède neuf années, ne sont, en cas de dissolution de la communauté, obligatoires envers la femme ou ses héritiers que pour le temps qui reste à courir, soit de la première période de neuf ans, si elle n'est point écoulée, soit de la seconde période, et ainsi de suite, de manière que le fermier n'ait que le droit d'achever la jouissance de la période de neuf ans, dans laquelle il se trouve.

Si des baux de neuf ans et au-dessous, des biens de la femme, ont été passés ou renouvelés par le mari seul plus de trois ans avant l'expiration du bail courant, s'il s'agit de biens ruraux, et plus de deux ans, avant la même époque, s'il s'agit de maisons, ils doivent demeurer sans effet, à moins que l'exécution n'en ait été commencée avant la dissolution de la communauté.

Lorsqu'une femme s'oblige solidairement avec son mari, soit pour les affaires de celui-ci, soit pour celles de la communauté, elle est censée ne s'être engagée qu'en qualité de caution, et en conséquence elle doit être indemnisée de l'obligation qu'elle a contractée.

Si le mari a garanti solidairement ou autrement la vente que sa femme a faite d'un immeuble dont elle avait la propriété, il a pareillement un recours contre elle, soit sur sa part de la communauté, soit sur les biens qui lui appartiennent, s'il vient à être inquiété.

Quand l'immeuble d'un des époux a été vendu ou qu'on s'est rédimé par argent des services fonciers dûs à des héritages propres à l'un d'eux, et que le prix en a été versé dans la communauté, le tout sans remploi, il y a lieu au prélèvement de ce prix sur la communauté au profit de l'époux qui était propriétaire, soit de l'immeuble vendu, soit des services rachetés.

Le remploi est censé fait à l'égard du mari, lorsqu'en faisant une acquisition il a déclaré qu'il y employait le prix de l'aliénation de l'immeuble qui lui était personnel.

Mais la déclaration que fait le mari que l'acquisition est faite avec le prix de l'immeuble vendu par sa femme et pour lui tenir lieu de remploi, est insuffisante, si cette dernière n'a pas accepté formellement ce remploi; dans ce cas-ci, et lorsque la communauté vient à se dissoudre, elle a droit à la récompense du prix de son immeuble vendu.

Remarquez que la récompense du prix de l'immeuble appartenant au mari ne peut s'exercer que sur la masse de la communauté; tandis que la récompense du prix de l'immeuble appartenant à la femme, s'exerce non-seulement sur les biens de la communauté, mais encore, en cas d'insuffisance, sur les biens personnels du mari. Au surplus, la récompense n'a jamais lieu que sur le pied de la vente, quelque allégation qui soit faite touchant la valeur de l'immeuble aliéné.

Toutes les fois qu'on a pris sur la communauté une somme soit pour acquitter les dettes ou charges personnelles concernant l'un des époux, telles que le prix ou partie du prix d'un immeuble à lui propre, ou le rachat de services fonciers, soit pour le recouvrement, la conservation ou l'amélioration de ses biens personnels, et en général, toutes les fois que l'un des époux a tiré personnellement un profit des biens de la communauté, il en doit récompense.

Si le père et la mère ont doté conjointement l'enfant commun, sans exprimer la portion pour

laquelle ils entendaient y contribuer, ils sont censés avoir doté chacun pour moitié, soit que la dot
ait été fournie ou promise en effets de la communauté, ou qu'elle l'ait été en biens propres à l'un
des époux.

Dans ce dernier cas, l'époux dont l'immeuble
ou l'effet personnel a formé la dot, a sur les biens
de l'autre époux une action en indemnité pour la
moitié de ce que valait l'effet donné au temps où
cette dot a été constituée.

Si la dot a été constituée au profit de l'enfant
commun par le mari seul, en effets de la communauté, elle est à la charge de la communauté;
mais lorsque la femme a accepté la communauté,
elle doit supporter la moitié de la dot, à moins
que le mari n'ait expressément déclaré qu'il s'en
chargeait pour le tout, ou pour une portion plus
forte que la moitié.

La garantie d'une dot est due par quiconque l'a
constituée, et les intérêts en courent du jour du
mariage, même quand il y a terme pour la payer,
à moins qu'il n'y ait une stipulation contraire.

7. *De la dissolution de la communauté et de
quelques-unes de ses suites.* Les causes qui font
dissoudre la communauté sont, 1° la mort naturelle; 2° la mort civile; 3° le divorce; 4° la séparation de corps; 5° la séparation des biens.

Le défaut d'inventaire après la mort naturelle
ou civile de l'un des époux, ne donne pas lieu à
la continuation de la communauté, sauf les poursuites des parties intéressées relativement à la
consistance des biens et des effets communs dont
il est permis de faire la preuve, tant par titres que
par la commune renommée.

Quand il y a des enfans mineurs, le défaut d'inventaire fait d'ailleurs perdre à l'époux survivant
la jouissance de leurs revenus; et le subrogé tu-

teur qui n'a point obligé cet époux à faire inventaire est tenu solidairement avec lui de toutes les condamnations qu'on peut prononcer au profit des mineurs.

La femme qui a obtenu une séparation de biens doit contribuer, proportionnellement à ses facultés et à celles du mari, tant aux frais du ménage qu'à ceux de l'éducation des enfans communs.

Elle doit supporter seule ces frais, quand il ne reste rien au mari.

La femme séparée de biens en reprend l'administration. Elle peut disposer de son mobilier ; mais elle ne peut aliéner ses immeubles qu'avec le consentement de son mari ou avec l'autorisation de la justice.

Voyez d'ailleurs SÉPARATION DES BIENS.

8. *De l'acceptation de la communauté, et de la renonciation qu'on peut y faire, avec les conditions qui y sont relatives.* Lorsque la communauté est dissoute, la femme ou ses héritiers ou ayant-cause ont la faculté de l'accepter ou d'y renoncer : toute convention contraire serait nulle.

Si la femme s'est immiscée dans les biens de la communauté, elle ne peut plus y renoncer : mais les actes purement administratifs et conservatoires ne mettent point d'obstacle à la renonciation.

Quand une femme majeure a pris dans un acte la qualité de commune, elle ne peut plus y renoncer ni se faire restituer contre cette qualité, à moins qu'il n'y ait eu dol de la part des héritiers du mari.

Remarquez que la femme survivante qui veut conserver la faculté de renoncer à la communauté, est tenue, dans les trois mois postérieurs au décès du mari, de faire faire un inventaire fidèle et exact de tous les biens de la communauté, contradictoirement avec les héritiers du mari, présens ou dûment appelés. Il faut qu'elle affirme devant l'officier public instrumentaire la vérité et la sincérité de cet inventaire quand la clôture s'en fait.

Dans les trois mois et quarante jours après la mort de son mari, elle doit faire sa renonciation au greffe du tribunal de première instance dans l'arrondissement duquel le mari avait son domicile : il faut que cet acte soit inscrit sur le registre établi pour recevoir les renonciations aux successions.

La veuve est autorisée, suivant les circonstances, à demander au tribunal civil une prorogation du délai prescrit pour renoncer : mais cette prorogation ne peut être prononcée que contradictoirement avec les héritiers du mari, présens ou dûment appelés.

Au reste, la veuve, qui n'a pas renoncé dans le délai que la loi a déterminé, n'est pas pour cela déchue de la faculté de renoncer, si elle ne s'est point immiscée et qu'elle ait fait inventaire : elle est seulement dans le cas d'être poursuivie en qualité de commune jusqu'à ce qu'elle ait renoncé, et elle demeure chargée des frais faits contre elle jusqu'à sa renonciation.

Elle peut également être poursuivie après l'expiration des quarante jours depuis la clôture de l'inventaire, si cette clôture a eu lieu avant les trois mois.

Lorsqu'une veuve a diverti ou recélé quelques effets de la communauté, elle doit être déclarée commune nonobstant sa renonciation. La même disposition est applicable à ses héritiers.

Si la veuve décède avant l'expiration des trois mois sans avoir terminé l'inventaire, la loi accorde à cet égard à ses héritiers un nouveau délai de trois mois à compter du jour de cedécès et quarante jours pour délibérer après la clôture de l'inventaire.

Quand le décès de la veuve n'a eu lieu qu'après que l'inventaire a été terminé , les héritiers ont pour délibérer un nouveau délai de quarante jours à compter de ce décès. Ils peuvent d'ailleurs renoncer à la communauté selon les formes énoncées précédemment.

Les dispositions relatives à la faculté de renoncer sont applicables aux femmes des individus morts civilement à partir du moment où la mort civile a commencé.

La femme divorcée ou séparée de corps, qui, dans les trois mois et quarante jours après le divorce ou la séparation définitivement prononcés, n'a point accepté la communauté, est censée y avoir renoncé , à moins qu'étant encore dans le délai, elle n'en ait obtenu la prolongation en justice, contradictoirement avec le mari présent ou dûment appelé.

Les créanciers de la femme ont la faculté d'attaquer la renonciation qu'elle ou ses héritiers ont faite en fraude de leurs créances, et ils peuvent accepter la communauté de leur chef.

Soit que la veuve accepte la communauté ou qu'elle y renonce dans le temps légal , la loi lui attribue le droit de prendre sa nourriture et celle de ses domestiques sur les provisions qui existent dans le domicile; et s'il n'y en existe point, elle peut à cet effet faire un emprunt au compte de la masse commune, à la charge d'en user modérément.

Elle ne doit d'ailleurs aucun loyer relativement à la résidence qu'elle a faite pendant les trois mois et quarante jours que la loi lui accorde pour faire inventaire et délibérer, dans une maison qui dépend de la communauté ou qui appartient aux hé-

ritiers de son défunt mari. Si la maison qu'habi-
taient les époux à l'époque de la dissolution de la
communauté, était tenue à titre de loyer, le payement de ce loyer pendant les délais qu'on vient
d'exprimer, doit être pris sur la masse.

Lorsque la communauté est dissoute par la mort
de la femme, ses héritiers peuvent renoncer à la
communauté dans les délais et selon les formes
que le législateur a établies à l'égard de l'épouse
qui a survécu à son mari.

9. *Du partage de la communauté après qu'elle
a été acceptée.* Ce partage s'étend sur l'actif et sur
le passif de la communauté.

10. *Partage de l'actif.* Les époux ou leurs héritiers sont tenus de rapporter à la masse tout ce
qu'ils doivent à la communauté à titre de récompense ou d'indemnité, d'après les règles énoncées
précédemment.

Il faut aussi que chaque époux ou ses héritiers
rapportent les sommes tirées de la communauté ou
la valeur des biens qui y ont été pris pour doter
un enfant d'un autre lit, ou pour doter personnellement l'enfant commun.

Sur la masse des biens l'époux survivant doit
prélever, en premier lieu, ses biens personnels
qui ne sont point entrés en communauté, s'ils
existent en nature, ou ceux qui ont été acquis en
remploi ;

En second lieu, le prix de ses immeubles qui
ont été aliénés durant la communauté et dont il n'y
a point eu de remploi ;

En troisième lieu, les indemnités dont la communauté est débitrice envers lui.

Remarquons ici que les prélèvemens de la femme
doivent se faire avant ceux du mari.

Ils se font pour les biens qui n'existent plus en
nature, d'abord sur l'argent comptant ; ensuite sur

le mobilier, et subsidiairement sur les immeubles de la communauté. Dans ce dernier cas, c'est à la femme ou à ses héritiers qu'il appartient de choisir les immeubles.

Le mari ne peut exercer ses reprises que sur les biens de la communauté.

Mais il en est autrement de la femme et de ses héritiers : si les biens de la communauté sont insuffisans pour leurs reprises, les biens personnels du mari y sont assujettis.

Les remplois et récompenses dus par la communauté aux époux, et les indemnités qu'ils doivent de leur côté à la communauté, emportent les intérêts de plein droit, à compter du jour de la dissolution de la communauté.

Quand les divers prélèvemens ont eu lieu sur la masse de la communauté, le reste se partage par moitié entre l'époux survivant et les héritiers du défunt.

S'il arrive que les héritiers de la femme soient divisés de manière que l'un ait accepté la communauté et que l'autre y ait renoncé, celui qui a accepté ne peut prendre que sa portion virile et héréditaire dans les biens échus au lot de la femme.

Le surplus appartient au mari sous la condition d'être chargé envers l'héritier renonçant des droits que la femme aurait pu exercer en cas de renonciation ; mais seulement jusqu'à concurrence de la portion virile héréditaire du renonçant.

Au reste, les règles relatives au partage de la communauté, et aux effets qui résultent de ce partage sont les mêmes que celles que la loi a appliquées aux partages des successions.

Voyez Succession.

L'époux qui a diverti ou recelé quelques effets

de la communauté, doit être privé de la portion qu'il pouvait prétendre dans ces effets.

Quand après le partage consommé, l'un des deux époux se trouve créancier de l'autre, il doit obtenir le payement de sa créance sur la part échue dans la communauté à l'époux débiteur ou sur ses biens personnels.

Les créances d'un époux contre l'autre ne produisent des intérêts qu'à compter du jour de la demande en justice.

Si l'un des époux a fait une donation à l'autre, elle ne peut être exécutée que sur la part du donateur dans la communauté et sur ses biens personnels.

Le deuil de la femme, même quand elle a renoncé à la communauté, est aux frais des héritiers du mari. La valeur de ce deuil doit être réglée d'après la fortune du mari.

11. *Du passif de la communauté.* Les dettes de la communauté sont pour moitié à la charge de chacun des époux ou de leurs héritiers. Les frais de scellé, d'inventaire, de vente des meubles, de liquidation, de licitation et de partage font partie de ces dettes.

La femme n'est obligée aux dettes de la communauté que jusqu'à concurrence du produit qu'elle en a retiré, pourvu qu'il y ait eu bon et fidèle inventaire et qu'elle ait rendu compte tant du contenu de cet inventaire que de ce qui lui est échu par le partage.

Quant au mari, il est tenu du total des dettes de la communauté, sauf à recourir contre la femme ou contre ses héritiers pour la moitié de ce total.

Mais il n'est obligé qu'au payement de la moitié des dettes personnelles de la femme qui étaient tombées à la charge de la communauté.

La femme peut être poursuivie pour la totalité des dettes qui procèdent de son chef et qui étaient entrées dans la communauté, sauf à exercer son recours contre le mari ou contre ses héritiers pour la moitié de ces dettes.

Remarquez qu'une femme qui s'est engagée pour une dette de communauté, ne peut être poursuivie que pour la moitié de cette dette, à moins que l'obligation ne soit solidaire.

S'il arrive qu'une femme paye plus de moitié d'une dette de la communauté, elle ne peut pas répéter l'excédant de la moitié au créancier, excepté dans le cas où la quittance porte que ce qu'elle a payé était pour sa moitié.

Lorsque le partage de la communauté a attribué à l'un des époux un immeuble hypothéqué à un créancier qui poursuit cet époux pour la totalité de la dette, ce dernier a de droit son recours pour la moitié de cette dette contre l'autre époux ou contre ses héritiers.

Les dispositions précédentes n'empêchent pas que le partage ne puisse charger l'un ou l'autre des co-partageans de payer une quotité de dettes qui excède la moitié et s'étende même à la totalité.

12. *Des effets qui résultent de la renonciation de la femme à la communauté.* Lorsqu'une femme fait cette renonciation, elle perd toute espèce de droit sur les biens de la communauté et même sur le mobilier qui y est entré de son chef. Elle a seulement la faculté d'emporter les linges et hardes à son usage.

Mais la loi lui attribue le droit de reprendre les immeubles dont la propriété lui appartient, lorsqu'ils existent en nature ou ceux qui y ont été substitués en remploi; ou enfin, le prix de ces mêmes immeubles, quand le remploi n'en a pas été fait.

Elle est d'ailleurs fondée à réclamer toutes les indemnités qui peuvent lui être dues par la communauté.

La femme qui a renoncé est déchargée de toute contribution aux dettes de la communauté, tant envers le mari qu'envers les créanciers. Mais elle cesse d'être déchargée envers ceux-ci lorsqu'elle s'est obligée conjointement avec son mari, ou que la dette devenue dette de la communauté provenait originairement de son chef, le tout sauf son recours contre le mari ou contre sa succession.

La renonciation de la femme lui attribue la faculté d'exercer toutes ses actions et reprises tant sur les biens de la communauté que sur ceux qui appartiennent au mari.

13. *De la communauté conventionnelle.* Les époux peuvent modifier et même exclure la communauté légale par toutes sortes de conventions, pourvu qu'elles ne soient pas contraires aux prohibitions que nous avons rapportées à l'art. *Contrat de mariage.*

Les principales modifications dont la communauté légale est susceptible sont, 1° que la communauté n'embrassera que les acquêts:

2° Que le mobilier présent ou futur n'entrera point en communauté ou qu'il n'y entrera que pour partie ;

3° Qu'on y comprendra en totalité ou en partie les immeubles présens ou futurs par la voie de l'ameublissement ;

4° Que les époux payeront chacun leurs dettes antérieures au mariage ;

5° Qu'en cas de renonciation à la communauté, la femme reprendra ses apports francs et quittes ;

6° Que le survivant des époux aura un préciput ;

7° Que les époux auront des parts inégales ;

8° Qu'il y aura entre eux communauté à titre universel.

14. *De la clause qui exclut de la communauté le mobilier en tout ou en partie.* La loi attribue aux époux la faculté d'exclure de leur communauté tout leur mobilier présent et futur.

S'ils ont stipulé qu'ils en mettraient réciproquement dans la communauté jusqu'à concurrence d'une valeur déterminée, cela seul suffit pour faire présumer qu'ils se sont réservé le surplus.

Une telle clause rend l'époux débiteur envers la communauté de la valeur qu'il a promis d'y mettre, et il est tenu de justifier qu'il a exécuté cette promesse.

Il suffit pour cette justification de la part du mari qu'il soit exprimé dans le contrat de mariage, que le mobilier qui leur appartient est de cette valeur.

L'exécution de la promesse de la femme se prouve par la quittance que le mari lui donne ou à ceux qui l'ont dotée.

Chaque époux est fondé à reprendre et à prélever après la dissolution de la communauté, la valeur de ce que le mobilier qu'il a apporté en se mariant ou qui lui est échu postérieurement, excède sa mise en communauté.

Il faut observer que le mobilier qui échoit à l'un des époux pendant le mariage, doit être constaté par un inventaire.

S'il arrivait que la valeur du mobilier échu au mari ne fût justifiée ni par un inventaire, ni par un titre équivalent, déduction faite des dettes, il ne serait pas fondé à exercer la reprise de cette valeur.

Mais il en serait autrement si le défaut d'inventaire s'appliquait au mobilier échu à la femme ;

celle-ci ou ses héritiers seraient admis à faire preuve de la valeur de ce mobilier, tant par titres que par témoins, et même par commune renommée.

15. *De la clause de séparation des dettes.* Lorsque les époux ont stipulé, par leur contrat de mariage qu'ils payeraient chacun séparément leurs dettes personnelles, il en résulte qu'après la dissolution de la communauté, il faut qu'ils se fassent respectivement raison des dettes que la communauté a acquittées à la décharge de l'époux qui en était débiteur.

Cette obligation a lieu soit qu'il y ait eu inventaire ou qu'il n'y en ait point eu : mais lorsque le mobilier apporté par les époux n'a pas été inventorié ni constaté par un état authentique antérieur au mariage, les créanciers de l'un et de l'autre époux sont fondés à poursuivre leur payement sur le mobilier non inventorié comme sur tous les autres biens de la communauté.

Ce droit des créanciers s'étend même au mobilier qui vient à échoir aux époux durant la communauté, quand il n'a pareillement pas été constaté par un acte authentique.

Si les époux apportent dans la communauté une somme certaine ou un corps certain, on présume qu'un tel apport n'est grevé d'aucune dette antérieure au mariage ; en conséquence, l'époux débiteur est tenu de faire raison à l'autre époux de ce qui a pu diminuer cet apport.

Au reste, la clause de séparation des dettes n'empêche pas que la communauté ne soit chargée des intérêts ou arrérages qui ont couru depuis le mariage.

Si la communauté vient à être poursuivie pour les dettes d'un époux déclaré, par contrat, franc et quitte de toute dette antérieure au mariage,

l'autre époux a droit à une indemnité à la charge
de l'époux débiteur : cette indemnité doit d'abord
avoir lieu tant sur la part que ce dernier peut
avoir dans la communauté que sur ses biens personnels. Et s'il arrive que cela soit insuffisant, l'indemnité peut être poursuivie par voie de garantie
contre le père, la mère, l'ascendant ou le tuteur
qui ont fait la déclaration que l'époux débiteur
n'avait contracté aucune dette avant le mariage.

Cette garantie peut même être exercée par le
mari durant la communauté, si la dette provient
du chef de la femme ; sauf, en ce cas, le remboursement dû par la femme ou par ses héritiers
aux garans, après la dissolution de la communauté.

16. *Des clauses qui assignent à chacun des
époux des parts inégales dans la communauté.*
Rien n'empêche que les époux ne dérogent au
partage égal que la loi a établi soit en n'attribuant
à l'époux survivant ou à ses héritiers qu'une part
inférieure à la moitié dans la communauté, soit
en ne lui donnant qu'une somme fixe pour tout
droit, soit en stipulant que la communauté entière,
en certains cas, appartiendra à l'époux survivant
ou à l'un d'eux seulement.

Lorsqu'on est convenu qu'un des époux n'aura
dans la communauté qu'une part déterminée, telle
que le tiers ou le quart, cet époux ou ses héritiers
ne peuvent pas être obligés de supporter, dans les
dettes de la communauté, une part plus forte
que celle qui leur a été assignée dans le produit.
Toute disposition contraire serait frappée de nullité.

Quand il a été stipulé que l'un des époux ou ses
héritiers ne pourront prétendre qu'une certaine
somme pour tout droit de communauté, cette
clause est un forfait qui oblige l'autre époux ou ses

héritiers à payer cette somme, quand même les facultés de la communauté seraient insuffisantes à cet égard.

Si la clause n'avait établi le forfait qu'envers les héritiers de l'époux, et que celui-ci eût survécu, il aurait droit au partage légal par moitié.

Lorsque le mari ou ses héritiers retiennent, en vertu de la convention, la totalité de la communauté, ils sont tenus d'en acquitter toutes les dettes, sans que les créanciers puissent exercer aucune action contre la femme ni contre ses héritiers.

Mais si la femme a survécu à son mari, et que moyennant une somme convenue, elle ait le droit de retenir toute la communauté, elle a le choix ou de payer aux héritiers du mari cette somme, et de rester chargée de toutes les dettes, ou de renoncer à la communauté et d'en abandonner aux mêmes héritiers les biens et les charges.

La loi autorise les époux à stipuler que la totalité de la communauté appartiendra au survivant ou à l'un d'eux seulement, sauf aux héritiers de l'autre époux à faire la reprise des apports et capitaux versés de son chef dans la communauté.

Cette convention ne doit pas être envisagée comme un avantage assujetti aux règles et aux formalités concernant les donations, attendu que ce n'est qu'un simple traité intervenu entre associés et pour favoriser un mariage.

17. *De la communauté à titre universel.* Les époux ont la faculté d'établir, par leur contrat de mariage, une communauté universelle de leurs biens tant meubles qu'immeubles, présens et à venir, ou de tous leurs biens présens, ou de tous leurs biens à venir seulement.

18. *Des conventions qui excluent la communauté.* Lorsque, sans se soumettre au régime do-

tal, les époux déclarent qu'ils se marient sans communauté, il ne résulte pas de cette déclaration que la femme ait le droit d'administrer ses biens et d'en percevoir les fruits, attendu que ces fruits sont censés attribués au mari pour soutenir les charges du mariage.

Ainsi le mari conserve l'administration des biens tant meubles qu'immeubles de sa femme, et par suite le droit de percevoir tout le mobilier qu'elle apporte en dot ou qui peut lui échoir durant le mariage, sauf la restitution qu'il est tenu d'en faire quand le mariage vient à se dissoudre, ou qu'il est intervenu judiciairement une séparation de biens.

Lorsque, dans le mobilier provenant de la femme, il se trouve des choses dont on ne peut faire usage sans les consommer, la loi veut qu'il en soit fait un état estimatif au contrat du mariage, ou qu'elles soient constatées par un inventaire, si elles ne sont échues que pendant le mariage : le mari est obligé d'acquitter le prix de ces choses d'après l'estimation.

Le mari est d'ailleurs assujetti aux charges de l'usufruit.

Remarquez que ce qu'on vient de dire n'empêche pas de convenir que la femme percevra annuellement sur ses seules quittances une certaine portion de ses revenus pour ses besoins personnels.

Au reste, les immeubles qu'elle a apportés en dot, dans les circonstances dont il s'agit, ne sont pas inaliénables : mais l'aliénation ne peut pas en être faite sans le consentement du mari, ou, à son refus, sans l'autorisation de la justice.

La doctrine qui précède est fondée sur le chapitre 2 du titre 5 du livre 3 du Code Napoléon.

Voyez si les articles ACQUÊT, CONTRAT DE

MARIAGE, AMEUBLISSEMENT, PRÉCIPUT, CONTINUA-
TION DE LA COMMUNAUTÉ, SÉPARATION DE BIENS,
RÉGIME DOTAL.

COMMUNAUTÉ TACITE.

C'était autrefois une société qui se formait autrement que par le mariage et sans écrit, dans certaines coutumes, entre certaines personnes, par
une habitation et une vie commune pendant un an
et un jour, avec communication de gains et de
profits, et une intention marquée de vivre en
communauté.

Cette sorte de société se trouve aujourd'hui
implicitement abrogée par l'article 1834 du Code
Napoléon, et par l'article 7 de la loi du 30 ventose an 12.

Le premier de ces articles veut que toute société
soit rédigée par écrit quand elle a pour objet une
valeur de plus de 150 francs.

Et suivant le second, les coutumes générales ou
locales doivent cesser d'avoir force de loi dans les
matières traitées par le code qu'on vient de citer.

COMMUNAUX.

Voyez le nombre 8 de l'article BIENS COMMU-
NAUX.

COMMUNE.

Ce terme s'emploie pour désigner indistincte-

Tome I. R

ment une ville, un bourg, un village où il y a une administration municipale.

Lorsqu'on veut intenter une action contre une commune, on doit l'assigner au domicile du maire ou en parlant à sa personne; il n'y a d'exception que pour Paris, où l'assignation doit être donnée au domicile du préfet ou à sa personne.

Il faut que, dans l'un comme dans l'autre cas, l'original de l'exploit d'assignation soit visé par celui auquel on doit en laisser copie. S'il est absent ou qu'il refuse son visa, le juge-de-paix ou le procureur impérial près du tribunal de première instance est chargé de donner ce *visa*, et alors la copie de l'exploit doit être laissée à ce fonctionnaire. C'est ce qui résulte du Code de procédure civile.

Remarquez que, par l'article 49 du même Code, les actions ou demandes qui intéressent les communes sont dispensées du préliminaire de la conciliation.

Ces sortes de demandes doivent être communiquées au ministère public, conformément à l'article 83 du Code cité.

Et l'article 481 veut que les communes qui n'ont pas été défendues ou qui ne l'ont pas été valablement, aient la faculté de se pourvoir, par la voie de requête civile, contre les jugemens rendus à leur préjudice en dernier ressort, tant à cause de ce défaut de défense valable, que pour les cas spécifiés dans l'article précédent.

Au surplus, il est nécessaire que les communes qui veulent former une demande en justice, se conforment aux lois administratives, ainsi que cela leur est prescrit par l'article 1032.

Remarquez que, suivant l'article 2045 du Code Napoléon, une commune ne peut transiger sur une contestation née ou à naître, sans avoir été autorisée à cet effet par l'Empereur.

La li du 29 vendémiaire an 5 a réglé que les actions qui intéressaient les communes seraient suivies par les agens et les adjoints municipaux, et celle du 28 pluviose an 8 a chargé les maires et les adjoints de remplir les fonctions administratives qu'exerçaient les fonctionnaires désignés dans la loi de vendémiaire ; mais ni l'une ni l'autre de ces lois n'avait prévu le cas où des sections d'une même commune seraient en contestation relativement à des intérêts particuliers, et par conséquent il n'y avait aucun mode déterminé pour suivre de pareilles contestations devant les tribunaux.

Le Gouvernement a fait cesser l'incertitude sur ce point, par un arrêté du 24 germinal an 11. Il est intervenu au sujet des prétentions réciproques que formaient les sections de la commune de Sainte-Marie, concernant une possession de bois.

Cet arrêté a ordonné que le sous-préfet de l'arrondissement dans lequel la commune de Sainte-Marie se trouvait comprise, désignerait dix citoyens pris parmi les plus imposés, dont cinq pour une partie des sections de cette commune, et cinq pour l'autre partie.

Ces dix citoyens ont dû former une commission, et se rassembler chez le sous-préfet pour y exposer les motifs de plainte et de contestation des sections qu'ils représentaient, et délibérer s'il y avait lieu d'intenter ou de soutenir le procès.

Ces règles doivent être observées dans toutes les communes qui peuvent se trouver dans le même cas que celle de Sainte-Marie.

Quand les parties ne se sont pas conciliées, le procès-verbal de l'assemblée tendant à obtenir l'autorisation de plaider, doit être adressé au conseil de préfecture, afin qu'il accorde ou qu'il refuse cette autorisation.

Si elle est accordée, les membres élus par le sous-préfet doivent choisir, chacun pour les sections qu'ils représentent, un d'entr'eux, qui est chargé de suivre l'action devant les tribunaux.

Il faut remarquer que ce choix ne peut tomber ni sur le maire, ni sur l'adjoint de la commune.

Des formalités necessaires pour intenter action contre des communes.

Un édit du mois d'août 1683 a défendu aux créanciers des communes d'intenter contre elles envers les maires, les échevins, les syndics ou autres officiers municipaux, aucune action, même pour emprunt légitime, avant d'avoir obtenu à cet effet la permission par écrit des intendans ou commissaires départis, à peine de nullité des procédures qui auraient eu lieu à cet égard, et des jugemens rendus en conséquence.

Et par un arrêté du 17 vendémiaire an 10, le Gouvernement a ordonné que les dispositions de cet édit seraient exécutées dans toute la république, sous la seule différence qu'il faudrait que la permission que les intendans supprimés pouvaient accorder, fût obtenue des conseils de préfecture.

Remarquez en outre que quand les tribunaux ont prononcé des condamnations contre des communes, et que pour l'exécution de ces condamnations il y a lieu de faire une répartition entre les habitans, c'est à l'autorité administrative qu'il appartient de pourvoir à cet objet.

C'est en conformité de cette règle que, par un arrêté du 12 brumaire an 11, le Gouvernement a déclaré qu'il fallait regarder comme non avenues les dispositions de deux jugemens du 1er fructidor an 9 et du 7 germinal an 10, par lesquels le tribunal civil de Fontenay avait ordonné que dix des principaux habitans de la commune de Nalliers seraient tenus de faire l'avance des condamnations prononcées contre cette commune.

De la responsabilité des communes.

La question de savoir si quand une commune est dans le cas de la responsabilité, le procès-verbal des officiers municipaux est absolument indispensable pour l'application de cette responsabilité, a été renvoyée par Sa Majesté l'Empereur à l'avis du conseil d'état : en conséquence, ce conseil, après avoir entendu les sections réunies de législation et de l'intérieur, a considéré, 1° que, l'article 4 du titre 5 de la loi du 10 vendémiaire an 4, supposait nécessairement d'autres pièces que les procès-verbaux des officiers municipaux, puisqu'elle statuait que les dommages-intérêts seraient fixés sur le vu des procès-verbaux et des autres pièces constatant les voies de fait, excès et délits;

2° Que ce serait rendre illusoire la mesure de la responsabilité des communes, que d'envisager la formalité du procès-verbal des officiers municipaux comme absolument indispensable pour appliquer cette mesure, attendu que ces officiers, soit par faiblesse ou par ménagement, et même par des vues d'intérêt personnel, se dispensaient presque toujours de dresser procès-verbal des délits qui donnaient lieu à la responsabilité;

3° Que, par ces derniers motifs, l'admission de la nécessité d'un procès-verbal des officiers municipaux aurait de funestes effets, surtout à l'égard de la perception des contributions indirectes et de la prohibition de certaines marchandises à l'entrée ou à la sortie.

D'après ces considérations, le conseil d'état a pensé que lorsqu'une commune était dans le cas de la responsabilité, le procès-verbal des officiers municipaux n'était pas absolument indispensable pour l'application de cette responsabilité.

Un décret impérial du 5 floréal an 13 a approuvé cet avis. Il est inséré au bulletin des lois.

COMMUNICATION.

C'est l'action de communiquer une affaire au ministère public.

L'article 83 du Code de procédure a statué que l'on communiquerait au procureur impérial, 1° les causes qui concerneraient l'ordre public, l'état, les domaines, les communes, les établissemens publics et les dons ou legs qui s'appliqueraient aux pauvres ;

2° Celles qui auraient pour objet l'état des personnes et des tutelles ;

3° Les déclinatoires pour raison d'incompétence ;

4° Les règlemens de juges, les récusations et les renvois pour cause de parenté ou d'alliance ;

5° Les prises à partie ;

6° Les causes des femmes non autorisées par leurs maris, et même lorsqu'elles sont autorisées, s'il est question de leur dot, et qu'elles soient mariées sous le régime dotal ;

7° Les causes des mineurs, et en général toutes celles où l'une des parties est défendue par un curateur ;

8° Les causes qui concernent ou intéressent les personnes présumées absentes.

Le procureur impérial est d'ailleurs en droit de prendre communication de toutes les autres causes dans lesquelles il croit que son ministère est nécessaire ; cette communication peut même être ordonnée d'office par le tribunal.

Dans le cas d'absence ou d'empêchement lé-

gitime du procureur impérial et de ses substituts,
l'article 84 a réglé qu'ils seraient remplacés par
l'un des juges ou suppléans.

COMMUNICATION DE PIÈCES.

La communication des pièces d'un procès étant
d'une utilité incontestable pour parvenir à la connaissance de la vérité, l'article 188 du Code de
procédure a statué que les parties litigantes pourraient respectivement demander que les pièces
produites contre elles leur fussent communiquées
dans les trois jours où ces pièces auraient été si-
gnifiées ou employées.

Cette communication doit se faire entre avoués
sur récépissé ou par dépôt au greffe. L'article 189
a établi que ces pièces ne pourraient être déplacées, à moins qu'il n'y en eût minute, ou que les
parties intéressées n'y eussent consenti.

Quoique la loi ait fixé un délai de trois jours
pour la communication dont il s'agit, les avoués,
par leurs récépissés, et les tribunaux, en ordonnant cette communication, ont la faculté de spécifier un autre délai. *Article* 190.

Lorsqu'après l'expiration du délai déterminé,
l'avoué qui a les pièces en communication ne les
a pas rétablies, la partie adverse peut, sur une
simple requête, et même sur simple mémoire, obtenir une ordonnance portant que cet avoué sera
contraint à ce rétablissement incontinent et par
corps, même à payer trois francs de dommages
et intérêts à cette partie par chaque jour de retard, à compter de celui de la signification de
cette ordonnance, outre les frais occasionnés par
sa contravention, lesquels doivent être à sa charge,

sans pouvoir les répéter. C'est ce qui résulte de l'article 191.

L'article 192 veut qu'en cas d'opposition l'incident soit réglé sommairement, et que si l'avoué succombe, il soit condamné personnellement aux dépens de l'incident, et même à tels autres dommages-intérêts et peines qui peuvent dériver des circonstances.

En matière criminelle, l'article 302 du Code d'instruction criminelle veut qu'après l'interrogatoire d'un accusé, son conseil puisse communiquer avec lui.

Ce conseil peut aussi prendre communication de toutes les pièces du procès, mais sans déplacement et sans retarder l'instruction.

Et l'article 305 du même Code autorise les conseils des accusés à faire prendre à leurs frais des copies des pièces qu'ils croient utiles à la défense de ces accusés.

Au reste, il ne peut être délivré gratuitement aux accusés, en quelque nombre qu'ils puissent être, et dans tous les cas, qu'une seule copie des procès-verbaux constatant le délit, et des déclarations écrites des témoins.

COMMUTATION DE PEINE.

C'est, en matière criminelle, le changement d'une peine encourue en une autre peine moins rigoureuse.

La commutation de peine est une grâce qui ne peut être accordée que par l'Empereur, en vertu de l'article 86 du sénatus-consulte du 16 thermidor an 10.

COMPARAISON D'ÉCRITURES.

C'est la confrontation que l'on fait de deux écritures l'une avec l'autre, pour reconnaître si elles sont de même main.

On appelle *pièces de comparaison*, des pièces reconnues qu'on produit pour les confronter avec celles qui sont à vérifier.

Suivant l'article 8 du titre 12 de l'ordonnance du mois d'avril 1667, la vérification par comparaison d'écritures, doit se faire par des experts sur les pièces de comparaison dont les parties conviennent, et pour cette fin elles doivent être assignées.

Si, au jour de l'assignation, l'une des parties ne comparaît pas ou ne veut point nommer d'experts, la vérification doit se faire sur les pièces de comparaison par les experts que la partie présente a nommés, et par ceux que nomme le juge au lieu de la partie qui n'a point comparu, ou qui a refusé d'en nommer. C'est ce qui résulte de l'article 9 du titre cité, et c'est aussi une conséquence de l'article 8 de l'édit du mois de décembre 1684.

Nous observerons ici qu'en matière de comparaison d'écritures, la déposition même uniforme des experts ne fait jamais une preuve suffisante, à cause de l'incertitude de leur art sur cet objet.

En effet, des experts écrivains peuvent bien établir qu'il y a de la conformité ou de la différence entre des écritures comparées ; mais ils n'ont aucune règle pour prononcer avec certitude que deux écritures sont d'une même main, ou de deux différentes mains.

On pourrait appuyer cette doctrine sur un grand nombre de faits : nous nous contenterons d'en rapporter quelques-uns.

Des chanoines de Beauvais ayant été accusés d'avoir écrit des lettres qui tendaient à troubler la tranquillité publique, furent arrêtés et conduits au château de Vincennes. La Reynie, lieutenant-général de police, et commissaire en cette partie, leur présenta ces lettres, qu'ils reconnurent sur-le-champ pour être de leur écriture ; mais après qu'elles leur eurent été lues, ils protestèrent qu'ils ne les avaient point écrites ; en effet, leur écriture avait été imitée, et le coupable ayant été arrêté, il subit la peine due à son crime.

Le cardinal de Bissy et l'abbesse de Jouarre ayant reçu différentes lettres anonymes injurieuses, les ennemis de Colot, vicaire à Jouarre, le firent soupçonner de les avoir écrites. Trois experts, maîtres écrivains à Meaux, ayant comparé ces lettres anonymes avec de véritables lettres du vicaire, décidèrent unanimement qu'elles étaient toutes de la même main. Le cardinal de Bissy ne s'en tint pas là ; il envoya les lettres à Paris, et quatre autres habiles experts écrivains confirmèrent la décision de ceux de Meaux. En conséquence, il y eut un interdit prononcé contre Colot, quoiqu'innocent ; car l'auteur du délit, touché de regret, découvrit la fourberie.

Enfin, Fleury, curé de Saint-Victor d'Orléans, ayant été accusé d'avoir fabriqué une lettre impertinente adressée au duc d'Orléans, régent, et d'avoir voulu imputer cette lettre à l'évêque d'Orléans par l'imitation de sa signature, on instruisit son procès. Quatre experts écrivains de Paris furent entendus, et rapportèrent que la lettre avait été écrite par Fleury ; cependant son innocence fut reconnue, car on découvrit le véritable auteur de la lettre.

Il n'y a donc rien en général de si incertain ni de si peu digne de déterminer l'opinion d'un juge, que la preuve résultante de la comparaison d'écritures.

Cependant, en matière civile, le rapport des experts écrivains fait présumer que la signature déniée est vraiment de celui auquel elle est attribuée par l'acte qui en porte l'empreinte, et cette présomption suffit pour le faire condamner, s'il n'établit pas la fausseté du rapport même.

C'est ce que fait entendre l'article 144 de l'ordonnance d'Orléans de 1560 : « Entre marchands, » et non autres, y est-il dit, toutes cédules ou » promesses reconnues ou *dûment vérifiées* par-» devant nos juges ordinaires, emporteront gar-» nison et contrainte par corps ».

Par l'article 8 de l'ordonnance de 1563, « ceux » qui nient leur seing apposé en leurs cédules ou » promesses par écrit, seront condamnés, *après* » *la vérification faite au contraire*, au double de » la somme portée par lesdites cédules ou pro-» messes, sans que les juges puissent la modérer ».

L'article 11 de l'édit du mois de décembre 1684 dit la même chose.

Et c'est ce qui faisait observer au conseiller d'état Pussort, lors de la rédaction de l'ordonnance de 1667, sur l'article 9 du titre 12, « que » l'expert est beaucoup plus juge de l'affaire que » le juge même ».

Voyez les articles FAUX, RECONNAISSANCE, EX-PERTS, etc.

COMPARTITEUR.

Ce terme s'emploie dans l'ordre judiciaire, pour indiquer un des juges qui, en délibérant sur une contestation, a le premier ouvert un avis contraire à celui du rapporteur, d'où s'est ensuivi un partage d'opinions.

Autrefois, sous l'ancien régime, lorsqu'il y avait un partage d'opinions dans une chambre du parlement, le rapporteur et le compartiteur se rendaient dans une autre, où ils exposaient les motifs de leurs avis respectifs, et la contestation s'y jugeait conformément à l'avis de l'un ou de l'autre. On n'en use plus de même aujourd'hui : le partage se vide dans la même chambre, en y appelant un nouveau juge.

Au surplus vous observerez qu'il ne peut y avoir de compartiteur qu'en matière civile, attendu que dans le cas de partage en matière criminelle, le jugement se forme d'après l'avis le plus doux.

COMPARUTION.

C'est l'acte que fait celui qui se présente en justice, ou devant un notaire, ou autre officier public.

Il y a des actes de justice, où la comparution doit avoir lieu en personne, même en matière civile, comme quand il s'agit d'être interrogé sur faits et articles pertinens, ou de prêter serment.

Mais ordinairement on peut se faire représenter par un fondé de procuration.

Lorsqu'en justice de paix l'une des parties ne comparaît pas au jour indiqué par la citation, l'article 19 du Code de procédure civile veut que la cause soit jugée par défaut.

Mais quand le délai pour la comparution n'a pas été observé dans la citation, et que le défendeur ne comparaît pas, il faut qu'en conformité de l'article 5 du même Code, on ordonne que le défendeur sera réassigné, et alors les frais de la première citation doivent être à la charge du demandeur.

Remarquez que dans les cas urgens, le juge de paix peut donner une cédule pour abréger les délais, et même pour citer dans le jour et à l'heure indiquée.

Dans ces cas, et lorsque la citation est d'ailleurs régulière, la partie qui ne comparaît pas peut être condamnée par défaut; mais elle est autorisée par l'article 20 du Code cité à former opposition au jugement dans les trois jours de la signification que lui en a faite l'huissier de ce juge de paix, ou autre commis par ce juge.

Dans les matières soumises à la juridiction du tribunal de police ou du tribunal correctionnel, les prévenus doivent en général se présenter en personne : il faut toutefois observer que l'article 161 de la loi du 3 brumaire de l'an 4, autorise un prévenu à comparaître devant le tribunal de police par un fondé de procuration spéciale ; mais il ne peut pas être assisté d'un défenseur officieux ou conseil.

Au surplus, si pour être mieux instruit des faits, le tribunal voulait entendre le prévenu lui-même, rien n'empêcherait d'ordonner que ce prévenu serait tenu de comparaître en personne à un jour déterminé.

Lorsqu'un prévenu cité devant un tribunal de police, ne comparaît ni par lui-même ni par un fondé de procuration, il doit être jugé par défaut.

Lorsqu'en matière correctionnelle il s'agit d'un délit qui donne lieu à l'emprisonnement, le prévenu est tenu de comparaître en personne, mais il peut se faire assister d'un conseil.

Voyez les articles Défaut, Opposition, Citation, Instruction, Jugement, etc.

COMPATIBILITÉ.

Ce terme s'emploie pour marquer que deux ou plusieurs places ou fonctions publiques peuvent être remplies par un même individu. C'est le corrélatif d'*incompatibilité*. *Voyez ce dernier mot.*

COMPENSATION.

SOMMAIRES.

1. *Définition.*
2. *Des propriétés, de la nature et des effets de la compensation.*
3. *Dettes pour lesquelles la compensation peut être admise.*
4. *Des créanciers auxquels on peut opposer la compensation.*

1. *Définition.* La compensation est une libération réciproque entre deux individus qui se trouvent en même temps créanciers et débiteurs l'un de l'autre ; de manière que chacun d'eux retient en payement de la somme qui lui est due, celle qu'il doit à l'autre. C'est, comme on le voit, une sorte de payement fictif qui se fait de part et d'autre, sans bourse délier.

2. *Propriétés, nature et effets de la compensation.* Il résulte de la définition que nous venons de donner, que toute compensation suppose nécessairement deux dettes, et deux payemens qui s'opèrent en même temps, dans lesquels les créanciers et les débiteurs respectifs ne se donnent autre chose l'un à l'autre que leurs seules quittances, au moyen de quoi les dettes se trouvent de part et d'autre, ou anéanties en totalité, si les sommes qui font l'objet de la contestation sont égales, ou seulement diminuées jusqu'à concurrence de la plus petite dette sur la plus considérable, si les sommes réciproquement dues sont inégales.

La compensation est donc un des moyens par lesquels l'action personnelle peut s'éteindre.

L'utilité de la compensation est sensible, puisqu'on voit qu'elle évite le circuit de deux payemens qu'il y aurait réellement à faire, s'il fallait que chacun des deux débiteurs, en même temps créanciers l'un de l'autre, payât d'abord la somme qu'il doit, et la reprît ensuite, pour être payé à son tour.

Il est de principe constant en jurisprudence, que la compensation étant naturelle et fondée sur l'équité, elle a d'elle-même son effet et de plein droit, parce que la loi l'assimile à un véritable payement, qui fait cesser l'action du créancier contre son débiteur. *Compensatio solutioni æquiparatur et tollit ipso jure actionem. Leg.* 4, *ff. qui potiores in pignore*, etc.

Elle est en conséquence regardée comme un moyen introduit par l'équité naturelle et par la loi civile, pour opérer la libération du débiteur, et pour le soustraire aux poursuites d'un créancier qui lui doit de son côté. Il ne serait pas raisonnable d'une part de recevoir une chose qu'on serait contraint de restituer sur-le-champ, suivant l'axiome de droit, qui dit *dolo facit qui petit quod redditurus est eidem.* Leg. 8, *ff. de dolo.* Et il est d'une autre part plus avantageux de n'avoir pas à payer, que d'être ensuite obligé de se faire rendre ce qu'on a d'abord été forcé de donner en payement, *ex parte vero rei utilius est non solvere, quàm repetere solutum.* Leg. 3, *ff. de solutionibus.* Il est sans doute plus utile d'être autorisé à retenir la chose, que de n'avoir ensuite qu'une simple action pour la répéter.

L'article 105 de la coutume de Paris, qui déclare que la compensation de liquide à liquide se fait de droit, est devenue une disposition de droit commun, généralement suivie partout en matière de compensation.

Quand une affaire où la compensation peut avoir lieu est portée en justice, le défendeur se constitue incidemment demandeur par requête, de la somme que lui doit le créancier qui le poursuit, et il conclut à ce qu'il soit fait compensation de cette somme avec celle qu'il doit au demandeur. Il peut même demander incidemment la compensation en tout état de cause, par une requête qui se dresse de la même manière que toutes les autres demandes incidentes.

La compensation, disent les docteurs, a d'elle-même son effet et de plein droit, sans être demandée, quand même ceux entre lesquels elle peut avoir lieu ne s'en aviseraient pas, et quand même ils ignoreraient la nature et la quotité des dettes qu'ils auraient à compenser entre eux. Il suffit qu'ils soient en même temps créanciers et débiteurs l'un de l'autre, pour que ces qualités se confondent et s'anéantissent réciproquement.

Ainsi, par exemple, deux héritiers de deux successions différentes, qui n'auraient pas encore acquis la connaissance des biens qui leur seraient échus, s'ils se trouvaient en cette qualité respectivement débiteurs, l'un d'une somme produisant des intérêts., et l'autre d'une somme qui n'en porterait pas, ces intérêts, dans ce cas, cesseraient de courir, soit en totalité, si les dettes étaient égales, soit jusqu'à concurrence de la moindre dette, et à compter du jour que la dernière se trouverait être échue.

C'est encore une conséquence du même principe, que si deux personnes, telles, par exemple, qu'un tuteur et son pupille, des cohéritiers, des associés ou d'autres ayant des intérêts communs, se doivent mutuellement, leurs comptes et calculs doivent être faits année par année, lorsqu'il s'y trouve des sommes qui produisent des intérêts, et cela afin que les compensations et les déductions se fassent, eu égard aux temps auxquels les sommes dues se trouvent concourir pour les compensations, et que les intérêts de ces mêmes sommes courent ou cessent de courir selon les changemens que les compensations peuvent y apporter par l'extinction des sommes compensées ou déduites.

Lorsque nous disons, au reste, que la compensation a son effet d'elle-même et sans qu'elle soit demandée, il ne faut pas entendre par-là que le débiteur, qui est aussi créancier, soit dispensé pour cela de former sa demande en compensation devant le juge ; il est nécessaire de mettre sous ses yeux les titres sur lesquels elle est fondée, pour qu'il soit en état de l'ordonner en connaissance de cause ; car ce juge ne saurait deviner si, dans le fait, il y a une compensation à faire, et si le créancier est réciproquement débiteur ; il ne saurait juger que *secundùm allegata et probata* ; de sorte qu'il ne peut avoir aucun égard à la com-

Tome IV. S

pensation, s'il n'est pas instruit qu'il y a lieu de l'ordonner.

Mais il n'en est pas moins vrai de dire malgré cela, qu'elle a toujours son effet par elle-même et de plein droit, en ce qu'elle a lieu non seulement du jour qu'elle a été demandée en justice, mais même de celui auquel le concours des deux dettes a donné ouverture à la compensation ; de sorte que c'est de ce jour qu'elle a force de payement, et que les intérêts de la somme acquittée par la compensation, ont cessé de courir au profit du créancier. C'est le sentiment des auteurs, et de Dumoulin entre autres ; et cela, ajoute ce dernier, quand même l'une des dettes compensées porterait des intérêts, et que l'autre n'en produirait pas.

Du principe établi que la compensation se fait de droit, il résulte encore que le juge non seulement peut, mais doit même, dans le cas de demandes respectives, compenser d'office les dettes, lorsqu'il y a lieu, soit que par cette compensation les parties doivent se trouver entièrement quittes l'une envers l'autre, soit qu'après qu'elle aura été consommée, l'une d'elles doive être condamnée au payement du surplus qu'elle se trouvera redevoir.

Nous devons enfin conclure de ces observations, qu'en général la compensation est moins une action et une demande en elle-même, qu'une exception proposée contre la demande d'un créancier qui, par l'évènement, est le débiteur de son débiteur.

Cette exception, au reste, a paru si indispensable pour entretenir le commerce entre les hommes, et pour le maintien de leurs droits, qu'elle a toujours été regardée favorablement. Aussi est-il libre aux débiteurs de l'opposer à leurs créantiers toutes les fois que ceux-ci se trouvent leur devoir quelque somme susceptible de compensation.

Elle peut, en conséquence, se proposer à l'égard d'une dette pour raison de laquelle on aurait déjà commencé à procéder ; on est admis à la demander en cause d'appel, quoiqu'on ait négligé d'en exciper en première instance ; on peut enfin la faire valoir en tout état de cause, même après avoir été condamné par jugement en dernier ressort, attendu que c'est une des exceptions qui tient lieu de payement, et qui par conséquent se proposent autant contre l'exécution d'un jugement, et pour empêcher le payement effectif, que contre l'action intentée : d'ailleurs, le débiteur n'est pas obligé d'avoir recours à ce moyen avant d'avoir été condamné.

Il est au surplus à remarquer que lorsque la compensation est demandée contre l'exécution d'un jugement, elle suffit pour arrêter les saisies-exécutions et toutes les poursuites ultérieures du créancier.

Il est pareillement de maxime, que si le débiteur, qui pouvait opposer la compensation, a payé une somme à son créancier, il peut la répéter, comme ayant payé ce qu'il ne devait pas.

On a de même, en pareil cas, la faculté d'exercer purement et simplement l'action qui résulte de l'omission d'avoir opposé la compensation ; mais en exerçant cette action, on ne pourrait pas, au préjudice des tiers, se prévaloir des priviléges et hypothèques dont on aurait pu user sans cette omission, à moins qu'on n'eût eu une juste cause d'ignorer la créance à laquelle devait s'appliquer la compensation. C'est ce qui dérive de l'article 1299 du Code Napoléon.

Par une suite de la faveur due à la compensation, il est de règle que lorsqu'une dette peut se compenser avec plusieurs autres, la compensation s'impute toujours par préférence sur la dette la plus onéreuse; sur une dette, par exemple, privilégiée et chargée d'hypothèque, plutôt que sur celle qui ne l'est pas; sur celle encore qui produit des intérêts, plutôt que sur celle qui en est exempte; sur la dette pour laquelle on a une caution, avant celle qui a été contractée sans caution.

On trouve, dans les arrêts de Catelan, l'espèce d'une contestation qui a été jugée par arrêt du parlement de Toulouse, du mois de février 1693, conformément à la doctrine que nous venons d'exposer. Jean devait à Pierre deux sommes de mille livres chacune, dont une seulement était privilégiée; mais Jean était en même temps créancier de Pierre d'une somme de mille livres. Les biens de Jean furent mis par la suite en distribution, et Pierre y demanda son allocation pour la plus ancienne et la plus privilégiée des deux sommes qui lui étaient dues par Jean, et il observa que les mille livres qu'il devait lui-même à Jean avaient été compensées avec sa créance de mille livres non privilégiée. Mais les créanciers établirent, contre cette prétention de Pierre, que le débiteur ni son créancier n'ayant point exprimé la cause du payement, et étant de principe, en pareil cas, que le payement était censé avoir été fait pour éteindre la dette la plus onéreuse, il fallait en dire de même de la compensation qui était réputée avoir été faite avec la somme la plus privilégiée; qu'ainsi celle qui restait due, et pour laquelle seule Pierre pouvait avoir son allocation, était la moins privilégiée : c'est aussi ce qui fut jugé par l'arrêt que nous rapportons, nonobstant la compensation faite par Jean avec celle de ses deux dettes qui n'était pas privilégiée : considération qui ne pouvait être d'aucun poids auprès des juges, suivant le principe que nous venons d'établir, d'autant plus que le débiteur discuté n'avait pas pu favoriser un de ses créanciers au préjudice des autres.

Il est bon de remarquer encore qu'un des principaux effets de la demande en compensation est d'empêcher le cours de la prescription, lorsque les deux dettes sont liquides et de nature à être compensées de droit; c'est, entre autres, le sentiment de Duperrier dans ses questions, ce qui est conforme au principe suivant lequel la compensation équivaut à un véritable payement et en a tous les effets; d'où il faut conclure que la demande en compensation met à la prescription le même obstacle qu'y mettrait la demande en payement même.

3. *Dettes pour lesquelles la compensation peut être admise.* Le premier principe sur cette matière est qu'il ne suffit pas qu'il y ait dette de part et d'autre pour pouvoir en demander la compensation; mais il faut encore qu'il y ait ressemblance et identité entre ces dettes. C'est le seul fondement de la compensation par laquelle, suivant que nous l'avons observé plus haut, le juge feint que celui qui doit une somme, et à qui pareille somme est due, a payé son créancier, et en a été en même temps payé.

D'où il résulte qu'il est indispensable, en premier lieu, que les dettes qu'il s'agit de compenser de part et d'autre soient réciproquement claires et liquides; car celle des deux qui ne serait pas telle, ou qui serait sujette à contestation, ne pourrait pas être compensée avec une dette claire et liquide.

Cette règle, tirée du droit romain, et particulièrement adoptée par la coutume de Paris, qui en a une disposition expresse à l'article 105, est générale pour toute la France.

Ainsi, une dette litigieuse, un droit incertain, une prétention douteuse et non réglée, un compte qui n'est pas arrêté; une obligation conditionnelle n'empêcheraient pas l'exécution et les poursuites que ferait le créancier pour une dette claire et liquide, et ne pourraient valablement se proposer pour compensation; car si l'une des deux dettes seulement est claire et liquide, et que l'autre soit sujette à contestation, ce n'est plus alors le cas de la compensation, mais simplement de la reconvention, action dont l'objet est de faire constater et reconnaître la dette.

A l'égard de la liquidité des dettes, c'est au juge devant lequel la compensation est demandée, à discerner la dette claire et liquide, d'avec celle qui ne l'est pas : mais si l'une des parties opposait à l'autre que sa dette n'est pas liquide, il est évident qu'alors le juge ne pourrait avoir aucun égard à la compensation proposée, ni suspendre la condamnation du débiteur au payement d'une dette dont la liquidité ne serait point contestée au créancier. Une pareille discussion pouvant entraîner des longueurs au préjudice de ce créancier, elle doit être réservée pour être jugée ensuite séparément.

Si néanmoins le litige élevé sur la question de liquidité n'était ni fort compliqué ni difficile à résoudre, le juge pourrait, dans ce cas, accorder un bref délai pour cette discussion, sans préjudicier au créancier auquel la compensation est opposée.

Lorsqu'on dit, au reste, que les dettes à compenser doivent être claires et liquides de part et d'autre, la liquidité doit s'entendre uniquement de la certitude et de la quotité des dettes, mais non de l'égalité du titre et de l'estimation de la chose.

Deux créances peuvent être claires et liquides, et conséquemment de nature à être compensées, quoiqu'elles procèdent de diverses causes, de contrats ou engagemens différens. Par exemple, je suis votre débiteur en vertu d'une obligation passée par-devant notaire ; vous me devez, de votre côté, une somme fixe et certaine contenue en votre simple billet ; la compensation aura lieu entre nous, quoique débiteurs et créanciers en même temps l'un de l'autre par différens titres, parce que nos créances respectives n'en sont pas moins constantes ni moins liquides, quoiqu'elles procèdent de diverses obligations.

Au sujet de la liquidité des dettes, on demande si une dette en grains est liquide, et si, en conséquence, on peut en demander la compensation avec une dette en argent. Mœvius, par exemple, doit cent pistoles à Titius, et celui-ci doit à Mœvius une certaine quantité de grains : il paraîtrait d'abord que les deux dettes ne sont pas de nature à être compensées. Cependant, si la dette en grains peut être facilement liquidée, Mœvius en obtiendra la compensation avec la dette en argent ; d'autant plus qu'en matière de compensation les dettes en grains sont réputées liquides, et elles se compensent avec les dettes en argent : c'est, entr'autres, le sentiment de Brodeau, qui observe à ce sujet que la dette en grains est certaine et liquide. Il est en effet facile, ajoute-t-il, d'en faire l'appréciation en argent sur l'extrait de la valeur des gros fruits qui est au greffe de toutes les juridictions, suivant ce qu'ont prescrit l'article 17 de l'ordonnance de Charles VII, du 19 septembre 1439, qui est particulière pour la ville de Paris, et les articles 94, 102 et 104 de l'ordonnance de François Ier de 1539, qui est générale pour toute la France. Cela est encore conforme à l'art. 76 de la même ordonnance, qui permet de saisir et de mettre en criées les grains ou autres espèces dues par obligation ou par un jugement exécutoire, quand même il n'y aurait point eu d'appréciation, parce que cette appréciation peut aussi bien se faire après les saisies et criées qu'auparavant.

Ainsi, une certaine quantité de grains ou d'autres denrées qui ont une évaluation fixe, peut être compensée sans difficulté avec une somme claire et liquide. Brillon, dans son dictionnaire, rapporte un arrêt du parlement de Grenoble, du 27 septembre 1653, qui a admis, dans un pareil cas, la compensation d'une dette en deniers avec des grains appréciés suivant l'évaluation des gros fruits de la chambre des comptes. Il est hors de doute, alors que cette évaluation générale peut tenir lieu d'une liquidation particulière, dans les occasions où de pareils objets se trouvent à compenser.

Ainsi, dans ce cas, la diversité qui se trouve entre nos deux dettes, dont l'une est en deniers, et l'autre en grains ou en autres espèces non estimées, ne saurait mettre obstacle à la compensation demandée.

Indépendamment de la raison d'équité naturelle, les jurisconsultes appuyent cette décision sur la disposition de l'article 166 de la coutume de Paris. Cet article porte qu'on ne pourra procéder par voie d'arrêt, saisie et exécution, en vertu d'une obligation ou d'un jugement, si la chose, pour raison de laquelle on fait ces sortes de poursuites, n'est certaine et liquide, *en somme ou en espèce,* porte expressément l'article de la coutume que nous citons; et dans ce cas il est dit que si l'espèce est sujette à appréciation, on pourra ajourner, afin de l'apprécier.

Il résulte, d'une semblable disposition, que puisque l'on peut exécuter pour une dette *certaine et liquide en espèce*, à la charge de l'appréciation, on peut, par la même raison, la donner en compensation, en observant néanmoins d'ajourner, afin d'apprécier les grains dus ou autres espèces, s'il y a lieu à l'appréciation.

Voyez le second alinéa de l'article 1291 du Code Napoléon.

Observez encore que, quoique la compensation ne se fasse que d'une dette claire et liquide avec une autre également liquide, si cependant la dette n'avait été liquidée qu'en jugeant, le juge faisant en cela fonction d'arbitre, cette liquidation aurait son effet et ferait cesser les intérêts de la somme avec laquelle il s'agirait de compenser celle qui aurait été liquidée par le juge. Chorier, en sa jurisprudence de Guypape, cite un arrêt du parlement de Grenoble, du 19 juillet 1679, qui a jugé conformément à cette maxime.

Mais ce n'est pas assez que les dettes qui sont à compenser soient de part et d'autre claires et liquides ; il faut encore qu'elles soient échues, et que les deux créanciers puissent réciproquement les exiger au moment où la compensation en est demandée. La raison en est simple ; car, suivant que nous l'avons observé plus haut, la compensation opère deux payemens, et l'on ne peut être contraint de payer que les sommes dont le terme du payement est échu.

Si cependant le créancier à terme prouvait que le créancier dont la dette est échue a éprouvé, depuis la création de la dette à terme, un dérangement notable dans sa fortune, il pourrait opposer la compensation en offrant de déduire les intérêts ou l'escompte de sa créance à terme. C'est ce qui a été jugé par arrêt du parlement de Flandre, du 1er mai 1775, dans le cas d'une faillite.

Du principe établi qu'on ne peut compenser que les dettes exigibles, il résulte qu'une créance saisie ne peut être compensée avec une dette qui est libre. C'est ce qu'a jugé un arrêt du 9 décembre 1761, rendu par la grand'chambre du parlement de Paris. Suivant cet arrêt, que rapporte Denisart au mot *compensation*, le parlement rejeta la compensation opposée par Demeaux, officier porteur de charbon, à sa communauté qui lui demandait une somme de mille quarante-sept livres treize sous, pour le montant des droits qu'il avait perçus tant pour elle que pour les hôpitaux, comme préposé à la distribution du charbon : la communauté, de son côté, devait à Demeaux plus de trois mille livres ; mais elle avait sur lui des saisies antérieures à la manutention qu'elle avait été forcée de lui confier, au moyen de ce que les officiers de cette communauté remplissaient cette fonction à tour de rôle. Ce fut donc sur le motif de ces saisies que l'arrêt dont il s'agit décida qu'il ne pouvait y avoir lieu, dans la circonstance, à la compensation demandée par Demeaux.

Il est pareillement hors de doute qu'une dette non exigible, non seulement par le défaut d'échéance, mais par sa nature même, telle, par exemple, que le principal d'un contrat de constitution de rente, ne saurait être compensé avec une obligation pure et simple, parce que, tandis que ce dernier titre produit un engagement actuel, l'autre n'en produit pas, le remboursement du principal d'une rente ne pouvant être exigé par le créancier. Tel est l'avis de Dumoulin, de Mornac et de Chopin ; et la chose a été jugée en conformité par plusieurs arrêts, entr'autres par un du 19 août 1688, qui se trouve au deuxième tome du Journal du Palais, et qui a décidé que la compensation ne devait avoir lieu que jusqu'à concurrence

seulement des arrérages de la rente. Cette jurisprudence est conforme à la loi 11, § *de com-*
pensat.

Il est de plus à remarquer, en fait de rentes,
que la compensation n'est point reçue du principal d'une rente avec le principal d'une autre rente,
attendu que ni l'un ni l'autre ne peuvent être exi-
gés. Les arrérages seuls des deux rentes peuvent
être compensés, bien entendu encore que ce soit
des arrérages échus de part et d'autre ; mais à l'é-
gard des principaux des rentes, la compensation
ne pourrait s'en faire que de l'aveu et du consentement réciproque des propriétaires de ces rentes,
et alors même ce serait moins une compensation
proprement dite, qu'un échange ou une permu-
tation.

Les dettes conditionnelles, et dont l'exigibilité
dépend de l'évènement d'une condition exprimée
par le titre ou par l'acte obligatoire, ne sont pas
susceptibles de compensation avec une créance
absolue, exigible actuellement et sans condition,
parce qu'on sent bien que la dette conditionnelle
ne peut produire aucun engagement que par l'évènement de la condition qui peut seule y donner
de la valeur.

A l'égard des dettes prescrites, il résulte, des
vrais principes sur la matière, qu'elles ne sau-
raient entrer en compensation avec une dette exigible.

Cependant Duperrier, dans ses questions, décide que la dette prescrite peut se compenser avec
celle qui ne l'est pas, et qui a même été conçue
après que la prescription de l'autre dette a été
consommée : mais cette opinion est absolument
contraire aux saines maximes suivant lesquelles la
compensation ne doit être admise qu'à l'égard de
deux dettes réciproquement exigibles ; et l'on ne

peut certainement pas dire qu'une dette prescrite puisse, dans aucun cas, être exigée. Aussi les docteurs se réunissent-ils à penser que la compensation ne saurait avoir lieu en pareil cas, et cela malgré la maxime sur laquelle Duperrier fonde l'opinion contraire, que *quæ temporalia ad agendum, sunt perpetua ad excipiendum*. Il y a même un arrêt du parlement de Grenoble, du 10 août 1651, rapporté par Basset, suivant lequel la compensation d'une dette prescrite a été rejetée.

En général, il faut, pour que la compensation puisse être admise, que les dettes opposées soient de choses mobilières ; car un meuble, par exemple, ne saurait se compenser avec un immeuble : c'est le sentiment le plus général des docteurs, et il est fondé sur la loi dernière, *cod. de compensat.* Il faut de plus qu'il s'agisse, de part et d'autre, de choses fongibles de même nature ; ainsi, dans l'étroite règle, du blé ou toute autre espèce de grains ne peut se compenser avec du vin, si ce n'est volontairement et du consentement des parties, quand l'estimation s'en fait réciproquement. La raison en est que, la compensation étant une espèce de payement et en tenant véritablement lieu, on ne peut forcer son créancier d'accepter autre chose en payement que ce qui lui est véritablement dû, à moins qu'il n'y consente.

Ce n'est pas tout encore ; il est des engagemens, des obligations qui ne sont pas de nature à pouvoir jamais être compensés avec d'autres dettes, quoique claires et liquides, quoiqu'échues et exigibles. Il y a enfin des dettes que les débiteurs sont tenus de payer à ceux qui leur doivent d'ailleurs, sans qu'ils puissent s'y refuser, sous prétexte de compensation.

Ainsi, par exemple, vous ne devez pas prétendre compenser une somme dont je suis votre débiteur, avec un effet que je vous ai confié en dépôt. Deux personnes qui même seraient dépositaires l'une à l'égard de l'autre, ne pourraient s'opposer mutuellement la compensation de leurs dépôts respectifs, pour se dispenser de les rendre. La raison en est, qu'un dépôt doit se remettre en nature tel qu'il a été confié, et aussitôt qu'il est demandé : suivant la disposition du droit, le refus de rendre ce dépôt, sous quelque prétexte que ce fût, serait punissable : la loi *si quis vel pecunias*, C. *depositi*, y est formelle.

Aussi, le sentiment de tous les jurisconsultes, et la jurisprudence des tribunaux s'accordent dans ce principe généralement reconnu, que la compensation ne peut être opposée pour s'exempter de restituer un dépôt, soit volontaire, soit necessaire, quelque chose d'ailleurs qui soit due au dépositaire. C'est à lui à agir pour se procurer son payement ; mais il ne peut être fondé dans aucun cas à retenir le dépôt. Il y en a plusieurs arrêts notables, entre autres trois du parlement de Dijon, des 3 mars 1592, 10 mai 1610 et 12 juillet 1613, dont Brillon fait mention dans son Dictionnaire des Arrêts, au mot COMPENSATION.

Voici une espèce qui a été décidée par des motifs semblables à ceux qui avaient dicté ces arrêts.

Le nommé Douez, huissier à la prévôté le comte de Valenciennes, était débiteur envers Pierre Pluchart, marchand dans la même ville, d'une somme de cent quatre florins. Un jour que ce dernier fut instruit que l'autre avait en caisse une somme de 600 livres, provenant d'une vente par exécution qu'il avait faite, il se rendit chez lui accompagné d'un particulier qui était porteur d'un billet à ordre de 300 livres, non échu. Ce particulier pria Douez de lui négocier ce billet. Douez s'y étant refusé, Pluchart insista, et lui donna sa parole, que s'il voulait tirer sur-le-champ de sa caisse la valeur du billet, elle lui serait remise dans les vingt-quatre heures. Douez, regardant avec raison sa caisse comme un dépôt sacré, rejeta au premier abord cette proposition. Le particulier revint le lendemain ; Pluchart le suivit de près, et fit tant par ses sollicitations et ses promesses, vingt fois réitérées de remettre les cent écus à Douez dans les vingt-quatre heures, que celui-ci eut la facilité de lui compter la somme entière.

Pluchart avait l'air de n'intervenir dans cette négociation, que pour obliger le particulier dont on vient de parler ; mais il ne le faisait en effet que pour trouver un moyen indirect de se faire payer de ce qui lui était dû par Douez. A peine les vingt-quatre heures qu'il avait prises pour terme du remboursement auquel il s'était obligé furent-elles écoulées, que Douez, justement inquiet du sort des deniers qu'il avait si imprudemment détachés de sa caisse, se transporta chez lui pour lui rappeler sa promesse, et le sommer de la remplir sur-le-champ. On devine aisément quelle fut sa surprise, lorsqu'il entendit Pluchart parler de compensation, et lui offrir, pour tout payement, une quittance.

Aussitôt Douez se pourvut au siége échevinal de Valenciennes ; et, après une instruction contradictoire, sentence y intervint le 21 février 1780, qui, sans avoir égard à la compensation dont excipait Pluchart, lui ordonna de remettre dans les vingt-quatre heures les cent écus dont il s'agissait, et le condamna aux dépens.

Appel au parlement de Flandre. Voici ce que disait Douez pour soutenir le bien jugé de la sentence.

« L'équité peut-elle souffrir qu'un créancier

» retienne, par forme de compensation, des de-
» niers qu'il s'est procurés par une promesse so-
» lennelle et vingt fois réitérée de les remettre
» dans les vingt-quatre heures ? Non ; c'est l'é-
» quité elle-même qui a introduit la compensa-
» tion ; c'est donc par l'équité que l'usage doit en
» être réglé, et conséquemment, elle doit cesser
» dans tous les cas où elle ne pourrait avoir lieu,
» sans blesser la bonne foi. Or, telle est préci-
» sément l'espèce de cette cause. Douez n'est
» devenu créancier de Pluchart, que par les sol-
» licitations importunes de celui-ci, accompa-
» gnées d'un engagement exprès de lui rendre ses
» fonds dans les vingt-quatre heures : ainsi, per-
» mettre à Pluchart de compenser cette dette avec
» la créance qu'il dit avoir sur Douez, ce serait
» autoriser les voies frauduleuses, et encourager
» les citoyens à se tendre des piéges les uns aux
» autres.

. » Les lois civiles ne s'opposent pas moins que
» la simple équité à la prétention de Pluchart ;
» quelque faveur qu'elles accordent à la compen-
» sation, elles ne veulent cependant pas qu'elle
» puisse jamais être admise par le juge dans les
» contrats nés de la confiance, tels que le dépôt
» et le prêt à usage. *In causâ depositi, compen-*
» *sationi locus non est,* porte une des sentences
» du jurisconsulte Paul, confirmée par la loi der-
» nière ; C. *de Compensationibus.* La loi 4, C.
» *de commodato,* n'est pas moins expresse : *præ-*
» *textu debiti restitutio commodati non probabi-*
» *liter recusatur.*

. » La convention faite entre Douez et Pluchart
» n'est pas moins un ouvrage de confiance qu'un
» dépôt ou un prêt à usage ; elle doit donc jouir
» de la même faveur ».

Sur ces raisons, arrêt du 12 mai 1780 qui mit

l'appellation au néant; ordonna que ce dont avait été appelé sortirait son plein et entier effet; condamna l'appelant à l'amende et aux dépens de la cause d'appel.

On ne serait pas fondé non plus à demander qu'il fût fait compensation d'une dette liquide et exigible avec une pension alimentaire, ni avec les arrérages de cette pension, attendu que c'est un objet privilégié par sa destination, et qui ne saurait souffrir de retardement. C'est un principe invariable, sur lequel le sentiment des auteurs et la jurisprudence des tribunaux sont uniformes. Brillon, dans son Dictionnaire, cite deux arrêts entièrement conformes à cette maxime; l'un du 15 décembre 1559, rendu en faveur de Charton, principal du collége de Beauvais, contre les boursiers, a jugé qu'à l'égard d'une bourse de collége qui est pour alimens, la compensation n'est pas admissible; et l'autre du 6 juillet 1562, rendu au profit du nommé le Blanc, a décidé qu'une provision adjugée au débiteur pour alimens et médicamens, ne pouvait être sujette à venir en compensation avec sa dette.

Il en serait de même d'une provision adjugée à une personne blessée contre celui qui l'aurait battue et excédée; et la demande d'une semblable provision ne pourrait être éludée par la compensation. Il faut convenir cependant que si deux personnes, dans une rixe, s'étaient mutuellement blessées et avaient obtenu de part et d'autre des provisions de divers juges, ces provisions pourraient dans ce cas être compensées; le parlement l'a plusieurs fois ordonné ainsi, et l'usage y est conforme.

Il faut encore observer, et c'est le sentiment de Mornac, que ce n'est qu'à l'égard des alimens pour le temps à venir, laissés par testament ou

autrement, que la compensation ne peut être opposée, parce qu'elle serait contraire aux intentions du testateur ou de celui qui les a donnés.
Mais il en serait autrement à l'égard des alimens
du temps passé ; ceux-ci n'ont point de privilége,
parce que, comme l'observe cet auteur, celui à
qui ils sont dus, ayant été nourri et ayant vécu
d'ailleurs, ce qui peut lui être dû d'arrérages de
sa pension alimentaire, n'a plus pour cause la
nécessité de sa subsistance, et ne mérite plus de
faveur.

Il est également de principe, que la compensation ne saurait être proposée contre des condamnations ou des conventions pénales ; d'où il résulte qu'on ne peut compenser la peine pécuniaire
stipulée dans un compromis, avec une somme due
à l'appelant de la sentence arbitrale, par celui
envers lequel il a été condamné à la peine du
compromis. Ainsi, dans ce cas, l'appelant, quoique jugé créancier de l'intimé par la sentence
même, doit commencer par payer la peine qu'il
a encourue, par cela seul qu'elle est peine, et
toute audience doit lui être déniée jusqu'à ce
payement effectif. Cela a été ainsi jugé à la chambre de l'édit le 13 décembre 1623. L'arrêt se
trouve au 1er tome du Journal des audiences. Il y en
a un pareil du 2 juillet 1656, cité par Henrys,
tome 2, livre 2, question 15.

Il est aussi à remarquer que les dépens et frais
préjudiciaux, au payement desquels on a été condamné, ne peuvent être compensés avec d'autres
dettes, ni même avec d'autres dépens, suivant
que l'a jugé un arrêt du 27 mai 1530, dont Brillon
a fait mention. La raison en est, que les dépens
préjudiciaux sont exigibles par leur nature, et
doivent être payés aussitôt qu'ils sont prononcés,
et que celui qui est condamné ne peut, sans y

avoir préalablement satisfait, se pourvoir contre le jugement qui lui a infligé cette peine.

Pour ce qui est des crimes et délits, la règle est qu'on ne compense ni les accusations ni les peines. Il faut dire cependant que lorsqu'il ne s'agit que de dommages-intérêts, ou de l'intérêt civil de la partie, les docteurs estiment que si l'accusé se trouve être créancier de cette partie, il peut demander à compenser.

L'article 673 de la coutume de Bretagne porte qu'en cas d'injures verbales, si une injure est égale à l'autre, il y a compensation; ce qui est appuyé de l'autorité de d'Argentré sur l'article 628 de l'ancienne coutume.

Il faut observer cependant que la compensation d'injures ne se fait pas de plein droit, ni de l'autorité privée de celui qui prétend avoir souffert l'injure; il serait contre le bon ordre qu'il lui fût permis d'user de voies de fait, ou de se faire justice à lui-même pour parvenir à la compensation; mais elle se fait par l'autorité du juge et en connaissance de cause.

Ce serait enfin une erreur de croire que la compensation de crimes ou délits pût avoir lieu relativement à la peine due pour la vengeance publique, parce qu'il est de l'intérêt public que les crimes ne demeurent pas impunis. Ainsi, quand il est dit dans la loi *viro* 39, *solut. matrim. paria delicta mutua compensatione tolluntur*, ce n'est pas à dire pour cela qu'un crime semblable, commis par deux personnes l'une à l'égard de l'autre, soit éteint par la compensation qu'on voudrait en faire. Il faut faire attention qu'il ne s'agit dans ce texte de la loi que du crime d'adultère, pour lequel la femme étant poursuivie par le mari qui voulait lui faire perdre sa dot et l'appliquer à son profit par cette accusation, pouvait lui opposer le même délit pour rendre sa prétention sans effet.

Ce n'est donc qu'à l'égard de la peine pécuniaire et du dédommagement dû à ceux qui ont souffert quelque préjudice à l'occasion du délit, qu'on reçoit la compensation. Elle a pareillement lieu dans le cas de négligence, ou du dol dont les associés dans un commerce se seraient rendus réciproquement coupables ; de sorte que s'ils ont été également négligens dans les affaires de la société, ils cessent d'être obligés les uns envers les autres : il en serait de même, si l'un des associés devait compte à la société de quelque somme qu'il aurait reçue, et que l'autre eût occasionné par son fait quelque dommage à ses coassociés ; le tout se compenserait entre eux s'il y avait égalité.

La compensation étant regardée, avons-nous dit, comme un véritable payement, il s'ensuit que, comme on ne peut payer une chose pour une autre contre le gré du créancier, on ne peut, par une conséquence nécessaire, compenser que ce qui pourrait être donné en payement ; d'où il résulte que si un héritier chargé en cette qualité de donner un certain héritage à un légataire, voulait l'obliger à compenser avec le fonds légué une somme de deniers que ce légataire pourrait lui devoir d'ailleurs, cette demande serait visiblement mal fondée et insoutenable de la part de l'héritier qui la formerait.

Mais une dette qui aurait d'ailleurs toutes les qualités requises pour entrer en compensation, peut-elle être compensée avec une donation faite par le débiteur à son créancier? La question s'est élevée au parlement d'Aix, qui, par arrêt du 18 avril 1677, décida l'affirmative, et prononça qu'une donation faite au créancier par le débiteur, était censée avoir été faite en compensation des sommes dues; décision bien moins fondée sur la rigueur de la loi, que sur un sentiment d'équité naturelle; car il serait dur qu'un débiteur eût à essuyer des poursuites de la part d'un créancier qui méconnaîtrait ainsi ses libéralités. L'arrêt que nous citons a été recueilli par Boniface, tom. 4, livre 8 de sa collection.

Une autre question a été de savoir si l'on pouvait exciper de la compensation contre un billet négocié, pour refuser d'en payer le montant. Voici l'espèce :

Jean avait fait un billet au profit de Paul, payable à ce dernier ou à son ordre; Paul, de son côté, avait donné un billet à Jean de même date et de pareille somme. Paul ayant négocié le billet que Jean lui avait fait, Pierre, qui était le porteur, vint, à l'échéance, en demander le payement à Jean : mais celui-ci, pour se dispenser de payer le billet, prétendit en compenser le montant avec le billet que Paul lui avait fait. Une pareille compensation préjudiciait évidemment au porteur du billet; aussi fut-elle rejetée par l'arrêt qui intervint sur cette contestation à la grand'chambre du parlement de Paris le 3 septembre 1700. On le trouve au Journal des audiences, et il en est fait mention par Bornier dans son commentaire sur l'ordonnance du commerce, du mois de mars 1673.

Un principe encore en matière de compensation est qu'on n'en admet point de ce qui est adjugé par un jugement dont est appel, avec ce qui est dû purement et simplement par obligation : la raison en est, que si la sentence était infirmée en cause d'appel, la compensation aurait été faite d'une somme qui n'aurait pas été due, et le créancier serait réduit à une simple action pour répéter

ce qu'on aurait mal à propos compensé à son préjudice ; ce qui serait injuste.

Il faut dire la même chose d'une somme adjugée
par provision, quand même il n'y aurait point
d'appel de la sentence, parce que cette provision
est litigieuse, et qu'elle peut être détruite et révoquée en jugeant le principal. C'est ce qui a été
jugé par plusieurs arrêts, entre autres par un de la
grand'chambre du parlement de Paris, du 22 juin
1566, cité par Brodeau dans son commentaire sur
l'article 105 de la coutume de Paris.

Il y a enfin des dettes qui, par leur nature, par
leur destination, ou par des circonstances relatives
à la qualité, soit du créancier, soit du débiteur,
ne sont pas de nature à pouvoir être compensées.
C'est ce que nous allons expliquer, en examinant
entre quelles personnes la compensation peut
avoir lieu ou non.

4. *Créanciers auxquels on peut opposer la
compensation.* Il résulte des principes que nous
avons établis, que la compensation ne peut se
faire qu'entre ceux qui, en leur nom propre et
personnel, sont à la fois créanciers et débiteurs
l'un de l'autre.

Ainsi, un tuteur qui demanderait le payement
d'une somme due à son pupille, un fondé de pouvoirs, qui ferait des poursuites contre le débiteur
de celui dont il a reçu des pouvoirs à cet effet,
un mandataire qui demanderait ce qu'on doit à son
commettant, seraient très-mal fondés à proposer
la compensation de leurs propres dettes contre les
débiteurs personnels du pupille ou du commettant, par la raison toute simple que ce tuteur, ce
mandataire, ce fondé de pouvoirs, n'ont aucun
droit sur les créances dont ils poursuivent le recouvrement pour autrui ; et par la même raison,
si ce tuteur était mon créancier en son nom pro-

pre, je ne pourrais lui opposer la compensation de la somme que je lui devrais, avec celle qui me serait due par son mineur.

Belordeau cite un arrêt du parlement de Bretagne, du 27 février 1614, par lequel il a été jugé qu'un tuteur contraint par son créancier en son propre et privé nom, ne peut pas opposer la compensation de la dette que ce créancier doit à sa pupille, parce qu'il est de principe, qu'on ne peut compenser que ce que le demandeur doit au défendeur, et non pas ce qu'il doit à un tiers.

A l'égard des mineurs, il est de règle générale que la compensation ne saurait être admise contre eux pour les engagemens qu'ils peuvent avoir contractés. Un mineur vous doit, par exemple, une somme en vertu d'une obligation ; la dette est claire et liquide, du moins quant à l'échéance de la dette ; vous n'en pourriez pas cependant demander la compensation avec une autre dette dont il est votre créancier : la raison en est simple ; c'est que d'une part il peut exiger la somme que vous lui devez, et que de l'autre sa dette, eu égard à son état de minorité, peut être annullée par quelque exception, et qu'il peut se faire relever de l'obligation qui le constitue votre débiteur ; vous ne pouvez donc lui opposer la compensation : ce qui est conforme à la loi 14, *ff. de compensat.* suivant laquelle, *quæcumque per exceptionem periini possunt, in compensationem non veniunt.*

On tient pour maxime incontestable qu'en matière d'impositions, la compensation n'est point admissible. Ainsi, ce serait en vain qu'un débiteur d'impositions voudrait les compenser avec ce que la nation pourrait lui devoir ; la raison en est que la nature, la destination et l'usage des impositions qui concernent la chose publique, ne permettent pas d'en admettre la compensation avec des dettes privées et personnelles. Celles-ci ne doivent sous aucun prétexte, arrêter ou retarder le recouvrement des premières.

Il est également certain qu'un débiteur d'impositions ne pourrait valablement opposer à ceux qui sont préposés au recouvrement des charges publiques, la compensation de sa dette avec celle que ces préposés lui devraient en leur propre et privé nom. Ainsi le contribuable prétendrait mal à propos compenser avec sa cotisation, ce qui lui serait dû par le collecteur, ou même par la communauté des habitans. La raison en est que la provision est due au rôle de l'impôt. C'est ce qu'a jugé un arrêt du parlement de Dijon, du 17 août 1603, cité dans le dictionnaire des arrêts de Brillon.

Un arrêt contraire, cité par le même auteur sur cette matière, rendu au parlement de Grenoble le 2 juillet 1613, ne détruit pas le principe que nous venons d'établir; ce n'est qu'une exception à la règle, et cette exception a été déterminée par des circonstances particulières qui méritent d'être rapportées. Il s'agissait, dans l'espèce de cet arrêt, d'un particulier qui se trouvait débiteur envers une communauté d'habitans dont il était membre, d'une somme de deux mille deux cents livres pour sa taille; la communauté, d'une autre part, lui devait une somme de huit cents livres; et ce qu'il y a de particulier, c'est que le terme pour exiger cette somme de huit cents livres, n'était pas encore échu. Cependant, malgré des raisons aussi puissantes pour exclure la compensation demandée par le débiteur à la communauté, le parlement, faisant céder la loi aux sentimens de commisération et de pitié pour un vieillard octogénaire chargé de treize enfans, crut dans ces circonstances devoir accorder la compensation ; mais la règle générale n'en existe pas moins.

Par une suite du même principe, le receveur des contributions ne peut faire compensation des deniers de sa recette qu'il doit verser au trésor national, avec les sommes que celui-ci lui peut devoir en vertu d'un titre particulier.

Il est cependant vrai de dire que les contributions dues par les particuliers se compensent de droit avec les sommes imposées à leur profit dans le même rôle. La cour des aides de Montpellier l'a jugé ainsi par arrêt du 12 juillet 1706, entre les consuls et les collecteurs des tailles de Frontignan.

Il faut encore convenir que, quoiqu'en général on ne puisse opposer la compensation à la nation, lorsqu'il s'agit des droits du fisc ou du payement des impositions, il est cependant des droits fiscaux moins privilégiés qui peuvent être compensés avec les sommes dues en même temps par l'Etat.

Si, par exemple, dans des biens acquis par confiscation, ou par déshérence, il se trouvait des dettes actives dont les débiteurs fussent en même temps créanciers de celui dont l'Etat a les biens, alors la compensation pourrait être opposée avec succès par le débiteur.

En matière de complainte et de réintégrande, il est aussi de maxime que la compensation n'est pas proposable contre celui sur la possession duquel on a entrepris.

Les jurisconsultes ont agité la question de savoir si, lorsque dans une succession bénéficiaire une même personne est débitrice et créancière de la succession, la compensation doit être admise ?

On tient communément pour certain, que la compensation ne peut être valablement opposée contre un héritier par bénéfice d'inventaire qui demande le payement des dettes actives de la succession, parce que ses droits personnels n'y sont pas confondus ; au moyen de quoi, ce qu'il doit ou ce qui lui est dû est entièrement distinct et séparé de ce que doit la succession et de ce qui lui est dû. Hevin cite deux arrêts des 28 avril 1615 et 16 mai 1626, qui ont refusé la compensation en pareil cas.

Elle aurait lieu cependant, suivant l'observation du même Hevin, nonobstant les deux arrêts qu'il cite, si celui qui était débiteur du défunt, et qui demande en conséquence compensation contre la succession bénéficiaire, n'était devenu créancier que depuis la succession ouverte, au moyen, par exemple, d'une cession ou subrogation qui lui aurait été faite par quelque créancier de la succession. C'est aussi le sentiment de Belordeau dans ses controverses, livre 3, chapitre 67, où il rapporte un arrêt du 11 août 1609, qui confirme cette jurisprudence.

A l'égard de l'héritier pur et simple, on peut, sans difficulté, lui opposer la compensation, s'il est en même temps notre débiteur et notre créancier, par la raison que dans ce cas il y a confusion d'actions, de droits et de biens.

On a demandé encore si un particulier qui se trouverait être débiteur et créancier d'une distribution, pourrait opposer la compensation pour se libérer ? Il faut distinguer : si ce débiteur n'était devenu créancier que depuis la distribution, il est hors de doute qu'il ne pourrait y avoir lieu à compenser ; mais si au contraire, avant la distribution, il était déjà créancier et débiteur de celui dont les biens ont été ensuite généralement saisis, on peut demander, dans ce cas, la compensation qui était incontestablement de droit, et aurait pu être faite avant la saisie générale. Catelan rapporte deux arrêts du parlement de Toulouse, des 7 juin 1678 et 12 juillet 1694, qui l'ont jugé ainsi.

Mais l'acquéreur d'un héritage peut-il opposer la compensation à son vendeur qui lui demande le prix de la chose vendue, lorsque ce vendeur se trouve être en même temps son débiteur? Les docteurs sont pour l'affirmative; et cela, soit que l'acquéreur ait payé une dette pour laquelle le fonds acheté, qui lui avait été vendu exempt d'hypothèque, était hypothéqué avant la vente qui lui en a été faite, ou que le vendeur soit devenu son débiteur en vertu de tout autre titre; doctrine d'ailleurs conforme aux vrais principes de la compensation.

Voyez les articles CRÉANCE, CONTRIBUTIONS, PAYEMENT, OBLIGATION, DÉPÔT, etc.

COMPÉTENCE.

C'est un droit en vertu duquel on est fondé à exercer légalement certaines fonctions judiciaires ou administratives.

Il résulte de cette définition que la compétence d'un corps et celle d'un individu quelconque consistent dans l'application de l'autorité publique que la loi leur a déléguée relativement aux objets qu'elle a spécifiés.

Les mesures de compétence dont le législateur a voulu que les corps administratifs, les tribunaux et tous les autres fonctionnaires publics fissent usage, sont développées aux articles qui concernent les uns et les autres.

Ainsi voyez SÉNAT, CONSEIL D'ÉTAT, HAUTE-COUR IMPÉRIALE, PRÉFET, CONSEIL DE PRÉFECTURE

Cour de cassation, Cour des comptes, Cour impériale, Cour d'assises, Cour spéciale, Tribunal civil, Tribunal de commerce, Juge de paix, etc. etc. etc.

———

COMPLAINTE

EN CAS DE SAISINE ET DE NOUVELLETÉ.

Les actions sont ou personnelles ou réelles.

Les actions réelles sont celles qui s'intentent, ou pour raison du fonds et propriété d'un héritage, ou droit réel dont l'héritage est chargé, ou pour raison de la possession.

Il y a donc deux sortes d'actions réelles, l'une qui concerne la propriété, qu'on appelle l'action pétitoire, par laquelle le propriétaire demande que celui qui est en possession d'un héritage soit tenu de s'en désister et départir : l'autre, qu'on appelle action possessoire, est celle qui s'intente ou pour être conservé dans la possession quand on y est troublé, ou pour la recouvrer quand on l'a perdue.

De là se tire la division des actions possessoires. Il y en a deux : *la complainte en cas de saisine et nouvelleté*, par laquelle celui qui est troublé en sa possession demande d'y être maintenu et gardé, et que défenses soient faites à la partie adverse de l'y troubler (1). Et l'autre s'appelle

———

(1) *Formule de demande en complainte.*

L'an....., le....., à la requête de....., demeurant à....., où il élit son domicile; je...., huissier à...., demeurant à...., soussigné, certifie avoir donné assignation à...., demeurant à...., en son domicile, parlant à...., à comparoir *réintégrande* : elle est donnée au possesseur d'un héritage pour en recouvrer la possession quand il en a été privé de fait et par force. La première est l'interdit *uti possidetis*, l'autre est l'interdit *unde vi*.

Ces termes *saisine et nouvelleté* sont de vieux mots de coutume, dont l'un signifie possession, et l'autre signifie trouble.

Autrefois le juge ou un huissier, en vertu de sa commission, se transportait sur l'héritage contentieux pour rétablir le trouble et rensaisiner ou réintégrer l'ancien possesseur ; et en cas d'opposition il mettait la chose sous la main de la justice pendant le procès ; c'est ce que l'on appelait *ramener la complainte à effet sur le lieu*.

Quatre choses sont nécessaires pour fonder la complainte : 1° Il faut que celui qui intente la complainte soit en possession par an et jour. C'est une ancienne maxime du droit français, que la prescription de la possession s'acquiert par an et

---

le...., jour de.... , par-devant le juge de paix du canton de...., heure d'audience, pour répondre sur ce que le demandeur est légitimement possesseur d'une maison et héritage sis à...., dont il jouit sans trouble depuis plusieurs années consécutives : néanmoins ledit défendeur l'a troublé dans sa possession ; et sur ce qu'il a supposé qu'il est propriétaire de ladite maison et héritage, il a reçu les loyers et perçu les fruits au préjudice dudit demandeur ; c'est pourquoi il conclut à ce qu'il soit maintenu et gardé en la possession et jouissance de ladite maison et héritages ; que défenses seront faites audit défendeur de le troubler ni inquiéter à l'avenir, même qu'il sera condamné à rendre audit défendeur les loyers et fruits, suivant la prisée qui en sera faite par experts et gens à ce connaissant, dont les parties conviendront, sinon qu'ils seront nommés d'office, et pour en outre répondre et procéder comme de raison ; requérant dépens, dommages et intérêts ; et lui ai laissé, parlant comme dessus, copie du présent.

jour : la possession est la détention et jouissance de quelque chose ; il y en a de deux sortes, l'une naturelle et l'autre civile. La possession naturelle est la simple détention de la chose sans dessein ni intention de la posséder en qualité de propriétaire : telle est la possession du fermier, du créancier auquel on a donné une terre en engagement, de celui qui ne jouit que précairement, et autres semblables qui ne possèdent pas en leur nom, mais au nom d'un propriétaire, et à proprement parler, cette détention n'est point une possession, elle ne produit aucun effet civil et ne donne aucun droit, soit pour la complainte, soit pour la prescription ; elle conserve seulement la possession civile de celui qui l'a acquise.

La possession civile est la détention de la chose avec dessein et intention de posséder pour soi en qualité de propriétaire, *animo sibi habendi :* telle est la possession de celui qui a un titre légitime ou coloré.

Il y a une autre espece de possession, que quelques praticiens appellent aussi possession civile, mais qui n'est qu'une possession par fiction, et qui est plus d'opinion que de fait. Telle est la possession après la mort du défunt, suivant la règle et maxime portée dans toutes les coutumes, *le mort saisit le vif, son plus proche héritier habile à lui succéder.* Cette possession devient civile quand l'héritier est entré en jouissance des biens de la succession.

C'est la possession civile, et non pas la simple possession naturelle, qui est requise pour pouvoir intenter une complainte. C'est ce que l'ordonnance de 1667 entend, lorsqu'elle dit que pour former complainte, il faut posséder à autre titre que de fermier ou possesseur précaire : elle requiert encore deux autres conditions pour la possession ; savoir , qu'elle soit publique et paisible. Ainsi, la violence et la clandestinité rendent la possession vicieuse et inutile pour la complainte: c'est pourquoi l'on dit ordinairement qu'il faut posséder *non vi*, *non clam*, *non precario*.

Il n'est pas nécessaire, pour former complainte, d'être fondé en titre de propriété ni de le communiquer ; il suffit de justifier d'une possession annale par les derniers exploits qui ont précédé immédiatement le trouble , et cette possession se prouve , tant par témoins que par titres , c'est-à-dire , par actes de possession , comme par baux à loyer ou à ferme , ventes de coupes de bois , etc. En combat de preuves sur le fait de la possession , on considère celle qui est la mieux circonstanciée ou la plus ancienne ; c'est ce que dit Dumoulin sur l'article 441 de la coutume du Maine : *In conflictu probationum , titulata vel antiquior possessio vincit:* par exemple, avoir recueilli les fruits est un acte de possession bien plus considérable que d'avoir labouré et semé.

Brodeau dit que l'héritier , en conséquence de la règle *le mort saisit le vif*, est recevable à former complainte , quoiqu'il ne possède que par fiction et sans avoir une possession réelle et actuelle ; et qu'il peut former , non cette complainte seulement pour la succession entière , c'est-à-dire , pour le droit universel, mais même pour les corps singuliers qui la composent.

2° La complainte n'est reçue que pour héritages ou droits réels réputés immeubles. Elle est aussi donnée pour une universalité de meubles, comme est une succession mobilière , qui, consistant *in jure* , est réputée immeuble ; c'est pour cela que l'insinuation a été nécessaire dans une donation d'universalité de meubles ; mais la complainte n'a pas lieu pour choses purement mobilières , et l'interdit *ut ubi*, qui avait lieu en droit, n'est point reçu parmi nous.

3° Il faut, pour intenter complainte, que le possesseur soit troublé dans sa possession : ce trouble cessant, on n'a que la voie d'action pétitoire.

Le trouble se fait en deux manières, ou par fait ou par paroles. Par fait, lorsque le possesseur est chassé par violence et voie de fait, et privé de son héritage ; par paroles, quand en plaidant, ou par écrit, dans quelqu'acte ou exploit, quelqu'un se qualifie propriétaire d'un titre ou d'un droit qui nous appartient : on prend l'acte ou exploit pour trouble dans la possession, et on forme complainte.

4° La complainte doit être formée dans l'an et jour du trouble, après lequel temps on n'est plus recevable, et il faut se pourvoir au pétitoire : la raison en est, qu'en matière d'interdit ou action possessoire, *est potior qui possidet de facto ultimo anno.* L'article 61 de l'ordonnance de 1539, porte en termes exprès, qu'il ne sera reçu aucune complainte après l'an : en effet, l'autre partie qui a possédé pendant l'an depuis le trouble, a la possession, et est en droit elle-même d'intenter complainte, attendu qu'elle a acquis la prescription de la possession par une jouissance paisible d'une année. Au reste, en matière de complainte, ou l'on juge définitivement, ou l'on rend une sentence interlocutoire. Si la possession est suffisamment prouvée par l'une des parties, on la maintient dans la possession et jouissance de l'héritage, et on fait défenses à l'autre de la troubler. Cette sentence s'appelle la pleine maintenue. S'il n'y a pas lieu de juger définitivement pour lors, on adjuge par prévision la possession à celui qui a le droit le plus apparent. On ordonne

quelquefois que la chose contentieuse sera séques-
trée, c'est-à-dire, régie et administrée pendant
le procès par un commissaire ou séquestre, lequel rend ensuite compte des fruits à celui qui a
obtenu gain de cause.

L'autre action possessoire est la réintégrande,
qui est donnée aux possesseurs d'héritages, qui,
par force et voie de fait, en ont été chassés,
pour recouvrer la possession qu'on leur a enlevée.

On conclut dans cette action, à ce que le demandeur soit remis et réintégré dans la possession
et jouissance de l héritage, ainsi qu'il était avant la
spoliation; le défendeur condamné à la restitution
des fruits, si aucun il a perçu, et aux dommages-
intérêts résultant du fait.

L'article 10 du titre 3 de la loi du 25 août 1790
a attribué aux juges de paix la compétence pour
connaître de toute action possessoire.

Voyez d ailleurs sur cette matière le titre 4
du Code de procédure civile.

Voyez aussi les articles POSSESSION, RÉINTÉ-
GRANDE, ACTION, PRESCRIPTION, etc.

COMPLÉMENTAIRES.

On a appelé, avant le rétablissement du ca-
lendrier grégorien, *jours complémentaires*, une
partie isolée qui était à la suite des douze mois
dont l'année républicaine était composée.

Voyez le nombre 3 de l'article ANNÉE.

COMPLICE.

C'est celui qui a participé au crime d'un autre.

Le Code pénal a établi que les complices d'un crime ou d'un délit seraient punis de la même peine que les auteurs mêmes de ce crime ou de ce délit, sauf les cas où la loi en a disposé autrement.

Les faits qui caractérisent particulièrement les complices d'un crime ou délit sont les dons, les promesses, les menaces, les abus d'autorité ou de pouvoir, les machinations ou les autres artifices coupables, par lesquels on a provoqué ce crime, ou donné des instructions pour le commettre.

On regarde pareillement comme complices ceux qui ont procuré des armes, des instrumens ou tous les autres moyens dont on a fait usage pour servir à l'action avec connaissance qu'ils devaient y servir.

La même règle est applicable à l'égard des individus qui ont pareillement avec connaissance aidé ou assisté l'auteur ou les auteurs de l'action dans les faits qui l'ont préparée ou facilitée, ou dans ceux qui l'ont consommée, sans préjudice des peines que la loi a spécialement établies contre les auteurs de complots ou de provocations attentatoires à la sûreté intérieure ou extérieure de l'État, même quand l'objet des conspirateurs ou des provocateurs n'a pas été rempli.

Ceux qui ayant connaissance de la conduite criminelle des malfaiteurs, par lesquels des brigandages ou des violences sont exercés contre la sûreté de l'État, la paix publique, les personnes et les propriétés, leur fournissent habituellement le logement ou un lieu de retraite ou de réunion doivent être punis comme les complices de ces malfaiteurs.

Il doit aussi en être de même de ceux qui sciemment ont recelé en tout ou en partie les choses enlevées, détournées ou obtenues à l'aide d'un crime ou délit.

Remarquez néanmoins à l'égard de ces derniers que les peines de mort, des travaux forcés à perpétuité et de la déportation, quand il y a lieu, ne peuvent leur être appliquées qu'autant qu'ils sont convaincus d'avoir eu, au temps du recélé, connaissance des circonstances auxquelles la loi a attaché ces trois sortes de peines; s'ils n'ont point eu cette connaissance, ils ne doivent subir que la peine des travaux forcés à temps.

Les dispositions précédentes sont fondées sur les articles 59 à 63 du Code pénal, décrété en février 1810.

Suivant l'article 338 du même Code, le complice d'une femme adultère doit subir un emprisonnement de trois mois au moins et de deux ans au plus, et être en outre condamné à une amende de 100 francs à 2,000 francs.

COMPLOT.

Voyez ATTENTAT, CONSPIRATION, etc.

COMPROMIS.

C'est un acte par lequel deux ou plusieurs personnes nomment un ou plusieurs arbitres pour décider une contestation (1).

(1) *Formule d'un compromis sous seing-privé.*
Nous soussignés, Sébastien Ferry, d'une part, et André

Voyez à l'arbitre, ARBITRAGE, *tout ce qui peut et tout ce qui ne peut pas être la matière d'un compromis.*

COMPTABILITÉ, COMPTABLE.

Comptabilité se dit en général des recettes et des dépenses dont on doit compter.

Et l'on appelle *comptable*, celui qui est assujetti à rendre un compte.

Les chambres des comptes ayant été suppri-

Latour, d'autre part ; désirant terminer la contestation qui s'est élevée au sujet de . . . . , sommes convenus de nous en rapporter à la décision des sieurs A. . . . et B. . . . . que nous avons choisis pour arbitres : en conséquence nous promettons de leur remettre, au plus tard dans quinze jours, les pièces, poursuites et procédures dont nous nous proposons de nous servir, afin qu'ils rendent leur jugement arbitral dans deux mois, à compter de ce jour.

Promettons pareillement d'exécuter ledit jugement, et d'y acquiescer, sous peine d'une somme de mille écus, que celui qui refusera d'y acquiescer sera tenu de payer à l'autre partie avant de pouvoir être reçu à en interjeter appel, sans que ladite peine puisse être réputée comminatoire ; et dans le cas où lesdits arbitres se trouveraient divisés d'opinions, ils s'en rapporteront à un tiers, dont ils conviendront pour sur-arbitre : donnons au surplus pouvoir auxdits arbitres de liquider les dépens par leur jugement. Convenu que dans le cas où l'un de nous, ou tous les deux ensemble interjeterions appel du jugement arbitral, comme nous nous en sommes réservé le droit sous la condition de la peine stipulée ci-devant, cet appel sera porté devant le tribunal civil du département de la Seine. Nous déclarons au surplus renoncer à exercer le droit de recours en cassation, *ou nous nous réservons au surplus la faculté d'exercer le droit de recours en cassation.* Fait double à Paris, le 28 janvier, etc. *Signé* SÉBASTIEN FERRY et ANDRÉ LATOUR.

mées par un décret du 2 septembre 1790, il fut
ordonné par un autre décret du 17 septembre 1791,
qu'il serait établi un bureau de comptabilité,
lequel fut ensuite organisé par la loi du 12 février 1792.

Il fut chargé de recevoir tous les comptes
mentionnés dans le décret du 17 septembre 1791,
et d'en préparer le rapport.

La loi du 28 pluviose de l'an 3, donna au
bureau de comptabilité une, nouvelle organisation.

Elle ordonna que ce bureau serait composé
de quinze commissaires, divisés en sept sections
avec un bureau central, et qu'il y aurait un agent
de comptabilité.

Elle chargea ces commissaires,

1° De recevoir, vérifier, arrêter et apurer les
comptes qui devaient être rendus à la nation ;

2° De vérifier et arrêter pareillement les apu-
remens des comptes jugés par les ci-devant
chambres des comptes et autres autorités ;

3° De faire poursuivre, par l'agent de la comptabilité, les comptables en retard de présenter et
du faire apurer leurs comptes ;

4° De dénoncer les abus, et de proposer les
mesures propres à la conservation des intérêts de
la république.

Tel était le dernier état, lorsque l'acte constitutionnel proclamé au nom du peuple français,
le premier vendémiaire de l'an 4, a substitué
au bureau de comptabilité cinq commissaires de
la comptabilité nationale, qui devaient être élus
par le conseil des anciens sur une liste triple,
présentée par celui des cinq-cents.

La durée de leurs fonctions était de cinq années : l'un d'eux devait être renouvelé tous les

ans, mais il pouvait être réélu sans intervalle et indéfiniment.

Le même acte constitutionnel avait réglé que le compte général des recettes et des dépenses de la république, appuyé des comptes particuliers et des pièces justificatives, serait présenté par les commissaires de la comptabilité, qui le vérifieraient et l'arrêteraient.

Cet ordre de chose a subsisté jusqu'au 16 septembre 1807; mais une loi de ce jour a créé la cour des comptes pour remplir les fonctions que la comptabilité nationale avait été chargée d'exercer.

Un décret impérial, du 16 mars 1807, précédé d'un avis du conseil d'état du 19 février de la même année, a ordonné que les comptables destitués par ordre de l'Empereur, ne pouvaient pas être admis à se prévaloir de la prérogative constitutionnelle d'après laquelle les agens publics ne pouvaient pas être mis en jugement, qu'en vertu d'une décision du conseil d'état, confirmée par Sa Majesté impériale.

Voyez TRÉSOR IMPÉRIAL et COUR DES COMPTES.

Par un autre décret impérial, du 12 janvier 1811, il a été ordonné que le mode de poursuites réglé par les lois des 12 vendémiaire et 13 frimaire an 8, et par les arrêtés du Gouvernement du 18 ventose de la même année, et du 28 floréal an 11 pour le recouvrement du débet des comptables, serait commun à tout agent ou préposé des comptables directs, lorsque ces mêmes agens ou préposés auraient fait personnellement la recette des deniers publics.

Ainsi les agens ou préposés dont il s'agit doivent être encore jugés comptables indirects, et en conséquence en cas de *débet* et de détournement de deniers constatés selon les formes prescrites à l'égard des comptables directs, être comme ceux-ci, poursuivis et contraints par corps sur l'ordre du ministre du trésor public et à la diligence de l'agent judiciaire.

COMPTABILITÉ DES CAISSIERS MONÉTAIRES.

Par un arrêté du 10 floréal an 11, le Gouvernement a ordonné que les comptes des caissiers des ateliers monétaires seraient réglés chaque année par l'administration des monnaies, liquidés par le ministre des finances et envoyés ensuite à la comptabilité nationale.

Ces caissiers sont obligés d'adresser le 15 brumaire de chaque année, à l'administration générale, le compte de leur gestion pendant l'année précédente et les pièces justificatives.

Ce compte doit comprendre la recette et la dépense tant en matières qu'en espèces. Il faut que la nature, le poids, le titre et la valeur tant des matières que des espèces y soient spécifiés.

A la fin de chaque année, les caissiers sont obligés de verser les matières qu'ils ont en caisse entre les mains du directeur qui doit les payer comptant.

A la même époque, il faut que les caissiers reçoivent les comptes des directeurs, et que ceux-ci soldent ces comptes sans délai. Les uns ni les autres ne peuvent alléguer aucun restant en caisse sous quelque prétexte que ce soit.
Voyez MONNAIE.

COMPTE.

C'est un état de recette et de dépense des biens

dont on a eu l'administration. Et l'on appelle *ordre d'un compte*, la division du compte en chapitres de recette, de dépense et de reprise.

Toute personne qui a administré les affaires d'autrui doit en rendre compte quand sa gestion est finie. Ainsi le tuteur doit compte à ses mineurs après sa tutelle finie ; le mari ou ses héritiers doivent compte à la femme ou à ses héritiers après la dissolution de la communauté ; l'héritier bénéficiaire doit un compte de la succession aux créanciers ; celui qui a géré les affaires d'une société doit un compte à ses associés ; un procureur fondé doit un compte de son administration à son commettant ; il en est de même d'un fermier judiciaire, d'un séquestre, etc.

Les parties majeures peuvent compter à l'amiable : mais si le compte concerne des mineurs, il convient de le rendre par-devant le juge. C'est ce que paraît prescrire l'article 22 du titre 29 de l'ordonnance de 1667, dont voici les dispositions : « Pourront les parties étant majeures » compter par-devant des arbitres et à l'amiable, » encore que celui qui doit rendre compte ait » été commis par ordonnance de justice. »

Tel est aussi l'usage des tribunaux. On n'y regarde les comptes rendus aux mineurs comme réguliers, que quand ils ont été rendus devant des juges, tant aux mineurs qu'aux tuteurs nommés pour les assister dans l'examen de ces comptes (1).

_____

(1) *Formule d'un compte de tutelle.*

Compte que rend par-devant vous........ la citoyenne Jeanne P....., veuve du citoyen D....., vivant, négociant à Paris, tutrice de ses enfans mineurs et dudit défunt son

Cet usage est conforme à ce qui se pratiquait autrefois chez les Romains. On y jugeait nécessaire l'intervention du juge dans tout acte qui

---

mari, héritiers chacun pour un tiers, par bénéfice d'inventaire, dudit défunt leur père.

A Louis M....., émancipé d'âge, procédant sous l'autorité de O....., son curateur aux causes, et audit O....., esdits noms, ledit mineur héritier pour un tiers par bénéfice d'inventaire dudit défunt son père, de la gestion et administration que ladite veuve a eues des personnes et biens dudit M....., aux protestations d'y augmenter et diminuer, s'il y échet, et à la charge de la reprise, dont sera fait un chapitre séparé.

Pour satisfaire au jugement contradictoire du......, par lequel il a été ordonné que le présent compte serait rendu par-devant vous.

Pour l'intelligence duquel compte il sera observé que ledit citoyen D..... est décédé le..... Incontinent après le décès, la veuve a fait apposer le scellé sur les effets de ladite succession, pour la conservation des droits et actions des parties intéressées, et ensuite elle a été nommée tutrice de ses enfans, et le citoyen J..... a été élu leur subrogé tuteur par l'avis des parens, homologué par jugement du.....; et le..... il a été procédé, par V....., notaire, à l'inventaire des meubles et effets de ladite succession, en présence dudit subrogé tuteur et des autres parties nécessaires; après, il a été procédé à la vente des effets par...., huissier, le......

La rendante ayant connu que la communauté lui était plus onéreuse que profitable, elle y a renoncé par acte du....., et a fait déclarer exécutoire son contrat de mariage sur le subrogé tuteur, par jugement du....., qui a été condamné, etc.

L'oyant et ses frères et sœurs ont déclaré qu'ils n'entendaient prendre la succession de leur père que par bénéfice d'inventaire, sur l'avis de leurs parens et amis, et ledit O..... a été nommé et élu curateur audit mineur émancipé, et tuteur à ses actions immobilières; et après en avoir accepté la charge, il a, conjointement avec ledit mineur, intenté action contre la rendante, contre laquelle il a été .... lu sentence le..... qui l'a condamnée, de son consentes'étendait au-delà de l'administration des biens des mineurs.

Observez aussi qu'un compte de tutelle doit

---

ment, à rendre le présent compte; mais comme les enfans sont au nombre de trois, elle n'emploiera à l'oyant, dans sa recette, que le tiers des sommes qu'il aura dépensées, à l'exception des sommes dont l'oyant est tenu personnellement pour le tout, qu'elle emploiera dans son entier.

Premier chapitre de recette à cause de la vente des meubles.

Il convient d'observer dans cet endroit que, par le contrat de mariage d'entre ledit défunt et la rendante, à présent sa veuve, passé devant .... et son confrère, notaires, le ....., il a été ordonné et stipulé, entre autres choses, que le survivant d'eux aurait et reprendrait par préciput des biens de ladite communauté, tels qu'ils voudraient saisir, suivant la prisée de l'inventaire, jusqu'à la concurrence de mille livres, ou ladite somme en deniers comptans, au choix du survivant; en exécution de laquelle convention, la rendante a fait son option de prendre des meubles jusqu'à la concurrence de mille livres, suivant la prisée dudit inventaire et sans crue : après quoi il a été procédé à la vente du surplus, à l'exception aussi de la vaisselle d'argent, qu'elle a aussi retenue, suivant le prisée à sa juste valeur, et dont elle fera un état ci-après; en sorte que le reste des meubles et marchandises se trouve monter à la somme de trois mille trois cents livres.

Art. 1. Fait recette la rendante de onze cents livres, faisant le tiers afférant à l'oyant en celle de trois mille trois cents livres, à quoi s'est trouvé monter le prix de la vente des meubles et effets après le décès dudit défunt, non compris la vaisselle d'argent. Ci. . . . . 1100 l.

II. Fait recette la rendante, à la charge de la reprise, de quatre cents livres pour le tiers afférant à l'oyant en celle de douze cents livres, à quoi monte le prix suivant, et sans crue de la vaisselle d'argent inventoriée audit inventaire. Ci. . . . . 400 l.

Il faut observer que la crue dont on vient de parler est

être affirmé véritable, conformément à l'article 8 du titre 29 de l'ordonnance de 1667 ; or les notaires, en leur qualité de rédacteurs des con-

---

le quart en sus de la somme ; par exemple, 3 *liv.,* c'est 3 *liv.* 15 *sous;* 100 *liv.,* c'est 125 *liv.*

Somme totale du présent chapitre. . . . . . . 1500 l.

Second chapitre de recette, à cause des loyers des maisons et arrérages de rentes, etc.

Observez que, pour l'ordre du compte, la rendante doit faire recette de ce qu'elle a dû recevoir, à la charge de la reprise; on fait un chapitre de reprise séparé à la fin du compte, dont le montant est calculé avec la dépense : mais la tutrice est tenue de rapporter des diligences et des poursuites faites contre les débiteurs : sans quoi la reprise est débattue et rayée.

Art. I. Fait recette la rendante de la somme de 200 liv. faisant le tiers afférant à l'oyant de celle de 600 liv. reçue par elle de T..... pour deux années de loyers échus le....., d'une maison dépendante de la succession, sise à Paris, rue....., à raison de 300 liv. de loyer par chacun an, suivant le bail passé devant V..... et son confrère, notaires, le.....; inventorié sous la cote 2 dudit inventaire. Ci. 200 l.

II. Fait recette la rendante de 86 liv. 13 sous 4 den., à la charge de la reprise, faisant le tiers afférant à l'oyant en celle de 260 liv. pour deux années échues le....., à cause de 180 liv. de rente par chacun an, due à ladite succession par B...., par contrat passé devant...., le....., inventorié sous la cote 3 dudit inventaire. Ci. . . . . . . 86 l. 13 s. 4 d.

Somme totale du second chapitre . . . .

Troisième chapitre de recette, à cause des dettes actives déclarées audit inventaire.

Art. I. Fait recette la rendante de la somme de 383 liv. 6 sous 8 den., pour le tiers afférant à l'oyant de celle de 1000 liv. reçues par la rendante de J.... pour les causes portées au premier article des déclarations des dettes actives. Ci. . . . . 333 l. 6. s. 8 d.

II. Fait recette la rendante de la somme de 150 liv., afférant à l'oyant pour son tiers de celle de 450 liv., reçue de ventions des parties, n'oht aucun caractère pour recevoir cette affirmation.

La loi a réglé que les comptables commis par

G.... pour les causes portées au deuxième article des déclarations dudit inventaire. Ci . . . . , ... 150 l.

Somme totale. . . . .

Premier chapitre de dépense, à cause des frais de maladie et frais funéraires dudit défunt.

Art. I. Fait dépense la rendante de la somme de 30 liv., pour le tiers dont l'oyant est tenu dans celle de 90 liv. payée par la rendante à M......, docteur en médecine, pour ses honoraires, visites par lui faites pendant la maladie dudit défunt, comme il paraît par la quittance du...... Ci. . . . . 30 l.

II. Fait dépense la rendante de 5 liv., dont l'oyant est tenu pour son tiers de celle de 15 liv., par elle payée pour frais d'inhumation. Ci . . . . 5 l.

Somme totale. . . . .

Second chapitre de dépense particulière à l'oyant, à cause de ses pensions et entretiens.

Art. I. Fait dépense la rendante de la somme de 1500 liv. pour les pensions et nourritures par elles fournies à l'oyant pendant deux années, à raison de 750 liv. par chacun an, à compter du jour du décès de son père. Ci. . . . 1500 l.

II. Fait dépense la rendante de la somme de 250 liv., pour avoir entretenu l'oyant d'habits, linge, hardes, et des autres choses nécessaires, à raison de 100 liv. par an. Ci. 250 l.

Somme totale du second chapitre . . . .

Chapitre de reprise, à cause de plusieurs sommes employées dans la recette, et qu'elle n'a pas reçues.

Art. I. Fait reprise la rendante de la somme de 400 liv., par elle employée au deuxième article du premier chapitre de recette pour le tiers de 1200 livres, à quoi monte le prix de la vaisselle d'argent inventoriée à l'inventaire, attendu justice seraient poursuivis devant les juges qui les auraient établis; les tuteurs devant les juges du lieu où la tutelle aurait été déférée, et tous les autres comptables devant les juges de leur domicile.

Lorsqu'un jugement qui a rejeté une demande en reddition de compte, vient à être réformé sur l'appel, il faut que l'arrêt renvoie pour la reddition et le jugement du compte au tribunal où la demande avait été formée, ou à tel autre tribunal que la Cour impériale aura jugé à propos d'indiquer.

Si le compte a été rendu et jugé en première instance, l'exécution de l'arrêt infirmatif appar-

---

que la rendante a retenu ladite vaisselle en déduction de ses reprises à elle adjugées par sentence du...... Ci. . 400 l.

II. Fait reprise la rendante de 43 liv. 6 sous 8 den., faisant moitié de 86 liv. 13 sous 4 den., que la rendante a couchés au deuxième article du deuxième chapitre de recette du présent compte, faisant le tiers de 260 liv. pour deux années échues le....., de 180 liv., de rente due par J....., attendu que la rendante n'en a reçu qu'une année. Ci . . . . 43 l. 6 s. 8 d.

Somme totale. . . . .

Chapitre de dépense commune du présent compte.

Art. I. Fait dépense la rendante de la somme de 50 liv. payée à son procureur fondé, qui a mis par ordre les pièces du présent compte, et dressé la minute d'icelui. Ci. . 50 l.

II. Fait dépense la rendante pour la grosse dudit compte . . . .

Somme totale du présent compte. . . . .

Les trois chapitres de recette montent à la somme de. .

Ceux de la dépense à la somme de. . . . . .

La reprise à la somme de. . . . .

Et la dépense du présent compte à celle de. . .

Partant, la recette excède la reprise et dépense du présent compte de la somme de. . . . .

tient à la Cour par laquelle il a été rendu, ou au tribunal que le même arrêt a désigné.

Quand des oyans ont un même intérêt, ils ne peuvent nommer qu'un seul avoué pour les représenter, et s'ils ne s'accordent pas sur le choix, c'est à l'avoué le plus ancien qu'il appartient d'occuper : vous remarquerez cependant que chaque oyant a la faculté de constituer un avoué ; mais il faut qu'il supporte seul les frais occasionnés par cette constitution particulière.

Il est nécessaire qu'un jugement qui condamne à rendre un compte, fixe le délai dans lequel ce compte sera rendu, et qu'il nomme un juge devant lequel l'audition aura lieu.

Lorsque le préambule du compte, en y comprenant la mention de l'acte ou du jugement qui a commis le rendant et ordonné le compte, excède six rôles, l'excédent ne peut pas passer en taxe.

Le comptable ne peut employer pour dépenses communes que les frais de voyage s'il y a lieu, les vacations de l'avoué, qui a mis en ordre les pièces du compte, les grosses ainsi que les copies et les frais tant de présentation que d'affirmation.

Il faut qu'un compte renferme la recette et la dépense effective, et qu'il soit terminé par la récapitulation de la balance de la recette avec la dépense, sauf à faire un chapitre particulier des objets à recouvrer.

Le comptable est tenu de présenter et d'affirmer la vérité de son compte en personne ou par procureur spécial dans le délai fixé et au jour indiqué par le juge-commissaire, les oyans présens, ou appelés à domicile, quand ils n'ont point d'avoué, et par acte d'avoué, s'ils en ont constitué.

Lorsque le délai est écoulé, le comptable peut être forcé de rendre son compte par saisie et vente de ses biens jusqu'à concurrence d'une somme déterminée par le tribunal : il peut même y être contraint par corps si le tribunal le trouve convenable.

Remarquez que quand la recette du compte présenté et affirmé véritable , excède la dépense , l'oyant a le droit de requérir du juge-commissaire un exécutoire de cet excédent sans approbation du compte.

Après la présentation et l'affirmation du compte, il faut qu'il soit signifié à l'avoué de l'oyant : les pièces justificatives doivent être cotées et paraphées par l'avoué du comptable ; et si elles ont été communiquées sans récépissé , il faut qu'elles soient rétablies dans le délai fixé par le juge-commissaire sous les peines énoncées au nombre 4 de l'article INSTRUCTION PAR ÉCRIT.

Quand les oyans ont constitué des avoués différens , la communication dont on vient de parler ne doit être donnée qu'à l'avoué le plus ancien , s'ils ont le même intérêt ; mais quand ils ont des intérêts différens , cette communication doit être donnée à chaque avoué.

S'il y a des créanciers intervenans , ils ne peuvent avoir pour tous qu'une seule communication tant du compte que des pièces justificatives par les mains du plus ancien des avoués qu'ils ont constitués.

Remarquez que les quittances des fournisseurs, ouvriers, maîtres de pension et autres de même nature, produites comme pièces justificatives du compte, sont dispensées de l'enregistrement.

Les parties doivent se présenter devant le juge-commissaire au jour et à l'heure qu'il a indiqués pour fournir débats, soutenemens et réponses sur son procès-verbal : si elles ne se présentent pas , l'affaire doit être portée à l'audience sur un simple acte.

Lorsque les parties ne s'accordent pas , le commissaire doit ordonner qu'il en sera fait par lui rapport à l'audience au jour qu'il indiquera ; et les parties sont tenues de s'y trouver sans aucune sommation.

Il faut que le jugement qui intervient sur l'instance de compte contienne le calcul de la recette et de la dépense , et qu'il présente le reliquat précis , s'il y en a un.

La loi ne permet pas qu'il soit procédé à la révision d'aucun compte, sauf aux parties, s'il y a des erreurs, des omissions et de faux ou doubles emplois , à former à cet égard leurs demandes devant les mêmes juges.

Lorsque l'oyant est défaillant , il faut que le commissaire fasse son rapport au jour qu'il a spécifié : les articles doivent être alloués, s'ils sont justifiés. Si le comptable est reliquataire , il doit garder le fonds sans intérêt ; et s'il ne s'agit pas d'un compte de tutelle, le comptable est tenu de donner caution, si mieux il n'aime consigner.

Voyez les articles Comptable, Comptabilité, Cour des comptes , *et le titre 4 du livre 5 de la première partie du Code de procédure civile.*

———————

C O M P T O I R.

C'est un bureau général de commerce, établi particulièrement dans plusieurs villes de l'Inde pour chaque nation de l'Europe. Cette vaste partie de l'univers, où la nature a rassemblé les trésors du monde , a été dans tous les temps l'objet de la cupidité des hommes.

L'histoire des établissemens des Européens modernes dans les Indes est connue ; on sait que les Français sont arrivés un peu plus tard que les autres peuples pour partager ces riches dépouilles. Quelques négocians de Rouen, conduits par Genonville, avaient hasardé un faible armement en 1535 ; mais ils essuyèrent, au cap de Bonne-Espérance, des tempêtes si violentes, qu'ils furent obligés de revenir en Europe, après avoir long-temps erré sur des côtes inconnues et y avoir couru les plus grands dangers.

Une société formée en Bretagne en 1601, expédia deux navires, pour prendre part, s'il était possible, aux richesses de l'Orient, que les Portugais, les Anglais et les Hollandais se disputaient. Pyrard, qui les commandait, arriva aux Maldives, et ne revit sa patrie qu'après dix ans d'une navigation malheureuse.

Girard le Flamand et le capitaine Reginon essayèrent, en 1616, 1619 et 1633, de former des associations de commerce pour l'Inde : mais ces tentatives ne réussirent point.

Le cardinal de Richelieu créa, er 1642, une espèce de compagnie des Indes : ses vues étaient mal conçues ou furent mal secondées : cette compagnie fut ruinée en peu d'années.

Il était réservé à Louis XIV, en créant la marine française, de tracer aux Français une nouvelle route vers la gloire et de leur ouvrir de nouvelles sources de richesses : mais Louis XIV, plus heureux que son prédécesseur, était secondé par Colbert. Indépendamment des priviléges qu'il accorda aux deux compagnies qui, sous ses auspices, entreprirent le commerce des Indes, il les aida de quatre millions, qui aujourd'hui en feraient huit de notre monnaie. Les commencemens de cette entreprise furent assez brillans ; mais elle perdit bien ses capitaux, son crédit et enfin ses ressources, avec le génie qui la conduisait. Colbert étant mort en 1683, le commerce des Indes fut presque entièrement ruiné.

Partout où la domination française est paisiblement établie, les colons y font le commerce, ainsi que dans les villes et ports de l'Europe. Les comptoirs n'existent que dans les pays dont les naturels sont encore maîtres, et en vertu des traités faits avec eux.

Les Français domiciliés dans les différens comptoirs de la nation, sont sujets entre eux aux lois de l'Etat et aux règlemens particuliers faits pour les colonies.

Indépendamment des comptoirs que les Français peuvent avoir chez l'étranger, le décret impérial du 16 janvier 1808, qui a arrêté définitivement les statuts de la banque de France, a autorisé cette banque à établir des comptoirs d'escompte dans les villes de l'empire où les besoins du commerce en feraient sentir la nécessité.

Un autre décret impérial, du 18 mai de la même année, a organisé ces comptoirs, et ordonné qu'ils prendraient le titre de *Comptoirs d'escompte de la banque de France.*

Les opérations de ces comptoirs consistent, 1° à escompter des lettres de change et les autres effets de commerce à ordre, souscrits par des commerçans et autres personnes notoirement solvables; et dont les échéances déterminées ne peuvent excéder trois mois;

2° A se charger du recouvrement des effets qui leur sont remis, soit pour le compte des particuliers, soit pour celui des établissemens publics;

3° A recevoir en compte courant les sommes qu'on leur transmet, et à payer les dispositions faites sur ces sommes jusqu'à ce qu'elles soient épuisées ;

4° A tenir une caisse de dépôts volontaires pour toute espèce de lingots et de monnaies d'or ou d'argent.

L'administration de chaque comptoir d'escompte doit être composée d'un directeur, de douze administrateurs au plus et de sept au moins, suivant l'importance du comptoir, et de trois censeurs.

Voyez au surplus les décrets cités.

COMPULSOIRE.

Voyez le nombre 4 de l'article ACTE.

COMTE.

Titre de dignité qui suit immédiatement celui de duc, et qui est supérieur à celui de baron.

Le décret impérial du 1er mars 1808 a attribué le titre de comte aux ministres, aux sénateurs, aux conseillers d'état, aux présidens du corps législatif et aux archevêques.

Voyez l'article MAJORAT.

CONCESSION.

C'est en général le don et l'octroi que l'autorité impériale fait de quelque droit, de quelque terrain, etc.

Voyez MINE.

CONCIERGE.

C'est celui qui a la garde d'une prison. On le nomme aussi gardien.

L'article 120 du Code pénal veut que les concierges ou gardiens des maisons de dépôt, d'arrêt, de justice ou de peine, qui reçoivent un prisonnier sans mandat ou jugement, ou sans ordre provisoire du gouvernement ; ceux qui ont reçu ce prisonnier ou qui ont refusé de le représenter à l'officier de police ou au porteur de ses ordres sans justifier de la défense du procureur impérial ou du juge, et de ceux qui ont refusé d'exhiber leurs registres à l'officier de police, soient, comme coupables de détention arbitraire, punis de six mois à deux ans d'emprisonnement, et d'une amende de 16 francs au moins et de 200 francs au plus.

Voyez PRISON.

CONCILIATION.

C'est l'action d'accorder ensemble des personnes relativement à des contestations qui les divisent.

La loi veut qu'aucune demande principale introductive d'instance entre des parties capables de transiger, et sur des objets susceptibles d'être la matière d'une transaction, ne puisse être admise dans les tribunaux de première instance, avant que le défendeur n'ait été préalablement appelé en conciliation devant le juge de paix des parties, ou que les parties n'y aient volontairement comparu.

Mais cette règle est soumise a plusieurs exception qu'on va détailler :

1° Le préliminaire de la conciliation n'est pas
nécessaire à l'égard des demandes qui intéressent
l'Etat ou le domaine, les communes, les établissemens publics, les mineurs, les interdits et les
curateurs aux successions vacantes.

2° Cette disposition est également applicable aux
demandes qui requièrent célérité, ainsi qu'aux demandes en intervention, en garantie, et en matière
de commerce.

3° La dispense du préliminaire de la conciliation
doit également avoir lieu à l'égard des demandes
de mise en liberté, et de celles qni ont pour objet
une main-levée de saisie ou opposition.

4° Il en est encore de même des demandes en
payemens de loyers, fermages et arrérages de
rentes ou pensions.

5° Cette règle doit aussi être observée relativement aux demandes des avoués concernant le payement des frais qui leur sont dûs.

6° Une demande formée contre plus de deux
parties est pareillement dispensée du préliminaire
dont il s'agit, quoiqu'elles aient le même intérêt.

7° Cette dispense s'applique encore aux demandes en vérification d'écritures, en désaveu,
en règlement de juges, en renvoi et en prise à
partie.

8° Il faut aussi ranger dans la même classe les
demandes formées contre des tiers saisis, et en
général celles qui concernent les saisies, les offres
réelles, la remise ou la communication des titres,
les séparations de biens, les tutelles, les curatelles,
et enfin toutes les causes exceptées par les lois.

Le défendeur doit être cité en conciliation, tant
en matière personnelle que réelle, 1° devant le
juge de paix de son domicile, et s'il y a plusieurs

défendeurs, devant le juge de paix de l'un d'eux,
au choix du demandeur;

2° En matière de société, autre que celles de
commerce, tant qu'elle existe, devant le juge de
paix du lieu où elle est établie;

3° En matière de succession, sur les demandes
qui ont lieu entre héritiers, jusqu'au partage inclusivement; sur les demandes intentées par les créanciers du défunt avant le partage, et sur les demandes relatives à l'exécution des dispositions à cause
de mort, jusqu'au jugement définitif, devant le
juge de paix du lieu où la succession est ouverte.

Le délai de la citation doit être de trois jours
au moins : il faut qu'elle soit donnée par un huissier de la justice de paix du défendeur, et qu'elle
énonce sommairement l'objet de la conciliation.

Les parties doivent comparaître en personne, et
en cas d'empêchement, par un fondé de pouvoir.

Au moment de la comparution, le demandeur a
la faculté d'expliquer et même d'augmenter sa demande; et le défendeur peut, de son côté, former
telle prétention qu'il juge à propos : il faut que le
procès-verbal de ce qui s'est passé dans cette circonstance, contienne les conditions de l'arrange-
ment, s'il en est intervenu un, et que dans le
cas contraire, il fasse sommairement mention que
les parties n'ont pas pu s'accorder.

Remarquez que les conventions des parties insérées dans le procès-verbal dont il s'agit, ont
force d'obligation privée.

S'il arrive que l'une des dispositions défère le
serment à son adversaire, il faut que le juge de
paix le reçoive, ou qu'il fasse mention du refus
de le prêter.

Lorsqu'une des parties ne comparaît pas, elle
doit être condamnée à une amende de dix francs;
et aucune audience ne peut lui être accordée

avant qu'elle ait justifié du payement de cette amende.

Une citation en conciliation interrompt la prescription, et fait courir les intérêts, pourvu toutefois que la demande soit formée dans le mois postérieur au jour de la non comparution ou de la non conciliation.

En cas de non comparution de l'une des parties, il doit en être fait mention sur le registre du greffe de la justice de paix, et sur l'original ou la copie de la citation, sans qu'il faille dresser un procès-verbal à cet égard.

Tout ce qui précède dérive du titre premier du livre 2 de la première partie du code de procédure civile.

Voyez les articles JUGES DE PAIX, PRESCRIPTION, CITATION, etc.

CONCLURE. — CONCLUSIONS.

On entend par le mot *conclure*, proposer les demandes et prétentions que l'on forme contre une partie adverse, et qu'on a intérêt de se faire adjuger en justice. Et les *conclusions* sont les fins que prend un plaideur et les demandes qu'il forme contre sa partie adverse, soit en demandant, soit en défendant.

Ces conclusions sont insérées dans l'exploit d'assignation, à l'effet de faire connaître à celui auquel cet exploit est donné, pour quel objet on l'assigne. On les met pareillement à la fin de la requête présentée au juge, pour qu'il voie sur quoi il a à prononcer.

C'est communément des conclusions bien ou mal prises, plus ou moins étendues, que dépend le succès d'un affaire ; aussi sont-elles avec raison regardées comme une partie essentielle de la procédure, à laquelle on ne saurait porter une attention trop sérieuse. C'est même une connaissance importante que de savoir bien libeller des conclusions, surtout dans des matières abstraites et compliquées qui embrassent différens chefs de contestations. Ce ne peut être que le fruit d'une grande pénétration dans la manière de saisir les objets du procès, et d'une expérience consommée dans les affaires.

Il est important surtout de n'omettre, dans les conclusions, aucun des objets litigieux sur lesquels on a intérêt de faire statuer par le juge ; car il ne pourrait avoir aucun égard, en prononçant, à ce qui n'y serait pas expressément compris, quand même la demande se trouverait énoncée dans le corps de la requête. Il est de règle, en cette matière, que le juge saisi d'une contestation ne décide que sur ce qui est porté aux conclusions, c'est-à-dire dans cette partie de la requête qui suit l'exposé des faits et la discussion des moyens. Le juge ne pourrait même, dans le prononcé ou le dispositif de son jugement, suppléer aux demandes sur lesquelles une des parties aurait omis de conclure, ni lui adjuger ce qu'elle n'aurait pas expressément demandé, quelque juste que la chose fût d'ailleurs, parce qu'il en résulterait un *ultrà petita*, qui, suivant les ordonnances, opère la nullité des jugemens et en nécessite même la cassation, lorsqu'on y découvre un pareil vice. Le juge peut rejeter, accorder ou modifier les conclusions prises par les parties.

Les conclusions doivent être écrites en toutes lettres, sans abréviations, ratures ni interlignes.

Les conclusions varient selon la nature et la qualité de l'action ou de la requête.

Ainsi, par exemple, dans une action réelle, le propriétaire d'un immeuble, qui s'en trouve dépouillé par la détention injuste d'un tiers, conclut contre le détenteur à ce qu'il soit condamné à déguerpir l'héritage dont il s'agit, à en laisser au demandeur la possession libre, et à restituer les fruits depuis son injuste détention, avec dépens, dommages et intérêts. Le défendeur, au contraire, conclut, dans cette même action réelle, à être maintenu en possession de l'héritage contentieux, et à ce qu'il soit fait défense à sa partie adverse de l'y troubler.

S'il s'agissait d'une action personnelle, comme elle dérive toujours de quelque obligation dont l'une des parties demande l'exécution, et l'autre la nullité, et que cette obligation consiste à donner ou à faire quelque chose, le demandeur conclut à ce que sa partie adverse soit condamnée à lui payer la somme de ..... portée en son obligation du ..... avec les intérêts; ou à faire ce à quoi elle s'est engagée envers lui, suivant son obligation.

Le défendeur à l'action personnelle, au contraire, conclut à ce que le demandeur soit débouté de sa demande, et à être déchargé de l'assignation, ou à la nullité de l'obligation dont il s'agit.

Indépendamment des conclusions au fond, on en prend encore dans le cours d'une instance, soit pour rectifier ou corriger celles qu'on a précédemment prises, soit pour s'en désister, soit enfin pour y ajouter.

Il est de principe, en cette matière, que quand il s'agit de former quelque demande en justice, les avoués et les huissiers ne peuvent prendre des conclusions que conformément au pouvoir qu'ils en ont reçu de leurs parties; car, dans le cas con-

traire, les parties pourraient désavouer l'avoué et
l'huissier.

Mais lorsqu'il ne s'agit que de défendre leur
client, les avoués et les huissiers peuvent, sans
inconvénient et sans s'exposer au désaveu, prendre telles conclusions qu'ils croient convenables
à la défense de la partie.

C'est encore un principe sur ce point, que ceux
qu'on a chargés de plaider une cause ne peuvent
point changer les conclusions qui ont été prises
par écrit, à moins qu'ils ne soient assistés d'un
fondé de pouvoirs à l'audience, parce que, comme
l'observe l'auteur de la Collection de jurisprudence, au mot CONCLUSIONS, elles sont tellement
du ministère du procureur, que ce n'est que dans
le siècle dernier que les avocats ont commencé à
exposer les conclusions de leurs parties avant de
commencer leur plaidoirie, et qu'avant que cette
innovation eût lieu, c'était toujours le procureur
qui concluait; et c'est, ajoute-t-il, parce que les
conclusions sont du ministère du procureur, et
que l'avocat lui est substitué en concluant, qu'il
prend les conclusions étant découvert.

On appelle aussi *conclusions*, les avis et réquisitions que donnent les procureurs impériaux dans
les affaires qui ne pourraient être jugées sans l'intervention de leur ministère.

Voyez les articles ACTION, PROCUREUR IMPÉ-
RIAL, MINISTÈRE PUBLIC, MINEUR, COMMUNE,
DÉLIT, etc.

CONCORDAT.

On a donné ce nom au traité qui fut passé, en
1516, entre le roi François I.er et le pape Léon X.

Ce concordat, qui avait eu particulièrement pour objet la distribution des bénéfices ecclésiastiques, et qui avait abrogé sur ce point les élections qu'une loi du royaume, connue sous le nom de *pragmatique*, avait établies, n'a plus d'influence sur cette matière ; ainsi nous ne nous arrêterons pas aux longues discussions auxquelles il a donné lieu dans le temps.

Mais il est intervenu, sous le même nom de *concordat*, le 26 messidor an 9, un nouveau traité entre le gouvernement français et le pape Pie VII, concernant la même matière. Voici les dispositions qu'il renferme, et que le corps législatif a érigées en loi le 18 germinal an 10.

L'article premier porte que la religion catholique, apostolique et romaine sera librement exercée en France, et que le culte en sera public, en se conformant aux règlemens de police que le Gouvernement aura jugés nécessaires pour la tranquillité publique.

L'article suivant a statué qu'il serait fait, par le saint siége, de concert avec le Gouvernement, une nouvelle circonscription des diocèses français.

Par l'article 3, le pape s'est chargé de déclarer aux titulaires des évêchés français, qu'il attendait d'eux avec une ferme confiance, pour le bien de la paix et de l'unité, toute espèce de sacrifice, même celui de leurs siéges ; et que s'ils se refusaient à ces sacrifices que commandait le bien de l'église, il serait pourvu, par de nouveaux titulaires, au gouvernement des évêchés de la circonscription nouvelle, ainsi que cela est réglé par l'article suivant.

Cet article porte que c'est au premier consul de la république, aujourd'hui l'Empereur, qu'il appartient de nommer aux archevêchés et évêchés de la circonscription nouvelle, et que l'institution canonique doit être conférée par le pape, selon les formes établies par rapport à la France, avant le changement de Gouvernement.

Ces dispositions de l'article 4 ont été étendues, par l'article 5, aux nominations des archevêchés et évêchés qui viendraient à vaquer dans la suite.

Il faut, suivant l'article 6, qu'avant d'entrer en fonction, les évêques prêtent directement, entre les mains de l'Empereur, le serment de fidélité ainsi conçu :

« Je jure et promets à Dieu, sur les saints
» évangiles, de garder obéissance et fidélité à
» l'Empereur. Je promets aussi de n'avoir aucune
» intelligence, de n'assister à aucun conseil, de
» n'entretenir aucune ligue soit au dedans, soit au
» dehors, qui soit contraire à la tranquillité pu-
» blique ; et si, dans mon diocèse ou ailleurs,
» j'apprends qu'il se trame quelque chose au pré-
» judice de l'État, je le ferai savoir au Gouver-
» nement ».

Les ecclésiastiques du second ordre sont tenus de prêter le même serment entre les mains des autorités civiles désignées par le gouvernement.

La nomination aux cures est attribuée aux évêques ; mais il faut que leur choix tombe sur des personnes agréées par le Gouvernement.

Il a été convenu entre les parties contractantes, que dans le cas où quelqu'un des princes successeurs de l'Empereur actuel, ne serait pas catholique, les droits et prérogatives dont les rois de France ont joui, et la nomination aux évêchés, seraient réglés, relativement à lui, par une nouvelle convention.

Ce concordat a été suivi de dispositions organiques concernant le régime de l'église catholique dans ses rapports généraux avec les droits et la police de l'État.

Suivant ces dispositions, aucune bulle ni aucun bref, rescrit, décret, mandat, provision, signature servant de provision, ou autre expédition de la cour de Rome, lors même que ces actes ne concernent que des particuliers, ne peuvent être reçus, publiés, imprimés, ni autrement mis à exécution, sans l'autorisation du Gouvernement.

Le décret impérial du 28 février 1810 a excepté de ces dispositions les brefs de la pénitencerie, mais pour le for intérieur seulement; ils peuvent être exécutés sans autorisation.

Aucun individu se disant nonce, légat, vicaire ou commissaire apostolique, ou se prévalant de toute autre dénomination, ne peut, sans la même autorisation, exercer, sur le sol français ni ailleurs, aucune fonction relative aux affaires de l'église gallicane.

Les décrets des synodes étrangers, même ceux des conciles généraux, ne peuvent être publiés en France avant que le Gouvernement en ait examiné la forme, ainsi que la conformité avec les lois, droits et franchises de l'empire, et tout ce qui, en les publiant, pourrait altérer ou intéresser la tranquillité publique.

Aucun concile national ou métropolitain, aucun synode diocésain, et aucune assemblée délibérante ne peuvent avoir lieu sans la permission expresse du Gouvernement.

Toutes les fonctions ecclésiastiques doivent être gratuites, sauf les oblations autorisées et fixées par les règlemens.

Il y a lieu au recours au conseil d'état dans tous les cas d'abus de la part des supérieurs et autres personnes ecclésiastiques.

Les cas d'abus sont l'usurpation ou l'excès de pouvoir, la contravention aux lois et règlemens de l'empire, l'infraction aux règles consacrées par les canons reçus en France, l'attentat aux libertés, franchises et coutumes de l'église gallicane, et toute entreprise ou tout procédé qui, dans l'exercice du culte, peut compromettre l'honneur des citoyens, troubler arbitrairement leur conscience, et dégénérer contr'eux en oppression ou en injure, ou en scandale public.

Il y a pareillement recours au conseil d'état, s'il est porté atteinte à l'exercice public du culte et à la liberté que les lois et les règlemens garantissent aux ministres.

Ce recours peut avoir lieu en faveur de toute personne intéressée : à défaut de plainte particulière, il doit être exercé par les préfets.

Le fonctionnaire public, l'ecclésiastique, ou la personne qui veut exercer ce recours, doit adresser un mémoire détaillé et signé au ministre des cultes, qui est chargé de prendre, dans le plus court délai, tous les renseignemens convenables, afin que sur son rapport l'affaire puisse être suivie et définitivement terminée dans la forme administrative, ou être renvoyée, selon l'exigence des cas, aux autorités compétentes.

Le culte catholique doit être pratiqué sous la direction des archevêques et des évêques dans leurs diocèses, et par les curés dans leurs paroisses.

Tout privilége portant exemption ou attribution de la juridiction épiscopale est aboli.

Les archevêques et les évêques ont la faculté, avec l'autorisation du Gouvernement, d'établir des chapitres cathédraux et des séminaires dans leurs diocèses ; tout autre établissement est supprimé.

Ils ont aussi la faculté d'ajouter à leur nom le titre de *citoyen* ou de *monsieur*, mais toute autre qualification leur est interdite.

Les archevêques ou métropolitains sont chargés de consacrer et d'installer leurs suffragans. En cas d'empêchement ou de refus de leur part, ils doivent être supplées par le plus ancien évêque de l'arrondissement métropolitain.

Ils sont tenus de veiller au maintien de la foi et de la discipline dans les diocèses qui dépendent de leur métropole.

La connaissance des réclamations et des plaintes formées contre la conduite et les décisions des évêques suffragans, leur est attribuée.

Pour être nommé évêque, il est nécessaire d'avoir atteint l'âge de trente ans, et d'être Français d'origine.

Avant l'expédition de l'arrêté de nomination, celui ou ceux qui sont proposés pour être évêques, sont obligés de rapporter une attestation de bonne vie et mœurs délivrée par l'évêque dans le diocèse duquel ils ont exercé les fonctions du ministère ecclésiastique, et il faut qu'ils soient examinés sur leur doctrine par un évêque et deux prêtres commis par l'Empereur. Ces examinateurs doivent adresser le résultat de leur examen au ministre des cultes.

Remarquez que le prêtre nommé par l'Empereur ne peut exercer aucune fonction avant d'avoir prêté, entre les mains de Sa Majesté impériale, le serment dont nous avons ci-devant spécifié la formule. Il doit être dressé procès-verbal de ce serment par le secrétaire d'état.

Les évêques ont le droit de nommer et d'instituer les curés ; mais leur nomination ne peut être manifestée qu'après avoir été agréée par Sa Majesté impériale.

Les évêques sont obligés de résider dans leurs diocèses ; ils ne peuvent en sortir qu'après en avoir obtenu la permission de l'Empereur.

Chaque évêque est autorisé à nommer deux vicaires-généraux, et chaque archevêque peut en nommer trois. Ces vicaires doivent être choisis parmi les prêtres qui ont les qualités requises pour être évêques.

Chaque évêque est chargé de visiter annuellement, et en personne, une partie de son diocèse; et, dans l'espace de cinq ans, le diocèse entier.

En cas d'empêchement légitime, la visite doit être faite par un vicaire-général.

Les évêques sont pareillement chargés de l'organisation de leurs séminaires, mais il faut que les règlemens de cette organisation soient soumis à l'approbation de Sa Majesté impériale.

Il est nécessaire que ceux qui sont choisis pour l'enseignement dans les séminaires, souscrivent la déclaration faite par le clergé de France en 1682, et publiée par un édit de la même année; en conséquence, il faut qu'ils se soumettent à enseigner la doctrine contenue dans cette déclaration, et les évêques sont obligés d'adresser une expédition en forme de cette soumission au ministre des cultes.

Les évêques sont aussi chargés d'envoyer chaque année au même ministre les noms des individus qui étudient dans les séminaires, et qui se destinent à l'état ecclésiastique.

Pour que l'évêque eût la faculté d'ordonner un ecclésiastique, il fallait, suivant les lois organiques du concordat, que celui-ci justifiât qu'il avait une propriété qui produisait un revenu annuel au moins de 300 francs, qu'il était âgé de vingt-cinq ans; mais ces dispositions ont été rapportées par le décret impérial cité ci-devant, du 28 février 1810.

En conséquence, les évêques ont été autorisés à ordonner tout ecclésiastique âgé de vingt-deux ans accomplis, sous la restriction toutefois que ant qu'il n'aurait pas vingt-cinq ans, il ne pour-

rait être admis dans les ordres sacrés qu'après
avoir justifié du consentement de ses parens, ainsi
que cela est prescrit par les lois civiles pour le
mariage des fils qui n'ont pas vingt-cinq ans accomplis.

Au reste, les évêques ne peuvent faire aucune
ordination avant que le nombre des individus à
ordonner ait été soumis au Gouvernement, et qu'il
ait donné son consentement.

Les curés ne peuvent entrer en fonction avant
d'avoir prêté, entre les mains du préfet du département, un serment semblable à celui que doivent prêter les évêques entre les mains de l'Empereur, et dont nous avons rapporté la formule
précédemment. Il doit être dressé procès-verbal
de cette prestation par le secrétaire-général de
la préfecture, et il doit en être délivré à chaque
curé une copie collationnée.

L'évêque est chargé de désigner un curé ou un
autre prêtre pour mettre en possession les nouveaux curés. Ces derniers sont tenus de résider
dans leurs paroisses, et ils sont immédiatement
soumis aux évêques dans l'exercice de leurs fonctions.

Quant aux vicaires et desservans, ils exercent
leur ministère sous la surveillance et la direction
des curés; mais il faut qu'ils soient approuvés par
l'évêque, qui est autorisé à les révoquer.

Aucun étranger ne peut être employé dans les
fonctions du ministère ecclésiastique sans la permission du Gouvernement.

Remarquez en même temps que toute fonction
est interdite à tout ecclésiastique, même français,
qui n'appartient à aucun diocèse.

Un prêtre ne peut quitter son diocèse pour aller
desservir dans un autre, sans la permission de
son évêque.

Les archevêques et les évêques qui veulent user de la faculté qu'on leur a donnée d'établir des chapitres, ne peuvent le faire sans avoir rapporté l'autorisation du Gouvernement, tant pour un tel établissement que pour le nombre et le choix des individus destinés à le former.

Par les lois organiques du concordat, il avait été statué que pendant la vacance d'un siége épiscopal les vicaires-généraux continueraient leurs fonctions jusqu'à ce que l'ancien évêque fût remplacé; mais cette disposition a été rapportée par le décret impérial du 28 février 1810. Ce décret a ordonné que durant une telle vacance il serait pourvu, conformément aux lois canoniques, au gouvernement du diocèse, et qu'en conséquence les chapitres présenteraient au ministre des cultes les vicaires-généraux qu'ils auraient élus, pour que leur nomination fût reconnue par l'Empereur.

Il doit y avoir au moins une paroisse dans chaque justice de paix.

Il doit en outre être établi autant de succursales que le besoin peut l'exiger.

Chaque évêque, de concert avec le préfet, est chargé de régler le nombre et l'étendue de ces succursales; mais les plans arrêtés doivent être soumis au Gouvernement, et ils ne peuvent être exécutés qu'après qu'il les a autorisés.

Aucune partie du territoire français ne peut être érigée en cure ou en succursale sans la même autorisation.

Les prêtres qui desservent les succursales sont nommés par les évêques.

Quant au traitement des ministres catholiques, celui des archevêques a été fixé à 15,000 francs par an, et celui des évêques à 10,000 francs.

Les curés sont, à cet égard, divisés en deux classes. Le traitement de ceux de la première

Tome IV.　　　　　　　　Y

classe est de 1500 francs, et celui des curés de la seconde classe est de 1000 francs.

Les pensions dont ils jouissent en exécution des lois de l'assemblée constituante, doivent être pré-comptées sur leur traitement.

Les conseils généraux des grandes communes sont autorisés à leur accorder, sur leurs biens ruraux ou sur leurs octrois, une augmentation de traitement si les circonstances l'exigent.

Les vicaires et les desservans doivent être choisis parmi les ecclésiastiques pensionnés en exécution des lois de l'assemblée constituante.

Le montant de ces pensions et le produit des oblations doivent former leur traitement.

Les évêques sont chargés de rédiger les projets de règlemens qui sont relatifs aux oblations que les ministres du culte sont autorisés à percevoir pour l'administration des sacremens; mais ces pro-jets ne peuvent être publiés, ni autrement mis à exécution, avant d'avoir été approuvés par le Gou-vernement.

Tout ecclésiastique, pensionnaire de l'Etat, doit être privé de sa pension s'il refuse, sans cause lé-gitime, les fonctions qui peuvent lui être confiées.

Les conseils généraux de département sont au-torisés à procurer aux archevêques et aux évêques un logement convenable.

Les presbytères et les jardins y attenans, qui n'ont pas été aliénés, ont dû être rendus aux curés et aux desservans des succursales. A défaut de ces presbytères, les conseils généraux ont été auto-risés à leur procurer un logement et un jardin.

Remarquez que les fondations qui ont pour ob-jet l'entretien des ministres et l'exercice du culte, ne peuvent consister qu'en rentes constituées sur l'Etat. Il faut que ces fondations soient acceptées par l'évêque diocésain, et elles ne peuvent être exécutées qu'avec l'autorisation du Gouvernement.

Remarquez aussi que les immeubles, autres que les édifices destinés aux logemens et les jardins y attenans, ne peuvent être affectés à des titres ecclésiastiques, ni possédés par les ministres du culte à raison de leurs fonctions.

La loi a chargé les préfets des départemens de prendre des arrêtés pour mettre à la disposition des évêques les édifices qui étaient anciennement destinés au culte catholique, et qui sont actuellement dans les mains de l'Etat. Il doit y en avoir un pour chaque cure, et un autre pour chaque succursale. Une expédition de ces arrêtés doit être adressée au ministre des cultes.

Des fabriques doivent être établies pour veiller à la conservation des temples et à l'administration des aumônes.

Dans les paroisses où il n'y a point d'édifice disponible pour le culte catholique, il faut que l'évêque se concerte avec le préfet pour la désignation d'un édifice convenable.

Voyez les articles CULTE PROTESTANT *et* MINISTRE DES CULTES.

CONCOURS.

C'est l'acte par lequel plusieurs personnes agissent pour obtenir une place, un prix, etc.

Voyez PRIX.

CONCUBINAGE.

Ce terme a deux significations différentes ; il

siguifie quelquefois nne espèce de mariage qui avait lieu chez les anciens, et qui est encore en usage dans quelques pays. Parmi nous, le concubinage est le nom qu'on donne au commerce charnel d'un homme et d'une femme libres, c'est-à-dire, qui ne sont pas mariés.

Nous ne remonterons point aux premiers siècles pour suivre les différentes vicissitudes que le concubinage a éprouvées chez les différens peuples. Il était admis chez les Juifs et chez les Egyptiens ; mais il y eut toujours une distinction entre les femmes qui avaient le titre d'épouses et les concubines, quoiqu'alors le concubinage fût une espèce de mariage et qu'il eût ses lois particulières.

Le concubinage était très-commun dans l'Orient. Salomon a eu jusqu'à sept cents femmes et trois cents concubines : les premières portaient le nom de reines ; les autres ne jouissaient point de cet honneur.

Darius avait trois cent soixante cinq concubines qui l'accompagnaient à l'armée.

Les empereurs de la Chine ont toujours eu deux ou trois mille concubines. Les sérails du Sophi de Perse et du grand-seigneur ont également renfermé, dans tous les temps, un grand nombre de femmes.

Nous pourrions multiplier les détails historiques sur cette matière ; mais ces recherches sont plus du ressort de l'historien que du jurisconsulte. Nous passerons donc à ce qui se pratiquait chez les Romains à l'égard du concubinage. Ils distinguaient deux sortes de mariages et deux sortes de concubinages.

Le mariage le plus honnête était celui qui se faisait solennellement et avec beaucoup de cérémonies. La femme qui était ainsi mariée s'appelait la véritable épouse (1), et jouissait de tous les avantages attachés à cette qualité.

Il y avait un autre sorte de mariage qui se contractait par le séjour pendant un an dans la maison du mari (2).

Le concubinage était si autorisé chez les Romains, qu'on le regardait comme une troisième espèce de mariage (3).

On distinguait le concubinage en deux classes. La première portait le nom de mariage injuste et légitime (4). Ce concubinage se formait lorsqu'un citoyen romain avait une concubine romaine de naissance, pourvu qu'elle ne fût ni sa sœur ni sa fille, et qu'elle ne fût point d'une condition servile.

La seconde classe de concubinage s'appelait mariage injuste et illégitime (5). Il se formait lorsqu'un citoyen romain avait commerce avec une femme étrangère, esclave ou incestueuse.

Le concubinage n'était point déshonorant chez les Romains : il avait ses lois et ses usages particuliers. Suivant l'ancien droit romain, les concubines pouvaient recevoir des donations ; mais elles ne pouvaient être instituées légataires universelles.

Constantin mit des bornes au concubinage, et il ordonna aux concubinaires de se marier.

Sous l'empereur Justinien, le concubinage n'était point encore aboli. Il était permis d'avoir une concubine (6).

L'empereur Léon défendit absolument le con-

_____

(1) *Justa uxor, conjux, mater familias.*
(2) *Uxorem usucapere ; uxor tantum, matrona.*
(3) *Injusta nuptia.*
(4) *Injusta nuptia et legitima.*
(5) *Injusta nuptia et illegitima.*
(6) *Licita consuetudo.*

cubinage par sa novelle 91 ; mais cette loi ne fut exécutée que dans l'empire d'Orient. En effet, le concubinage continua d'être autorisé chez les Lombards et chez les Germains. Il fut même en usage en France long-temps après la novelle 91 de l'empereur Léon.

On pourrait regarder comme une sorte de concubinage, l'union usitée dans quelques pays sous le nom de *demi-mariage, ou mariage de la main gauche*, mariage *à la morganitique*. Ces sortes de mariages sont communs en Allemagne, dans les pays où l'on suit la confession d'Augsbourg.

En France, le concubinage est regardé comme une débauche contraire à la pureté des mœurs. Mais les lois ne le punissent que quand il est accompagné de scandale : alors on peut y appliquer les dispositions des articles 8 et 9 du titre 2 de la loi du 19 juillet 1791. Ainsi le tribunal correctionnel devant qui les coupables sont traduits, peut prononcer contre eux selon la gravité des faits, une amende de cinquante à cinq cents livres.

L'article 339 du Code pénal veut que le mari qui entretient une concubine dans la maison conjugale, et qui s'en trouve convaincu sur la plainte de sa femme, soit puni d'une amende de cent francs à deux mille francs. Remarquez d'ailleurs que, dans ce cas, l'article 230 du Code Napoléon autorise la femme à demander le divorce.

Voyez les articles SUCCESSION, DONATION, ENFANT, etc.

* * *

CONCURRENCE.

C'est une égalité de droit, de privilége ou d'hypothèque entre plusieurs personnes sur une même chose mobilière ou immobilière.

Il y a concurrence d'hypothèque entre deux créanciers, quand leurs titres sont d'une même date également certaine, et alors la valeur de l'objet sur lequel ils veulent exercer leurs droits, se divise entre eux.

Sous l'ancien régime, il fallait que les actes sur lesquels la concurrence était fondée, fussent réellement de la même date ; car si l'un eût été passé avant midi et l'autre après midi, le premier aurait mis obstacle à la concurrence du second. Mais cette distinction est formellement abrogée par l'article 2147 du Code Napoléon, qui veut que tous les créanciers inscrits le même jour exercent en concurrence une hypothèque de la même date, sans distinguer entre l'inscription du matin et celle du soir, si cette différence avait été exprimée par le conservateur.

Remarquez aussi que la priorité d'une saisie ne donne plus, comme autrefois, aucun privilége au saisissant. Aujourd'hui le privilége dérive de la qualité de la créance, conformément à ce que porte l'article 2095 du Code Napoléon. Telle est, par exemple, la concurrence qui peut avoir lieu entre un boucher et un boulanger pour la viande et le pain qu'ils ont fournis à leur débiteur commun.

L'effet de la concurrence est que les créanciers, qui ont chacun un droit égal, doivent être payés par contribution au marc la livre.

Voyez HYPOTHÈQUE, PRIVILÉGE, SAISIE, etc.

CONCUSSION.

C'est le crime que commet un officier ou fonctionnaire public, qui abuse de son autorité ou de ses fonctions, pour se faire payer illégitimement d'une somme quelconque.

La concussion prend le nom d'*exaction*, lorsque celui qui perçoit plus qu'il ne doit percevoir, donne néanmoins un reçu de tout ce qu'il a perçu.

La concussion peut se commettre de différentes manières : elle a lieu de la part d'un homme revêtu de l'autorité publique, lorsqu'il met ou fait mettre sur les citoyens de plus fortes impositions que celles qui sont ordonnées, ou qu'il reçoit par lui ou par ses secrétaires des sommes pour accorder ou faire accorder les choses que l'on demande.

Il y a concussion de la part d'un magistrat, lorsqu'il reçoit des présens de ceux qui ont des affaires dans son tribunal, ou qu'il met les plaideurs dans la nécessité de lui donner ou à des personnes interposées, ce qu'il n'ose point exiger ouvertement.

La concussion est un des crimes les plus bas, dont un juge puisse se rendre coupable. Il assujettit la justice à la vénalité, tandis qu'elle doit être distribuée avec le plus grand désintéressement, et sans acception de personnes.

Il y a concussion de la part des greffiers, des notaires, des huissiers et de tout autre fonctionnaire public, lorsqu'ils exigent des droits plus forts que ceux que la loi leur attribue.

L'article 174 du Code pénal est ainsi conçu :
« Tous fonctionnaires, tous officiers publics,
» leurs commis ou préposés, tous percepteurs des
» droits, taxes, contributions, deniers, revenus
» publics ou communaux, et leurs commis ou
» préposés qui se seront rendus coupables du crime
» de concussion, en ordonnant de percevoir ou
» en exigeant ou recevant ce qu'ils savaient n'être
» pas dû, ou excéder ce qui était dû pour droits,

» taxes, contributions, deniers ou revenus, ou
» pour salaires ou traitemens, seront punis, sa-
» voir, les fonctionnaires ou les officiers publics
» de la peine de la réclusion ; et leurs commis ou
» préposés, d'un emprisonnement de deux ans au
» moins et de cinq ans au plus.

» Les coupables seront de plus condamnés à
» une amende dont le *maximum* sera le quart
» des restitutions et des dommages et intérêts, et
» le *minimum* le douzième ».

Voyez les articles JUGE, GREFFIER, NOTAIRE,
HUISSIER, JURY, etc.

CONDAMNATION.

Ce mot se dit et du jugement qui condamne,
et de la chose à laquelle on est condamné.

Ainsi ; l'on dit qu'on a satisfait au *jugement de
condamnation* d'un tel jour, ou qu'on a payé le
montant des *condamnations,* ou qu'on a acquitté
les *condamnations,* etc.

C'est une maxime de droit, que personne ne
peut être régulièrement condamné avant d'avoir
été entendu ou dûment appelé pour se défendre,
soit en matière civile, soit en matière criminelle.

On distingue différentes sortes de condamnations : ainsi,

La *condamnation provisoire* est celle par laquelle il est ordonné qu'on fera telle ou telle
chose par provision, en attendant le jugement du
fond de la contestation.

La *condamnation définitive* est celle qui porte
définitivement sur le fond de la contestation.

Les condamnations provisoires ou définitives
sont ou *contradictoires* ou *par défaut.* On les

appelle *contradictoires*, lorsque les parties ont été entendues par elles-mêmes ou par l'organe d'un défenseur. Ces condamnations ne sont plus susceptibles d'opposition de la part de ceux qui ont été entendus ; il ne leur reste que la voie de l'appel, si le jugement ne se trouve pas en dernier ressort.

La condamnation est *par défaut*, lorsque celui contre lequel elle est prononcée n'a point été entendu. Cette condamnation est susceptible d'opposition, pourvu que celui qui la forme ne se soit point déjà laissé condamner par défaut sur une première opposition ; pourvu encore qu'il soit dans le temps porté par la loi, pendant lequel une opposition est recevable. Observez qu'en matière criminelle, au lieu de dire *condamnation par défaut*, on dit *condamnation par contumace*, lorsque l'accusé a fait refus de comparaître.

La *condamnation solidaire* est celle qui s'exécute solidairement contre plusieurs condamnés, soit en vertu de la loi, soit en vertu du jugement qui l'a prononcée.

La *condamnation par corps* se dit de celle qui emporte la contrainte par corps, soit par la nature de la chose qui y donne lieu, soit par la force de la loi ou par une disposition particulière de la condamnation.

Dans les affaires qui sont de la compétence des tribunaux de police, la condamnation par défaut est comme non avenue, si dans les trois jours de la signification qui en a été faite à la personne citée, celle-ci se présente et demande à être entendue ; mais les frais de la signification du jugement par défaut demeurent à sa charge.

Vous remarquerez, à cet égard, que si les délais prescrits pour la citation, n'avaient point été observés, et que le défendeur n'eût pas comparu, il faudrait que le juge de paix ordonnât la réassignation de ce dernier, et, dans ce cas, les frais de la première citation seraient à la charge du demandeur, en vertu de l'article 5 du Code de procédure civile.

· Comme les délits et les crimes sont personnels, le supplice d'un coupable et les condamnations infamantes prononcées contre lui n'impriment aucune flétrissure à sa famille. L'honneur de ceux qui lui appartiennent n'est nullement entaché, et tous continuent d'être admissibles à toutes sortes de professions, d'emplois et de dignités. Telles sont les dispositions de l'article 2 de la loi du 21 janvier 1790. L'article 4 de la loi citée veut que le corps du supplicié soit délivré à sa famille si elle le demande. Il ne doit d'ailleurs être fait, sur le registre des décès, aucune mention du genre de mort.

L'article 10 du Code pénal avertit que la condamnation aux peines établies par la loi, est toujours prononcée sans préjudice des restitutions et des dommages-intérêts qui peuvent être dus aux parties.

Suivant l'article 25 du même Code, aucune condamnation ne peut être exécutée les jours de fêtes nationales ou religieuses, ni les dimanches.

L'exécution des condamnations à l'amende, aux restitutions, aux dommages-intérêts et aux frais, peut être poursuivie par la voie de contrainte par corps.

Si les amendes et les frais ont été prononcés au profit du trésor impérial, et qu'après l'expiration de la peine afflictive ou infamante, l'emprisonnement du condamné pour l'acquit de ces condamnations pécuniaires ait duré une année complette, il peut, sur la preuve acquise, par les voies de droit, de son absolue insolvabilité, obtenir sa liberté provisoire.

La durée de l'emprisonnement doit être réduite à six mois s'il ne s'agit pas d'un crime, mais d'un délit; sauf, dans tous les cas, à reprendre la contrainte par corps s'il survient au condamné quelque moyen de solvabilité.

Remarquez qu'en cas de concurrence de l'amende ou de la confiscation avec la restitution et les dommages-intérêts sur les biens insuffisans du condamné, la préférence doit être accordée à ces dernières condamnations.

Au surplus, tous les individus condamnés pour un même crime ou pour un même délit, sont tenus solidairement des amendes, des restitutions, des dommages-intérêts et des frais.

Voyez les articles 52 *à* 55 *du Code pénal.*

Voyez aussi les articles Mort civile, Bannissement, Carcan, Travaux forcés, Réclusion, Révision, Prescription, etc.

CONDAMNÉ.

C'est celui contre lequel on a porté un jugement soit en matière civile, soit en matière criminelle. Mais ce mot, pris substantivement, ne s'emploie qu'en matière criminelle, pour désigner ceux contre lesquels il a été prononcé des peines afflictives ou infamantes.

Voyez l'article Condamnation.

CONDITION.

19. *La faculté d'accomplir la condition passe-t-elle aux héritiers ?*

20. *Dans quel temps la condition doit-elle être accomplie ?*

21. *La condition peut-elle être divisée dans la forme de l'accomplissement ?*

22. *L'effet de la condition doit-il durer ?*

23. *Des règles pour expliquer les conditions dans les actes à cause de mort.*

1. *Définition.* Une condition en général est une clause quelconque dans un acte ; et, dans une acception particulière, ce mot se prend pour une disposition qui tend à résoudre, à suspendre ou modifier un acte d'après un événement incertain.

2. *Caractères généraux et distinctifs des conditions.* Il est assez ordinaire, dans les conventions, de prévoir des évènemens qui pourront y opérer quelque changement. On règle ce qui sera fait si ces cas arrivent.

Ainsi, les conditions, dans les conventions, sont de nouveaux actes par lesquels on règle ce qui résultera des précédens, dans le cas qu'un ou plusieurs évènemens incertains pour les contractans arrivent.

S'il est dit, par exemple, qu'en cas qu'une maison vendue se trouve sujette à une telle servitude, la vente se trouvera résolue, ou que le prix en sera diminué, c'est là une condition ; car on prévoit un cas, et l'on y pourvoit.

Ainsi encore, si une maison est vendue à condition que l'acquéreur ne pourra la hausser, le vendeur prévoit que l'acquéreur pourrait faire ce changement, et il le prévient.

On ajoute le second exemple, pour faire remarquer que les charges que les contractans s'imposent l'un à l'autre dans les conventions, tiennent de la nature des conditions ; car c'est proprement une charge imposée à l'acquéreur que cette clause de ne pouvoir hausser son bâtiment. Mais cette charge renferme une condition ; c'est comme si l'on avait stipulé *qu'en cas que l'acheteur veuille hausser la maison qui lui est vendue, le vendeur pourra s'y opposer.* Voilà pourquoi on se sert souvent du mot de *condition* et de celui de *charge* indistinctement.

On emploie aussi le mot de *conditions* au pluriel, pour signifier les différentes conventions d'un traité, parce qu'elles obligent toutes de telle manière, que s'il arrive qu'on y manque ou qu'on y contrevienne, on est sujet aux peines stipulées pour le cas de l'inexécution.

Les évènemens prévus par les conditions sont de trois sortes. Quelques-uns dépendent du fait des personnes qui traitent ensemble, comme s'il est dit, *en cas qu'un associé s'engage dans une autre société.*

D'autres sont indépendans de la volonté des contractans ; tels sont les cas fortuits, comme s'il est dit, *en cas qu'il arrive une gelée, une grêle, un incendie.*

Il y en a enfin qui dépendent en partie des contractans et en partie des cas fortuits ; comme s'il est dit, *en supposant qu'une telle marchandise arrive un tel jour.*

Les conditions sont aussi de trois sortes, selon les trois différens effets qu'elles peuvent produire.

La première espèce renferme les conditions qui accomplissent les engagemens que l'on en fait dépendre ; comme s'il est dit, *qu'une vente aura lieu en cas que la marchandise soit délivrée un tel jour.*

La seconde espèce contient les conditions qui résolvent les engagemens ; comme s'il est dit, *que si une telle personne arrive en tel temps, le bail d'une maison sera interrompu ou annullé.*

La troisième espèce enfin comprend celles qui n'accomplissent ni ne résolvent les conventions, mais qui doivent y apporter quelques changemens; comme s'il est dit, *qne si une maison louée est donnée sans certains meubles promis, le loyer diminuera d'autant.*

Il y a des conditions *expresses*; il y en a de *tacites* ou de *sous-entendues.*

Les conditions *expresses* sont toutes celles qui sont expliquées; comme quand il est dit, *si telle chose est faite ou non, si telle chose arrive ou n'arrive pas.*

Les conditions *tacites* ou *sous-entendues* sont celles qui se trouvent renfermées dans une convention, sans y être exprimées; comme s'il est dit dans la vente d'un immeuble, *que le vendeur se réserve les fruits de l'année.* Cette réserve suppose qu'il naîtra des fruits, de même que s'il avait été dit, *qu'il réservait les fruits, en cas qu'il y en eût.*

Quelques auteurs distinguent encore les conditions en *positives* et en *négatives.*

La condition *positive* est celle qui consiste dans la réalisation d'une chose qui pourrait ne pas se réaliser. Par exemple, *si je fais un voyage en Italie.*

La condition *négative* est celle où on stipule sur la non réalisation d'une chose qui peut arriver. Par exemple, *si je ne me marie pas.*

Quelques auteurs font encore une troisième division des conditions.

Ils les séparent en trois classes. La première comprend les *conditions potestatives*, c'est-à-dire celles qui sont au pouvoir de celui envers lequel l'obligation est contractée. Par exemple, si je

promets une telle somme à mon voisin, au cas
qu'il abatte dans son champ, un arbre qui me
bouche la vue.

La seconde renferme les *conditions casuelles*,
qui dépendent absolument du hasard. Par exemple, *s'il y a paix ou guerre, abondance ou sté-
rilité*.

La troisième contient les *conditions mixtes*,
qui dépendent de la volonté d'un des contractans et de celle d'un tiers. Par exemple, *si vous
êtes héritier d'un de vos parens*.

On peut encore ajouter une quatrième division,
qui est en conditions de fait et en conditions de
droit.

Par conditions de fait, il faut entendre celles
qui ont pour objets des faits dont les parties s'imposent l'obligation.

Par conditions de droit, il faut entendre celles
que la loi supplée dans les engagemens des hommes, soit qu'elle les juge nécessaires par la nature
de la chose, soit qu'elle les présume dans l'intention des parties.

3. *Qualités que doit avoir une condition pour
produire son effet.* Nous avons dit que l'effet essentiel d'une condition était de suspendre l'obligation; mais, pour produire son effet, la condition doit avoir plusieurs qualités.

Il faut d'abord que la condition porte sur une
chose future. Une obligation contractée sous la
condition d'une chose passée ou présente, quoique cette chose soit ignorée des contractans, n'est
pas véritablement conditionnelle. Ceci va s'expliquer par un exemple.

Si je m'oblige à vous payer une telle somme,
au cas que mon père soit actuellement vivant, il
est évident qu'ici mon obligation n'est point subordonnée à la condition. Mon obligation est par-

faite du moment qu'elle a été contractée, s'il se trouve qu'à ce moment mon père jouissait encore de la vie ; et elle n'a jamais existé, si au moment dont il s'agit mon père était mort.

Une condition relative au temps actuel ne peut ni accomplir ni suspendre une obligation.

Mais, dans ce cas, l'obligation est toujours réelle et doit être exécutée ; seulement elle ne doit l'être qu'après la vérification du fait inconnu dont il s'agit.

Si l'on veut y faire réflexion, on verra que toutes les promesses où l'on insère quelque condition qui se rapporte au passé ou au présent se convertissent dans cette stipulation : *Je m'engage envers vous à telle chose, si vous me prouvez telle chose.* Et tout dépend de la vérification ou de la preuve du fait.

Il faut secondement que la condition porte sur une chose qui puisse arriver ou n'arriver pas. La condition d'une chose qui ne pourrait manquer d'arriver, n'en serait pas une, et ne suspendrait pas la convention.

Cependant, si elle était incertaine pour les parties, la convention devrait toujours être exécutée ; mais il faudrait attendre l'accomplissement de la condition. Cet accomplissement serait regardé comme le terme auquel on a voulu fixer l'exécution de l'engagement.

Pour que la condition soit réellement suspensive, il faut troisièmement qu'elle porte sur une chose possible, licite et non contraire aux bonnes mœurs.

Une chose peut être impossible, ou *physiquement*, ou *moralement*.

Elle est impossible *physiquement*, lorsqu'elle est contraire aux loix de la nature.

Elle est présumée impossible *moralement*, lorsqu'elle est contraire aux penchans du cœur de l'homme, ou aux motifs que l'expérience a fait connaître pour les règles ordinaires de sa conduite. Par exemple, si l'on faisait dépendre une convention de cette condition, qu'un homme riche et irréprochable se rendra coupable d'un vol, ou d'une autre action dont ses mœurs l'éloignaient et à laquelle l'intérêt ne le sollicitait pas, la chose serait présumée moralement impossible.

Une chose est illicite lorsqu'elle est contraire, soit aux lois naturelles, soit aux lois positives. Par exemple, refuser de nourrir son père ou ses enfans, ou se révolter contre les ministres de la loi, sont des choses illicites et même criminelles.

Une chose est contraire aux bonnes mœurs, quand elle blesse le bon ordre qui doit régner dans la société.

La quatrième qualité enfin qui peut rendre la condition suspensive, c'est qu'elle ne détruise pas la nature de l'obligation. Telle serait celle qui ferait dépendre l'obligation de la seule volonté de la personne qui s'engage, comme si je promettais de donner quelque chose à quelqu'un *si cela me plaisait.*

Il est évident qu'il n'y aurait pas d'obligation dans ce contrat. Une obligation renferme nécessairement la nécessité de satisfaire à l'engagement qu'on a pris. Si cette nécessité est subordonnée à ma volonté, la nature de l'obligation est détruite. Aussi la loi a-t-elle dit qu'*il n'y a pas d'engagement lorsque l'exécution est laissée à la volonté de celui qui en est chargé.*

Mais on peut soumettre la convention à la volonté d'une tierce personne; comme *si je m'engage à vous donner une telle somme, en cas que le peuple vous crée électeur.*

4. *De l'accomplissement des conditions.* Après

avoir vu quelles doivent être les conditions pour
opérer leur effet , qui est de suspendre les conventions , examinons de quelle manière les conditions s'accomplissent.

Les conditions s'accomplissent lorsque la chose
qui fait la matière de la convention arrive.

Lorsqu'une condition consiste à donner ou à
faire quelque chose, il faut , pour l'accomplissement de la condition ; que celui à qui elle a été
imposée ait donné ou fait la chose de la manière
dont il est vraisemblable que les parties ont entendu qu'elle serait donnée ou faite.

Si j'ai contracté quelque engagement envers
vous, *à condition que vous payeriez une certaine
somme à un de mes parens*, qui est un mineur,
notoirement incapable d'user sagement de cette
somme , il est évident qu'en la lui remettant,
vous avez mal entendu ou mal exécuté la condition ; car il est présumable que c'était entre les
mains du tuteur de mon parent que je voulais que
vous fissiez le payement dont il s'agit.

On demande si , lorsque la condition consiste
dans quelque fait d'une des parties contractantes
ou d'une personne tierce , il est indifférent que
la condition soit accomplie par la personne obligée , ou par ses héritiers , ou par un tiers , ou
par tout autre qui s'en serait chargé ?

La décision de la question dépend de la nature
du fait et de l'examen des motifs qui ont conduit
les contractans.

Si les parties ont eu en vue le fait propre et
exclusif d'une telle personne , alors cette personne seule peut accomplir la condition.

Par exemple , si j'ai promis une pension viagère à un citoyen, à la charge de rester dix ans à
mon service, il est évident que le service de ce
citoyen, qui fait l'objet de la condition, est un

fait personnel, et qu'une telle convention ne peut être accomplie que par lui.

Il en serait de même de l'obligation que je contracterais avec l'élève d'un célèbre peintre, de lui donner une telle somme, s'il m'apportait un tel tableau fait par son maître. C'est pour l'ouvrage de ce célèbre peintre, et non pas pour celui de son élève ou de tout autre, que j'ai promis de payer une telle somme.

Mais si les parties ont considéré le fait qui a été l'objet de la condition en lui-même, et sans aucun égard à la personne qui l'accomplirait, en ce cas, la condition peut s'accomplir non-seulement par la personne obligée elle-même, mais par tous ceux qu'elle aura chargés de l'exécuter, ou à qui elle passera.

Par exemple, je m'oblige à vous payer une telle somme, si dans l'année vous détruisez un mur qui borne ma vue; il est évident que cette condition peut être accomplie par vos héritiers, par vos successeurs : ici je n'ai considéré que le fait en lui-même, je n'ai voulu autre chose, sinon que le mur fût détruit, n'importe par qui.

Mais arrêtons-nous un moment sur cette question de savoir si l'accomplissement des conditions passe aux héritiers, et en quels cas.

Il est évident qu'il faut distinguer ici les faits qui doivent s'accomplir personnellement, de ceux qui peuvent être exécutés par tout autre que le contractant.

Si les faits sont personnels, si, par exemple, il s'agit d'épouser Eugénie, d'étudier une langue, de faire un tableau, la faculté d'accomplir la condition ne peut pas passer aux héritiers du contractant. C'est sur ce principe que la loi décide qu'une caution ne peut pas accomplir la

condition imposée personnellement au principal
obligé.

Si la condition est de nature à pouvoir être
remplie par les héritiers, l'exécution leur en est
transmise : on est toujours censé avoir traité tant
pour soi que pour ses héritiers, lorsqu'on ne
paraît pas avoir borné l'effet du contrat en soi-
même, en s'imposant exclusivement l'exécution
des conditions ; et c'est pour cette raison que la
loi décide qu'une obligation conditionnelle passe
aux héritiers.

Il n'en est pas de même des legs et autres dispositions semblables, comme nous l'expliquerons
dans la suite.

Lorsque la condition exprime un temps déterminé pour son exécution, comme si je me
suis obligé à vous fournir des marchandises, *si
un tel navire arrive au port en tel temps ;* il faut
que la condition s'accomplisse dans le temps fixé,
et lorsque le temps est passé sans que la condition se soit accomplie, la convention est nulle.

Mais si l'exécution de la condition n'est pas
fixée à tel temps, elle peut s'accomplir en quelque temps que ce soit.

Cependant, si la condition était un fait qui
dépendît de la volonté d'une partie et qui fût
de l'intérêt de l'autre, il y aurait une modification à cette règle. Il serait permis à la partie
qui aurait intérêt que la chose se fît, de demander qu'il fût fixé un temps dans lequel l'autre partie serait tenue de faire ce qu'elle aurait
promis.

Quand les conditions sont négatives, ou elles
ont un temps fixé, ou elles n'en ont pas.

Si elles ont un temps fixé, elles ont existé dès
que le temps a été expiré, sans même que la
chose fût arrivée. C'est ce qui s'explique par

l'exemple que nous avons déjà employé. *Si je promets quelque chose, au cas qu'un tel navire ne soit pas de retour cette année dans nos ports*, la condition aura existé, lorsque l'année sera révolue sans que le navire soit arrivé.

Si la condition négative n'a point de temps marqué, elle n'est censée accomplie que lorsqu'on a acquis la certitude que la chose n'arrivera pas. Continuons toujours l'exemple de l'arrivée d'un navire. Nous avons pris un engagement, *si un tel navire n'arrive pas des Indes orientales en bon état*. La condition n'existera que du moment que l'on aura des nouvelles assurées que le vaisseau n'arrivera pas, ou ne pourra arriver, soit parce qu'il aura été pris par les ennemis, ou qu'il aura péri dans un naufrage, ou par tout autre évènement qui en aura empêché le retour.

Ce que nous avons dit pour le cas où la condition intéresse une partie et dépend de la volonté de l'autre, doit s'appliquer à la condition négative, comme à la condition positive. C'est pourquoi, si quelqu'un s'est obligé envers moi de me donner une certaine somme, dans le cas où il ne démolirait pas un mur de son enclos qui borne ma vue, celui qui s'est obligé sous cette condition peut être assigné, pour voir dire, que faute par lui de faire une chose qui est en son pouvoir, et qui suspend un engagement auquel je suis intéressé, il lui sera fixé un délai pour faire la chose dont il s'agit ; et que s'il ne la fait pas dans le délai fixé, il sera condamné à me payer la somme promise.

Quand l'accomplissement des conditions a été empêché par l'une des parties obligées, elles sont tenues pour accomplies dès ce moment même.

Et ce principe est fondé sur la justice et sur la raison. Une condition fait dépendre un engagement d'un évènement incertain : telle est la loi sous laquelle les parties ont traité. Si l'une d'elles s'empare de l'évènement, pour le forcer à être ce qu'elle désire, l'engagement ne dépend plus d'un cas incertain, il dépend uniquement de la volonté de cette partie, et cela renverse toute idée de convention conditionnelle, parce qu'il faut une égale incertitude sur l'évènement qui doit décider de la convention.

D'un autre côté, celui qui cherche à rendre son sort certain dans une chose incertaine, est censé avoir craint que cette chose ne tournât contre lui. Ainsi son fait supplée à l'évènement; et l'on croit que ce qu'il voulait éviter serait effectivement arrivé. On s'arrête d'ailleurs d'autant plus aisément à ce parti, qu'il est la punition de la mauvaise foi et de la fraude.

Les lois ont pourtant mis une modification sage à ce principe. Elles n'entendent pas que l'évènement d'une condition soit présumé contraire à une partie, qui, en mettant obstacle à l'accomplissement de cette condition, n'en a pas eu le dessein : par exemple, si mon père m'a promis la propriété d'une maison dont il m'a déjà abandonné l'usufruit, *à condition que je l'habiterai toujours*, et qu'il soit certain que cette maison est malsaine, et que je cours risque de m'y voir périr ou tomber malade moi et ma famille, il est bien évident que si je me refuse à l'accomplissement de la condition qui m'a été imposée, ce n'est pas parce que je veux m'y soustraire, mais parce que j'y suis forcé par le motif le plus pressant, qui est celui de ma santé.

Observons aussi à cet égard une différence entre les conditions dont l'accomplissement est

momentanée, et celles qui ne s'accomplissent
que par une succession de temps.

Les premières sont réputées accomplies aussitôt que la partie qui devait remplir la condition
en a été empêchée par l'autre partie : par exemple,
si j'avais promis une récompense à un ouvrier,
dans le cas où il viendrait un tel jour finir un
ouvrage, je serais obligé de remplir mon obligation envers lui, s'il se présentait, quand même
je changerais de dessein et que je ne voudrais
pas que cet ouvrage s'achevât.

Mais si l'accomplissement d'une condition
était l'effet du hasard, elle ne serait pas tenue
pour accomplie par ce coup du hasard même.
Il faut nous expliquer par un exemple.

Je suppose que vous m'avez promis une récompense si je conserve un tel ouvrier. Cet
ouvrier meurt ; c'est ici le sort seul qui m'a empêché de remplir la condition à laquelle je m'é-
tais soumis. Cependant elle n'est pas tenue pour
accomplie, et la somme promise n'est pas due.
Tel est du moins l'avis de Pothier, qu'aucun
autre auteur ne combat.

Voici les raisons sur lesquelles Pothier appuie
le principe qu'il pose.

Les contrats, dit-il, ne doivent être entendus
que relativement à ce qu'ils contiennent, et l'interprétation, dans le doute, se fait toujours contre
celui envers qui l'obligation est contractée, parce
qu'il doit s'imputer la faute si l'acte n'est pas
assez clairement expliqué. Suivant ce principe,
si quelqu'un s'est obligé envers moi, au cas que
je conserverais le même ouvrier, il est incertain
si l'obligation a été contractée même pour le cas
où il ne tiendrait pas à moi de conserver le même
ouvrier ; et dans le doute l'interprétation doit se
faire contre moi.

Cette décision aurait encore lieu suivant Pothier, quand même j'aurais annoncé, par des
préparatifs et des dépenses, mon intention de
conserver mon ouvrier, comme si j'avais fait
faire une habitation pour lui, ou si je lui avais
avancé son salaire. Malgré cela, je ne pourrais
réclamer la somme promise sous cette condition
qu'il n'aurait pas dépendu de moi d'exécuter.
Je pourrais seulement demander l'indemnité des
dépenses que l'exécution interrompue de la condition aurait pu m'occasionner.

Il en serait de même d'une condition qui dépendrait tout à la fois de la personne obligée et
d'une autre personne étrangère à la condition. Si
par exemple quelqu'un m'avait promis 1000 liv.
si j'épousais une telle personne; les 1000 livres
ne seraient pas dues, quand même j'aurais fait
et offrirais tout ce qui dépendrait de moi pour
obtenir la main de cette personne. Cette décision
a une raison de plus dans ce cas. Il est à croire
que la promesse des 1000 livres a été faite en
considération du mariage, encore plus que de
mon empressement à le rechercher.

5. *De l'indivisibilité de l'accomplissement
des conditions.* Il arrive souvent que l'on appose
plusieurs conditions à la fois dans une même
convention. Voyons si elles peuvent être divisées
dans l'accomplissement dont elles sont susceptibles.

L'accomplissement d'une condition est un
fait; et un fait ne pouvant exister à demi, il s'ensuit qu'une condition ne peut pas être censée
remplie, lorsqu'elle ne l'est pas dans toutes ses
parties.

C'est pourquoi, si je vous ai promis une certaine somme, dans le cas que vous m'amèneriez
trois chevaux et que vous ne m'en ayez amené

que deux , la condition d'où résulte mon engagement n'est pas exécutée.

Quand même l'objet de la condition serait une chose divisible , l'accomplissement ne pourrait pas en être divisé. C'est pourquoi si quelqu'un m'avait vendu un héritage , à la charge que je remettrais une telle somme à un de ses parens , ou bien si quelqu'un s'était obligé par une transaction de m'abandonner un héritage contesté entre lui et moi, sous la condition de lui donner, dans un temps déterminé , une certaine somme ; quoique ces conditions eussent pour objet des sommes d'argent, choses très-divisibles , néanmoins l'accomplissement de ces conditions serait indivisible, parce qu'il est nécessaire, pour qu'une obligation suspendue cesse de l'être, que la chose qui la suspend soit pleinement accomplie , et parce que l'accomplissement d'une partie n'équivaut pas à l'accomplissement du tout.

Dumoulin se décide pour l'indivisibilité de la condition dans l'espèce suivante, qui est peut-être celle où elle pourrait paraître le plus douteuse.

Quatre héritiers d'un débiteur ont été condamnés à payer une certaine somme, avec sur-séance de deux ans pour le payement, *s'ils donnent caution dans le mois* : Dumoulin soutient que les trois héritiers qui ont donné, dans le mois, caution, chacun pour leur part, ne jouiront pas de l'avantage du terme, si leur cohéritier n'a pas également donné caution pour sa part.

Il appuie sa décision sur ce motif, que le créancier est, dans cette espèce, la partie la plus favorable, puisque c'est lui qui souffre d'un terme accordé, peut-être malgré lui, à ses débiteurs ; d'où il suit que la condition, sous laquelle le terme a été accordé par le juge, doit être interprétée en faveur du créancier, et à la rigueur contre les débiteurs. Mais si le quatrième héritier, au lieu de donner caution pour sa part, l'avait payée, il ne serait pas douteux que les trois autres qui ont donné caution, chacun pour leur part, ne dussent jouir de la surséance accordée ; la condition alors serait, en quelque sorte, plus qu'accomplie par celui même qui ne l'aurait pas exécutée à la lettre.

Il se présente ici une autre question. Lorsqu'une obligation a été contractée sous plusieurs conditions, est-il nécessaire que toutes s'accomplissent ?

Il n'est pas douteux que si toutes les conditions ont été apposées pour qu'elles contribuent toutes à suspendre l'engagement, il faut que toutes s'accomplissent. Mais la difficulté est de connaître dans quelle vue les conditions ont été insérées.

Lorsqu'elles sont unies par une particule disjonctive, telle que celle-ci : *si un tel navire arrive à bon port*, ou *si je suis nommé à tel emploi ;* dans ce premier cas, il suffit que l'une des conditions soit accomplie, pour que l'obligation soit parfaite ; mais lorsque les conditions sont assemblées par une particule conjonctive, comme lorsqu'il est dit : *si un tel navire arrive*, ET *si je suis nommé à tel emploi*, alors il faut que toutes les conditions s'accomplissent ; et si une seule manque, l'obligation s'évanouit.

De l'effet des conditions. Voyons actuellement quel est l'effet des conditions.

Nous avons déjà dit, et cette idée entrait dans la définition même des conditions ; nous avons dit qu'elles avaient pour but de suspendre l'obligation dans laquelle elles étaient insérées, jusqu'à ce qu'elles fussent entièrement accomplies.

Il suit de là, que tant que la condition n'est pas accomplie ou réputée accomplie, il n'existe pas d'obligation : par conséquent qu'aucun droit n'est encore acquis à un contractant contre l'autre, dans toute la partie de la convention qui dépend de la condition ; seulement la partie à qui il est promis quelque chose dans la convention, a une espérance sur la chose promise.

C'est sur ces principes que les lois décident que le payement fait par erreur avant l'accomplissement de la condition, peut être réclamé.

Si la chose qui faisait l'objet de l'obligation conditionnelle, périt entièrement avant l'accomplissement de la condition, inutilement la condition s'accomplirait-elle dans la suite ; car l'accomplissement de la condition ne peut pas confirmer une obligation sur ce qui n'existe plus, ne pouvant pas y avoir d'obligation sans une chose qui en soit l'objet.

Si la chose existe au temps de l'accomplissement de la condition, il en résultera l'effet que la chose sera due en l'état qu'elle se trouvera ; et dans ce cas, un créancier profitera de l'augmentation, ou souffrira de la détérioration survenue dans la chose, pourvu néanmoins que cette augmentation ou cette détérioration ne soit en rien le fait du débiteur.

Et si le créancier meurt avant l'existence de la condition, quoique son droit de créance n'ait pas encore été certain, qu'il n'ait encore eu qu'une simple espérance, néanmoins si la condition existe depuis sa mort, il sera censé avoir transmis à son héritier le droit de créance résultant de l'engagement contracté envers lui, parce qu'au moyen de l'effet rétroactif de la condition, le droit sera censé lui avoir été acquis dès le temps du contrat, et par conséquent avoir été transmis à son héritier.

Il en est autrement de la condition apposée aux legs, comme nous l'expliquerons par la suite.

C'est encore une conséquence de l'effet rétroactif des conditions, que si l'engagement conditionnel a été contracté par un acte hypothécaire inscrit, l'hypothèque sera censée acquise du jour de l'inscription, quoique la condition n'ait existé que long-temps après.

Quoique le créancier conditionnel n'ait encore aucun droit avant l'accomplissement de la condition, néanmoins il est reçu à faire tous les actes qui peuvent conserver le droit qu'il espère posséder un jour.

Par exemple, il peut former opposition au décret des héritages qui sont hypothéqués à sa créance, si la condition sous laquelle elle a été contractée commence déjà à s'accomplir. Il sera même mis en ordre pour cette créance conditionnelle; mais il ne pourra toucher la somme pour laquelle il aura été colloqué, qu'après l'accomplissement de la condition. Le créancier pur et simple, qui ne pourrait être colloqué utilement, si la collocation de ce créancier conditionnel était confirmée par l'accomplissement de la condition, sera payé en attendant, à la place de l'autre; mais il sera obligé de donner caution de rapporter, en cas de l'accomplissement de la condition.

Tout ce qui arrive avant ou après l'évènement de la condition, est réglé selon l'état où se trouvent les choses.

Ainsi, lorsqu'une vente est accomplie et qu'elle doit être résolue en cas qu'une condition arrive, l'acheteur reste toujours maître de la chose; il en jouit, il la prescrit ; et si elle vient à périr, c'est lui qui en supporte la perte. Jusqu'à l'évènement de la condition la vente subsiste, et l'acquéreur seul peut posséder la chose vendue.

Et tout au contraire, lorsque l'accomplissement d'une vente dépend d'une condition, et qu'avant l'événement de la condition la chose vient à périr, c'est le vendeur qui en souffre la perte. La raison en est, qu'il demeure le maître, jusqu'à ce que , par l'événement de la condition, la vente ait été accomplie.

Mais lorsque la condition est arrivée, tous les évènemens de gain ou de perte regardent celui qui se trouve alors maître de la chose, soit que la condition accomplisse ou résolve la convention ; ainsi c'est toujours l'état où se trouvent les choses lorsque la condition arrive, et l'effet qu'elle doit avoir, qui règlent les suites des conventions conditionnelles.

Les conditions qui ne se rapportent pas à l'avenir, mais au présent et au passé, ont d'abord leur effet, et la convention est en même temps accomplie ou annullée selon l'effet que doit lui donner la condition. Ainsi, par exemple, lorsqu'une marchandise est vendue à condition que la vente n'aura lieu qu'en cas que la marchandise soit arrivée à tel port, la vente est ou d'abord accomplie si la marchandise est au port, ou d'abord nulle si elle n'y est pas. La condition n'est pas suspensive, quoique ceux qui ont traité sous de telles conditions ignorent s'ils sont obligés ou non.

Si la condition qui doit accomplir ou résoudre la convention, ou bien y apporter quelques changemens, est indépendante du fait des contractans, elle opère son effet du moment qu'elle arrive ou qu'elle est connue. Par exemple, s'il a été con-

venu qu'une vente de fourrages n'aura son effet,
qu'autant qu'un tel régiment de cavalerie sera
arrivé dans tel lieu, la vente sera consommée
dès que le régiment sera arrivé ; ou sera annullée,
dès qu'il sera certain qu'il n'arrivera pas. Ainsi
encore, lorsqu'un héritage est vendu à condition
que s'il se trouve sujet à telle charge, la vente
sera résolue, il dépendra de l'acheteur de rompre
la vente, si l'héritage se trouve sujet à cette
charge ; à moins cependant que la charge ne
soit telle que le vendeur puisse la faire cesser ;
car alors il serait juste de lui en donner le temps.

Si la condition dépend entièrement ou en partie
du fait de l'un des contractans, et qu'il n'y ait pas
satisfait dans le temps, s'il peut être excusé par
les circonstances, il est de l'équité de lui accorder un délai.

Ainsi, lorsqu'un bail à ferme ou à loyer porte
la condition que le propriétaire fera quelques réparations dans un certain temps, le bail ne sera
pas d'abord résolu, quoique les réparations ne
soient pas achevées. Il sera de la prudence du
juge de fixer un délai relatif aux circonstances.
Il observera seulement de condamner la partie
qui est en retard, à des dommages-intérêts envers
l'autre partie, si le retard a porté préjudice à
celle-ci. Mais si le retard n'a fait aucun tort à la
partie qui pourrait s'en plaindre, il n'y aurait pas
lieu de prononcer des dommages-intérêts. *C'est
un petit mal qu'un court délai*, dit la loi.

Il y a cependant une exception à cette règle.
Elle a lieu lorsque le délai pour exécuter une
convention, détruit la convention même, ou cause
un préjudice notable à l'une des parties. Alors la
condition doit être exécutée sans retard, soit
qu'elle dépende du fait de l'un des contractans,
ou qu'elle en soit independante.

Ainsi, par exemple, si une vente de marchandises a été faite à condition que le vendeur les délivrerait un tel jour, et qu'elles soient destinées pour un embarquement ou pour une foire, il dépendra de l'acheteur de résoudre la vente, si le vendeur ne délivre au jour convenu la chose vendue. Ainsi, c'est toujours par les circonstances qu'il faut juger s'il y a lieu d'accorder un délai ou de le refuser dans l'effet des conditions.

Voilà les décisions les plus générales et les plus essentielles que le droit nous fournit sur les conditions dans les conventions.

7. *Conditions dans les actes à cause de mort.* Après avoir traité de la première espèce de conditions, il convient que nous nous occupions de la seconde espèce, c'est-à-dire, de celles qui ont lieu dans les dispositions à cause de mort. Les testateurs ne veulent pas toujours uniquement faire passer leurs biens à d'autres hommes, ils veulent souvent encore régler de quelle manière, en quel temps, en quel lieu leurs bienfaits seront reçus. C'est ainsi que l'usage des conditions s'est établi comme de lui-même dans tous les actes à cause de mort. Elles prennent des noms différens, relativement aux objets qu'elles concernent ; elles sont tour à tour *charges, destinations, motifs, désignations, termes.*

Mais quoique les *conditions*, les *charges*, les *destinations, etc.*, doivent être distinguées, néanmoins le mot de condition sert souvent à les exprimer. Ainsi on dit d'un legs qui charge le légataire d'une servitude, qu'il est fait *à condition* de cette servitude. Ainsi on dit du legs d'une somme destinée pour un bâtiment, que le legs est fait sous la *condition* d'être employé à un tel bâtiment, etc.

Ainsi il importe de considérer les conditions sous toutes ces dénominations.

Tome IV.   A a

Les conditions dans les testamens sont des dispositions que le testateur ajoute à d'autres dispositions précédentes, pour régler l'effet qu'il veut donner à celles-ci, soit que les cas qu'il prévoit arrivent ou n'arrivent pas, soit qu'il attache à l'événement la continuité ou seulement quelques modifications de sa volouté.

Ainsi, par exemple, un testateur peut léguer une dot à une fille, en cas qu'elle se marie; et ce legs dépendra de l'événement du mariage de cette fille, et n'aura d'effet que par le mariage même.

Ainsi encore un testateur peut léguer un fonds, à condition que si le légataire laisse des enfans, il en aura la propriété pour la leur transmettre, et que s'il n'a point d'enfans, il n'aura qu'un simple usufruit du fonds, qui après sa mort passera à quelque autre personne que le testateur désigne. Le legs sera différent, selon que le légataire aura des enfans ou n'en aura pas.

Les charges sont des obligations que le testateur impose à son légataire, comme s'il soumet le fonds qu'il lui laisse à une servitude, a une rente viagère, à un usufruit en faveur d'une autre personne.

Les destinations sont des lois par lesquelles le testateur prescrit l'usage qu'on doit faire des choses qu'il donne. Ainsi, par exemple, si un testateur léguait une somme à un hôpital, pour être employée à la construction d'un bâtiment qu'il désigne, c'est une destination qu'il fait de ce legs.

Les motifs sont les causes que les testateurs expriment quelquefois pour rendre raison des dispositions qu'ils ont faites. Les motifs sont de deux sortes : les uns regardent le passé et précèdent la disposition du testateur ; les autres tombent sur un fait à venir, et la disposition du testateur est fondée sur l'espérance ou l'attente de ce fait.

Les considérations d'affection, d'estime, de reconnaissance pour les bons offices et les services rendus, sont des motifs tirés du passé.

Mais l'espérance qu'un ami voudra bien se charger de l'éducation de mes enfans, d'achever un ouvrage dont j'attends de l'honneur pour ma mémoire, ou de veiller à l'exécution de mes dernières volontés, sont des motifs qui n'existent que dans l'avenir.

Et ces motifs, soit du passé, soit de l'avenir, peuvent rendre conditionnelles les dispositions, ou n'avoir pas cet effet, selon que le testateur l'aura voulu.

Par exemple, si un testateur lègue une somme à un de ses amis, *par ce qu'il a eu soin de ses affaires*, le legs ne sera pas conditionnel ; et quoique le légataire n'ait pas pris le soin dont nous parlons, il aura toujours droit au legs, parce que la validité d'une disposition de mort est indépendante du motif donné par le testateur. La volonté seule du testateur aurait suffi pour faire valoir la disposition, et le motif ajouté marque seulement, ou que le testateur s'est trompé, ou qu'il a voulu rendre la disposition plus favorable.

Si un testateur lègue à un de ses amis une somme d'argent, et qu'il ajoute *qu'il espère que le légataire aidera de ses conseils et de ses soins les enfans du testateur dans les affaires qui pourront leur subvenir*, le legs sera dû avant que les conseils et les soins aient été donnés, et quand même ils ne le seraient pas. Le testateur ne s'est pas servi de termes qui suspendent le legs ; et ce n'est que par honneur que le légataire sera obligé de remplir la condition.

Au contraire, si un testateur lègue une somme

à un homme d'affaires, afin qu'il se charge de la conduite d'un procès que le testateur laisse dans sa succession, ce motif tiendra lieu de condition, et l'homme d'affaires ne recueillera le legs qu'en satisfaisant à l'intention manifestée du testateur.

Les désignations sont des expressions que le testateur substitue au nom des personnes à qui il donne, ou aux choses dont il dispose; comme si au lieu de nommer son héritier ou son légataire, il ne les fait connaître que par leurs qualités; comme si en léguant ses héritages, il en explique la situation et les confins.

Par ce que nous venons de dire, il ne paraît pas que les *désignations* aient rien de commun avec les conditions. Elles en sont même distinguées, en ce que le plus souvent elles se rapportent au présent et au passé; au lieu que la plupart des conditions regardent l'avenir. Mais les désignations sont quelquefois conçues en des termes qui en font des conditions.

La désignation ne renferme point de condition dans plusieurs cas, par exemple, lorsqu'un testateur, pour mieux désigner un héritage légué, ajoute que c'est celui qu'il a acquis d'un tel.

Mais la désignation renfermerait une condition, si, par exemple, un testateur avait légué ce qui lui est dû par un tel débiteur. Le legs suppose l'existence de la dette; et si la dette n'était pas ou ne pouvait pas être payée, le legs serait nul.

Cependant si le testateur ayant légué une somme, ajoute ensuite que cette somme sera payée au légataire de ce qui proviendra d'une récolte qu'il spécifie, ou de l'argent qui lui est dû en tel endroit, le legs ne sera pas conditionnel, parce que ces désignations ne paraissent avoir d'autre but que de mieux faire connaître aux héritiers, comment ils doivent s'y prendre pour exécuter la disposition.

Les termes dans les testamens sont les délais que le testateur veut ajouter à ces dispositions, soit pour en différer l'exécution, soit pour en faire dépendre la validité.

Les termes à jour certain, *comme au premier jour d'une telle année*, ne font pas une condition d'où le legs dépende. L'effet de ces termes est seulement de retarder la délivrance du legs dont le droit est déjà acquis au légataire, et qui sans le terme serait dû comptant.

Mais le terme à un jour incertain renferme une condition d'où le legs dépend.

Par exemple, si un testateur lègue à un impubère, *quand il sera adulte ou majeur*, ce legs exprime la condition que le legs n'aura d'effet que quand le temps arrivera ; et cette condition est la même que si le testateur avait dit, *en cas que le légataire vive jusqu'au temps de la majorité.*

Il n'y a de l'incertitude dans les legs faits à terme, que parce qu'il est douteux si les personnes ou les choses dureront jusqu'aux temps fixés. Dans l'exemple cité, il est possible que le légataire ne vive pas assez pour devenir majeur.

Mais il y a des temps qui sont incertains d'une autre manière ; quoiqu'ils doivent nécessairement arriver, ils ne laissent pas de rendre la disposition du testateur conditionnelle.

Par exemple, si un testateur veut qu'une partie de son mobilier passe, après la mort de son héritier, à une telle personne, il faut que cet héritier meure un jour, et par conséquent que le temps de la substitution arrive. Mais il est incertain si, quand il arrivera, la personne qui doit recueillir ne sera pas morte ; et cette incertitude rend la disposition conditionnelle.

8. *Division des conditions dans les actes à cause de mort.* Les conditions dans les actes à cause de

mort peuvent être partagées en différentes classes, ainsi que celles des actes entre-vifs. Si on les considère par rapport aux diverses sortes de faits ou d'événemens dont elles dépendent, il y en a de trois sortes.

La première, de celles qui dépendent uniquement du fait de la personne à qui la condition est imposée.

La seconde, de celles qui dépendent d'événemens où le fait de cette personne n'ait aucune part.

La troisième, de celles qui dépendent en partie du fait de cette personne, et en partie d'un évènement sur lequel elle ne peut avoir aucune influence.

Si l'on considère les conditions relativement au temps où elles doivent s'accomplir, elles sont aussi de trois espèces.

La première comprend les conventions qui regardent le passé.

La seconde, celles qui se rapportent au présent.

La troisième, celles qui dépendent de l'avenir.

Mais cette troisième espèce a seule le caractère propre de la condition, qui est de suspendre la disposition du testateur.

Il y a aussi dans les actes à cause de mort des conditions potestatives, casuelles ou mixtes, possibles ou impossibles, expresses ou tacites. On multiplierait les divisions tant qu'on voudrait ; toutes les autres dont nous avons parlé précédemment, au sujet des conventions, peuvent se trouver dans les conditions des actes à cause de mort.

Arrêtons-nous seulement sur deux espèces de conditions qui, dans les actes à cause de mort, ne sont pas soumises aux mêmes règles que dans les conventions.

Les premières sont les conditions potestatives,

casuelles ou mixtes ; les autres sont les conditions impossibles.

9. *Des conditions potestatives, casuelles ou mixtes.* Nous avons déjà dit que·la condition potestative est celle qui dépend du fait et de la puissance de celui à qui elle est imposée. Si un testateur dit : je lègue telle chose à Alexandre, s'il donne dix écus à Colin ; c'est une condition potestative, parce qu'il dépend du légataire de satisfaire à la loi du testateur.

La condition casuelle est celle dont l'évènement dépend du hasard. Si un testateur lègue telle chose à Balthazar en cas qu'il soit élu président, c'est une condition casuelle : les élections dépendant de ceux qui choisissent, et non pas de celui qui veut être choisi, il n'est pas dans la puissance de Balthazar de se faire président.

Une condition peut participer de la nature de ces deux-ci, et alors elle est mixte ; par conséquent, celle-ci dépend tout-à-la-fois des évènemens et des actions de celui dont elle fixe le sort. Si le testateur fait un legs à condition que le légataire obtiendra l'honneur du triomphe, pendant son consulat, il impose une condition mixte ; car si le légataire peut faire ses efforts pour mériter un triomphe, il ne peut pas faire que les évènemens répondent à ses efforts ; ils dépendent uniquement de la fortune.

Remarquons d'abord qu'il n'y a point de conditions qui soient véritablement potestatives, c'est-à-dire, qui dépendent absolument de celui à qui elles sont imposées ; il peut toujours arriver des évènemens qui en empêchent l'accomplissement, malgré toute l'activité et même l'adresse que l'on emploie pour les exécuter.

Voilà pourquoi la loi, toujours juste, toujours sage, regarde moins ici à l'accomplissement de la condition, qu'aux soins et à la volonté de celui qui en était chargé. Elle répute la condition accomplie, lorsqu'elle n'a manqué de l'être que par quelque évènement étranger et impossible à prévenir. C'est pourquoi si une personne a été instituée légataire à condition de se marier dans tel temps, et qu'elle meure avant ce temps, cette inexécution forcée de la loi du testateur n'empêche pas l'effet de sa libéralité : la personne instituée aura reçu le legs et le transmettra à ses propres héritiers : c'est ce qui est décidé par des lois si connues, qu'il est inutile de les rappeler ici.

Il y a même des cas où le défaut d'accomplissement de la condition potestative ne nuit pas à la personne même qui n'a fait aucune démarche pour l'exécuter.

Les lois romaines fournissent deux exemples de ces cas.

Un legs est fait sous la condition imposée au légataire de prendre conseil d'Antonius pour se marier. Antonius meurt pendant la vie du testateur. La condition ne peut plus être accomplie ; mais le legs est toujours dû.

Un testateur fait un legs à Titius, sous la condition d'affranchir Davus son esclave. Le legs est dû, quoique l'esclave meure avant d'avoir été affranchi par le légataire, parce qu'il ne tient pas à lui qu'il ne l'affranchisse.

10. *Des conditions impossibles dans les testamens.* Nous avons déjà expliqué ce que l'on entend par conditions impossibles, en parlant des conditions dans les contrats.

Nous avons dit que les conditions pouvaien être impossibles physiquement ou moralement.

Physiquement, lorsqu'elles vont contre les loi de la nature.

Moralement, lorsqu'elles vont contre les penchans et les habitudes de l'homme.

Il y a encore une troisième espèce de conditions que les lois nomment impossibles; ce sont celles qui choquent les lois ou les bonnes mœurs.

Et en effet il ne devrait pas être possible à un citoyen de s'élever contre les lois qui le protègent, et contre le bon ordre de la société qui lui assure sa propre tranquillité. On appelle aussi ces conditions illicites ou déshonnêtes.

Toutes les conditions, soit impossibles, soit illicites, soit déshonnêtes, sont regardées comme non écrites dans les actes à cause de mort; mais elles ne vicient pas ces actes ni les dispositions où elles sont renfermées : celles-ci s'exécutent comme si elles étaient pures et simples.

Il y a une différence importante entre l'effet que les conditions impossibles, illicites ou malhonnêtes produisent dans les conventions, et celui qu'elles opèrent dans les testamens.

Dans les conventions on distingue si les conditions impossibles consistent à faire ou à ne pas faire. Si elles consistent à faire, elles annullent absolument la convention; si elles consistent à ne pas faire, elles sont censées déjà accomplies, et la convention subsiste indépendamment des conditions.

Dans les actes de dernière volonté, au contraire, la disposition est maintenue lorsque les conditions ne peuvent pas ou ne doivent pas être exécutées.

La loi regarde comme impossible tout ce qui blesse l'ordre et la justice. Ainsi toutes les conditions qui offensent ou les lois ou les bonnes mœurs, celles mêmes qui ne sont regardées que comme des dérisions, sont censées non avenues.

Et ici on ne distingue pas si les conditions consistent à faire ou à ne pas faire. La loi les répute pour accomplies, ou plutôt elle en proscrit l'accomplissement.

Elle ne veut pas priver le légataire d'une libéralité dont il ne dépend pas de lui d'accomplir les conditions.

Elle suppose d'ailleurs dans le testateur des motifs plus dignes de lui que ceux qu'il a exprimés, ou bien elle veut venger les lois ou les mœurs qu'il a offensées, en lui faisant expier une volonté injuste ou déshonnête par une bienfaisance qui n'a plus de motifs.

Si elle prononce différemment lorsqu'il est question d'une convention, c'est que dans celle-ci deux personnes ont concouru dans la stipulation d'une injustice, et que celle qui s'y est soumise n'est pas plus favorable que celle qui l'a imposée; c'est qu'il est utile de les punir l'une et l'autre en rendant leur convention nulle; c'est encore que tout ce qui est bâti sur l'injustice est fondé sur une base ruineuse.

Résumons ici les principes de cette décision qui varie suivant les cas, mais qui est unique par les motifs. En général, toutes les conditions impossibles ou déshonnêtes annullent l'acte où elles se rencontrent.

Cependant si la condition n'est que l'abstinence d'un fait juste ou nécessaire, on peut la regarder comme déjà accomplie, ne pouvant pas l'être dans l'ordre des devoirs ou dans le cours des choses; et pour l'honneur des contractans, on suppose que la stipulation n'en a pas été sérieuse. Voilà le cas de la première exception qui regarde les conventions.

Si la condition se trouve dans un testament, lorsque la mort a amené le terme où le testament doit s'exécuter, les libéralités qui y sont contenues sont acquises aux légataires, à moins que le testateur lui-même n'ait voulu suspendre leur jouissance.

Mais si les conditions sont des vœux pour l'injustice ou pour le désordre, la loi s'en indigne et elle les rejette; elle ne punit pas le légataire d'une faute étrangère, elle ne se blesse pas elle-même en faisant exécuter une volonté qui l'offense. C'est le cas de l'exception qui tombe sur les testamens.

N'oublions pas de remarquer ici qu'il peut y avoir des conditions qui, sans être naturellement impossibles, et sans avoir rien de contraire aux lois et aux bonnes mœurs, ne peuvent s'accomplir, à cause que quelque évènement en empêche l'exécution. En ce cas, la disposition aura son effet ou ne l'aura pas, suivant que la qualité de la condition pourra faire connaître l'intention du testateur.

Par exemple, si un testateur avait fait un legs d'un fonds ou d'un autre bien, à condition que le légataire donnerait une somme à quelque personne avant la délivrance du legs, et que cette personne vînt à mourir avant le testateur, le défaut d'accomplissement d'une condition devenue impossible n'anéantirait point le legs, et le légataire pourrait le réclamer sans payer la somme. L'intention du testateur était de faire deux legs : l'un au légataire, l'autre à la personne qui devait recevoir une somme de celui-ci. L'inutilité de l'un n'annulle pas l'autre. D'ailleurs si le testateur avait voulu faire dépendre le legs de la condition, il pouvait la révoquer, puisqu'il a survécu à la personne que la condition regardait.

Mais tout au contraire si un testateur avait fait un legs à une fille, en cas qu'elle vînt à se marier avec un tel parent ou un tel ami du testateur, et que ce parent ou cet ami vînt à mourir sans avoir épousé la légataire, ce legs serait nul. On voit, par la disposition même, que le testateur n'a eu en vue que ce mariage.

On doit mettre au rang des conditions qui blessent les bonnes mœurs, celle par laquelle un testateur ferait dépendre sa disposition de celle qu'un autre homme aurait faite en sa faveur. Telle serait celle où il aurait dit qu'il léguait une telle chose à une telle personne, dans le cas où cette personne lui aurait, de son côté, fait un tel legs.

En général, lorsque les dispositions tendent à en attirer d'autres de la part de ceux sur qui elles tombent, soit que le testateur attende ces dispositions pour lui-même ou pour d'autres personnes, elles blessent les bonnes mœurs et sont illicites.

Il paraît qu'elles étaient fort communes chez les Romains, puisque les lois avaient été obligées de les proscrire; mais elles sont rares parmi nous.

Car il ne faut pas confondre, avec ces sortes de dispositions, les testamens de deux personnes qui s'instituent mutuellement légataires l'une de l'autre. Aucune des deux ne prévient la volonté de l'autre pour se déterminer en sa faveur; l'une et l'autre agissent par une affection réciproque et toujours présumée honnête dans sa cause, lorsqu'elle est juste en elle-même. Aussi les lois ont-elles fait une exception positive pour ces sortes de donations mutuelles (1).

11. *Des effets des conditions dans les actes à cause de mort.* Les lois n'ont attribué qu'un seul effet à la condition : c'est de suspendre ou de résoudre les dispositions auxquelles elle est jointe; elle les résout ou elle les suspend relativement aux diverses circonstances. Entrons dans quelques détails à cet égard.

---

(1) *Non eas institutiones senatus improbavit quæ mutuis affectionibus judicia provocaverunt.*

On se souvient que nous avons distingué les conditions en affirmatives et en négatives. L'affirmative est celle qui porte sur une chose à faire ; et la négative, celle qui consiste à ne pas faire une chose.

L'effet de la condition affirmative est de suspendre la disposition, de la rendre ensuite valable et efficace, lorsque la condition arrive ou est accomplie, ou bien de l'anéantir quand la condition manque.

L'effet de la condition négative est le même ; il suspend aussi la condition jusqu'à ce qu'il soit certain que la condition n'arrivera pas. C'est pourquoi si j'ai promis une certaine somme *si un tel ne va pas en Italie*, la disposition sera suspendue jusqu'à ce qu'il sera impossible au tiers désigné d'aller en Italie ; et ce fait est toujours possible tant que la personne vit ; ainsi l'effet de la disposition dépend de la mort de la personne dont il s'agit.

L'unique difficulté qui se présente ici est de savoir si, dans le cas d'un legs fait sous une condition négative en attendant la certitude que l'événement prévu n'arrivera pas, le légataire ne peut pas demander la délivrance du legs, en donnant caution de le rendre, le cas échéant. Les lois romaines, qui se sont occupées de cette difficulté, ont fait une distinction judicieuse.

Ou la condition est potestative ou casuelle.

Si elle est potestative en même temps qu'elle est négative, c'est-à-dire si elle défend au légataire lui-même de ne pas faire une chose dont il dépend de lui seul de s'abstenir, le legs doit être remis sous caution.

Mais si la condition négative est casuelle, c'est-à-dire si elle dépend du hasard, elle arrête absolument l'effet de la disposition jusqu'à l'évènement qui garantit que la condition ne peut plus arriver, Novelle 22.

Selon Cujas, la raison pour laquelle on exécute la disposition conditionnelle avec cautionnement, c'est que dans les cas où le cautionnement est admis, la condition est plutôt un mode, c'est-à-dire une charge, une obligation que le testateur a imposée, qu'une condition proprement dite : *Modum potius quàm conditionem fecisse videtur;* et c'est la volonté du testateur plutôt que les paroles dont il s'est servi, qui doit déterminer la véritable nature de la condition.

Il faut mettre, dans la classe des conditions négatives, celles qui peuvent se résoudre en termes négatifs, quoiqu'elles soient exprimées en termes affirmatifs. Ainsi, par exemple, s'il est dit dans un testament : *Je lègue à Émilie, si elle persévère dans son mariage;* c'est comme s'il était dit : Je lègue à Émilie, si elle ne fait pas divorce avec son mari.

Nous avons dit que l'effet unique des conditions était de suspendre ou de résoudre les dispositions auxquelles elles étaient jointes. Mais pour savoir quand et comment cet effet a lieu, il faut examiner les conditions dans les trois différens temps auxquels elles peuvent se rapporter.

Le premier de ces temps est lorsque la condition n'est pas encore arrivée.

Le second est après qu'elle est arrivée.

Le troisième après qu'elle a manqué.

12. *De l'effet de la condition avant qu'elle soit arrivée.* Observons encore ici une différence que nous avons déjà fait apercevoir entre l'effet des conditions contractuelles et celui des dispositions testamentaires.

Dans les premières, tant que la condition est en suspens, la convention reste imparfaite et comme si elle n'avait jamais été.

Mais comme les liens qui résultent des conventions conditionnelles, quoique suspendues, ne laissent pas d'être réels, lorsque la condition arrive, elle produit un effet rétroactif : le vendeur, par exemple, est obligé d'avoir soin de la chose vendue sous condition ; mais si la tradition est faite avant l'accomplissement de la condition, l'acheteur n'acquiert aucun droit, pas même celui de prescrire ; c'est pourquoi ce qui a été payé pour le prix et les fruits de la chose vendue, pourra être répété par le vendeur si la chose vient à périr par cas fortuit avant l'évènement de la condition.

Si la chose est seulement détériorée par cas fortuit, et que la condition arrive, la détérioration doit être supportée par l'acheteur, parce que la condition qui arrive pendant que la chose subsiste, a un effet rétroactif au jour du contrat conditionnel.

Mais si la chose périt par cas fortuit pour partie, lorsque la condition arrivera, là vente subsistera pour la partie existante, et demeurera inutile pour celle qui aura péri.

Il n'en est pas de même à l'égard des dispositions à cause de mort. L'effet de la condition les suspend, mais il ne les rend pas imparfaites. On voit en effet, dans une loi romaine, qu'un second testament qui contient une institution universelle sous condition, ne laisse pas de révoquer de plein droit un premier testament ; il suffit, pour que la révocation ait lieu, que la condition puisse arriver et qu'il puisse y avoir un héritier.

La condition suspend tellement le droit du légataire, que, s'il vient à décéder avant l'évènement de la condition, il ne transmet rien à ses héritiers. C'est un principe en droit, qu'on ne peut transmettre que ce que l'on possède ou ce que l'on peut acquérir par l'acceptation. On ne possède pas ce qu'il n'est pas encore certain que l'on doit recueillir; et on ne peut pas accepter non plus ce qui n'est donné que relativement à un événement qui peut arriver ou n'arriver pas.

Par la même raison que le legs conditionnel n'est acquis que lorsque la condition est accomplie, lorsque la condition est du nombre de celles qui sont remises ou rejetées par les lois, et dont nous parlerons dans un moment, le legs appartient au légataire du jour de la mort du testateur, et il le transmet à ses héritiers.

Un legs fait sous deux conditions alternatives, dont l'une ou l'autre doit nécessairement arriver, n'est pas transmissible avant l'arrivée de l'une ou de l'autre de ces deux conditions.

Le legs donné *lorsque l'héritier mourra* dépend d'un événement qui doit nécessairement arriver; néanmoins, si le légataire décède avant l'héritier, il ne transmettra pas le legs.

Si le legs comprend plusieurs choses données alternativement, les unes simplement, les autres sous condition, tout restera suspendu, et le légataire ne pourra pas faire un choix dans les choses léguées, que la condition qui tombe sur les unes ou les autres des choses alternatives ne soit arrivée.

Il en est de même, lorsque dans un legs de deux choses alternatives, il se trouve une condition, comme s'il est dit : *Je lègue telle chose ou telle autre à Philippe, s'il lui naît des enfans :* le légataire n'acquiert de droit, et il ne peut faire le choix qui lui est offert, que quand il a des enfans.

La mort de l'héritier chargé du payement d'un legs conditionnel, quand même elle arriverait avant l'accomplissement de la condition, ne donne aucune atteinte à la disposition; l'héritier de l'héritier est obligé d'acquitter le legs dont il s'agit, au moment que la condition arrive.

Celui auquel une certaine somme a été léguée sous condition, n'est pas considéré comme créancier de l'hérédité avant l'évènement de la condition.

Il résulte des règles que nous venons d'expliquer, que la propriété de la chose léguée sous condition, réside jusqu'à l'évènement de la condition, dans l'héritier seul. Aussi l'objet d'un legs conditionnel est compris dans les choses de l'hérédité.

L'héritier peut revendiquer cet objet, s'il est dans la possession d'un tiers.

Il peut même le tirer des mains du légataire, tant que la condition n'est pas accomplie.

L'héritier restant propriétaire de la chose léguée sous condition, en fait les fruits siens.

Il peut même l'aliéner; mais lorsque la condition arrivera, l'aliénation se trouvera nulle et révoquée, et on ne pourra opposer aucune prescription au légataire qui viendra retirer l'objet de son legs des mains de l'acquéreur.

Au reste, tant que l'héritier reste propriétaire de la chose léguée, il doit la conserver, afin qu'elle puisse parvenir saine et entière au légataire, quand la condition arrivera. Et si elle périt entre ses mains par son fait ou par sa négligence, il en est responsable.

Mais si elle périt par accident et sans la faute de l'héritier, la perte tombe sur le légataire.

Cependant, si l'héritier était en demeure de la rendre, l'évènement le regarderait.

Par la même raison que l'héritier doit conserver la chose entière, s'il y fait des améliorations

Tome IV.   B b

il peut en réclamer le prix. Nous ne sommes pas obligés de faire le bien d'un autre gratuitement.

Il est des cas où la condition rend valable un legs qui serait nul sans elle, et par la seule raison qu'elle en suspend l'effet : les lois en fournissent divers exemples.

Les dispositions en faveur des personnes incertaines sont radicalement nulles. Comment donner un effet à ce qui ne paraît pas avoir d'existence? Cependant, si une condition est ajoutée à la disposition, on conçoit que le testateur a eu en vue une chose future, et on laisse écouler le temps nécessaire à la production de cet être, avant d'anéantir la disposition.

13. *De l'effet de la condition, lorsqu'elle arrive.* Le second temps qu'il faut considérer dans les conditions, pour connaître tous les effets qui en peuvent résulter, est celui où elles arrivent.

Le principal effet qu'elles produisent alors, c'est de donner aux parties qu'elles regardent, tous les droits qu'elles auraient eus au moment du contrat ou du testament (car ici on ne peut pas les distinguer), si le contrat et le testament eussent été sans conditions.

En réfléchissant sur cet effet rétroactif que les lois ont attaché aux dispositions conditionnelles, on voit qu'il résulte de la nature des choses.

Toute stipulation, toute disposition donne nécessairement un droit à la personne qu'elle regarde, et ce droit ne peut résider dans une autre personne.

Il est vrai que la disposition peut être incertaine, suspendue, qu'elle peut dépendre d'un fait, d'un évènement; mais elle n'en existe pas moins, elle n'en donne pas moins un droit à celui qu'elle avantage : seulement ce droit, qui a pour but de donner une propriété, ne donne encore qu'une espérance sur cette propriété : mais cette espérance même est toujours un droit ; il en résulte toujours que la chose qui en est l'objet ne peut appartenir à un autre, quoiqu'il puisse en jouir.

Mais lorque ce fait, cet évènement qui devaient résoudre la disposition, ou qui ne faisaient que la suspendre, sont arrivés, la disposition, relativement à l'effet que doivent opérer le fait ou l'évènement, ou cesse d'exister, et par conséquent de donner un droit à celui qu'elle regardait, ou elle cesse de le priver de ce droit : l'intervalle qui séparait la disposition et son effet est comblé ; le droit sur la chose devient un droit dans la chose ; la jouissance du propriétaire commence, mais sa propriété ne fait que s'achever : elle ne procède pas de l'évènement de la condition, mais de la disposition : il faut donc que l'on fasse remonter son droit, qui n'est plus suspendu, au moment où il s'est ouvert, et non pas à celui où il s'est accompli.

Ce principe, aussi juste que sage, est le fondement de plusieurs lois romaines et de quelques-unes des nôtres.

Les premières décident qu'un esclave mis en liberté par le testament de son maître, sous une condition, est réputé libre du jour du décès du testateur, lorsque la condition arrive.

D'autres lois décident que si un héritier charge d'hypothèque, de servitude, une chose léguée sous condition, ou s'il aliène cette chose, l'aliénation, la servitude, l'hypothèque disparaîtront dès que l'évènement de la condition aura fait passer la chose dans les mains du légataire ; et cela, parce que ces lois regardent le légataire comme l'unique propriétaire du legs, et par conséquent comme le seul qui pouvait en disposer : et elles ne se contentent pas de lui accorder un recours contre celui qui a imposé des charges sur un fonds dont il ne faisait que jouir, elles annullent ces charges mêmes, comme destructives d'un droit qu'elles maintiennent.

On peut rapporter à ces lois les articles 2, 9 et 42 de l'ordonnance de 1731 sur les donations. En prononçant la nullité des donations, s'il survient des enfans aux donateurs, ils ordonnent que les donataires ne seront pas tenus de rendre les fruits, mais que toutes les charges qu'ils auront pu imposer sur les biens, en seront détachées lorsque ces mêmes biens reviendront à leur premier propriétaire.

C'est que la loi a regardé le cas de la survenance des enfans, comme une condition dans la donation, qui conservait encore un droit à la chose pour le donateur, qui suspendait encore la propriété du donataire; et, lorsque la condition arrive, la loi rend au donateur la chose telle qu'il la possédait avant de s'en être dessaisi.

Il faut observer ici, relativement à l'effet que produit l'évènement des conditions, une différence entre les actes entre-vifs et les actes à cause de mort.

L'espérance des choses, le droit à la chose est transmissible dans les actes entre-vifs. Si on est convenu avec moi de me donner une certaine somme, lorsque ma maison sera rebâtie, mes héritiers peuvent remplir cette condition à ma place, et recueillir la somme qui en est le prix.

Il n'en est pas de même dans les dispositions à cause de mort; elles ne peuvent passer aux héritiers, lorsqu'elles ne se sont pas, pour ainsi dire, arrêtées sur la personne. Ainsi, elles supposent toujours la vie de la personne; et si la condition qui les suspend n'arrive pas pendant ce temps, elles deviennent nulles.

14. *De l'effet de la condition lorsqu'elle a man-*

qué. Le troisième temps que nous devons considérer dans l'effet des conditions, c'est lorsqu'elles ont manqué.

Tout ce que l'on peut dire sur ce point, est renfermé dans cette maxime de la loi : l'inaccomplissement de la condition opère la nullité de la disposition. *Actus conditionalis, defectâ conditione, nihil est. L. necessario 8, ff. de periculo et commodo rei venditæ.*

Mais les conséquences de cette maxime doivent nous occuper un moment. Pour les développer avec plus d'ordre et de netteté, il faut considérer les différentes espèces de conditions, et distinguer toujours celles des contrats, de celles des actes à cause de mort.

Nous avons dit que l'effet nécessaire de toutes les conditions était de suspendre ou de résoudre les dispositions. Lorsque la condition est suspensive, et qu'elle se trouve dans un acte entre-vifs, elle rend la disposition imparfaite jusqu'à l'évènement qui forme la condition même.

Mais si l'évènement est tel qu'il fasse manquer la condition, la disposition alors est regardée comme pure et simple dans son principe. L'effet rétroactif que nous venons d'expliquer il n'y a qu'un moment, est admis aussi dans ce dernier cas ; et les droits qui résultent de la disposition conditionnelle, datent de l'époque même de la disposition.

Il est facile de concevoir que le contrat ne pouvait être parfait en lui-même avant l'évènement dont dépendait le sort de la condition, puisque la perfection de ce contrat dépendait de la condition qui a manqué.

Il suit de-là que si le contrat était une vente, la perte qui est arrivée sur la chose vendue doit être supportée par le vendeur, il est toujours resté propriétaire ; et c'est ici le cas d'appliquer le principe, *res perit domino.* Par la même raison, le vendeur doit avoir recueilli les fruits ; ou s'ils ont été perçus par l'acheteur, parce que la chose était passée dans ses mains, celui-ci doit restituer les fruits ainsi que la chose même au vendeur.

Quand la condition est résolutoire, le contrat est pur et simple dans son principe ; il est destiné à produire son effet dès ce moment : l'effet n'est pas interrompu par la condition même, il n'est arrêté que par l'événement.

Si donc une vente est faite sous une condition de cette espèce, l'acheteur devient propriétaire pendant que la condition est suspendue ; mais quand elle arrive, si l'événement doit produire la résolution, le contrat se trouve nul, et comme s'il n'avait jamais existé.

Dans tous les cas où la condition manque, les hypothèques et les autres charges que l'acheteur aurait pu imposer sur le fonds vendu, deviennent nulles.

Mais dans cet effet commun même, il y a une différence importante à remarquer entre les conditions suspensives et les conditions résolutoires.

Quand ce sont des conditions suspensives qui viennent à manquer, les charges imposées par l'acheteur sont nulles dans l'origine.

Mais lorsque les conditions qui manquent sont résolutoires, les charges ne sont pas nulles dans l'origine, parce que l'acheteur était propriétaire : elles ne sont que résolues.

Il peut paraître contraire à l'équité, que les charges affectées sur un fonds par le propriétaire soient dans le cas d'être anéanties : mais cette décision est fondée sur un principe dicté par la raison même ; c'est que personne ne peut donner que les droits qu'il possède lui-même, et que, s'il les perd, il les fait perdre aussi à ceux qui les tiennent de lui.

Resoluto jure dantis, resolvitur jus accipientis. l.
vectigali 31, *ff. de pignor.*

Si la condition suspensive se rencontre dans un
testament ou dans un autre acte à cause de mort,
elle produit le même effet que nous venons d'expliquer pour les contrats : lorsqu'elle manque, elle
anéantit absolument la disposition, et il ne reste
plus aucun temps où elle puisse être considérée
comme ayant existé; en sorte qu'elle n'a jamais
opéré aucun effet pour le légataire.

Si la condition qui se rencontre dans un testament est résolutoire, elle anéantit aussi la disposition dans son principe : le légataire doit rendre les
fruits perçus avant l'évènement qui a résolu la disposition; et voilà ce qui constitue la différence
que nous avons annoncée dans l'effet des conditions résolutoires apposées dans les actes entre-vifs
ou dans ceux qui sont à cause de mort. Nous avons
vu que dans les premiers l'acheteur gagnait les fruits
qu'il avait perçus avant la résolution de la vente;
au lieu que dans les seconds le légataire est obligé
de les rendre.

Mais pour que la condition résolutoire, insérée
dans une disposition de mort, produise l'effet que
nous venons d'expliquer, il faut qu'elle soit négative, c'est-à-dire, qu'elle consiste à ne pas faire
une chose; et potestative, c'est-à-dire, qu'elle
dépende de la personne chargée de l'exécuter.
Lorsque la condition a ces deux qualités, on permet au légataire d'entrer en possession de l'objet
de son legs, en fournissant caution. Et alors, si la
disposition se trouve résolue, c'est uniquement
par sa faute, et cette faute le rend indigne de conserver les fruits d'une chose qu'il a dépendu de lui
de ne pas perdre.

Il est important encore d'examiner les termes

dans lesquels la condition résolutoire est conçue, et quel en est l'objet.

Si elle est absolue, elle donne lieu à la privation du legs, par la seule raison que l'on a contrevenu à l'obligation qui était attachée à un legs. Ainsi, lorsqu'un legs est fait par un mari à sa femme, sous la condition de ne point vendre une telle métairie, il suffit que cette femme vende la métairie pour perdre son legs.

Si la condition renferme une alternative, par exemple, si le mari, en faisant un legs à sa femme, sous la condition de ne pas vendre une métairie, a dit qu'au cas où elle viendrait à la vendre, elle remettrait le legs à un tiers; alors en vendant cette métairie, elle sera obligée de rendre le legs au tiers désigné, s'il existe: mais s'il n'existe plus lors de la vente de la métairie, l'espèce de fidéicommis fait à ce tiers n'a plus d'objet, la condition devient caduque, elle ne peut plus avoir d'effet; et c'est le cas d'appliquer la règle, *limitata causa limitatum producit effectum.*

Si la condition consiste en un fait qui puisse s'accomplir en une seule fois, comme s'il est dit: *Je lègue cent écus à Charles s'il n'épouse pas Claudine :* dès que le légataire contrevient à la condition, il doit rendre la chose et les fruits perçus.

Mais il en serait autrement si la condition consistait en plusieurs faits successifs et continués, comme s'il était dit : *Je lègue l'usufruit de ma maison à Titius pour tout le temps qu'il demeurera avec mes enfans.*

Dans ce cas, la condition n'est résolutoire que pour l'avenir; elle ne touche pas au passé : elle renferme des libéralités distinctes; savoir, tous les momens de la jouissance qui forme l'objet du legs; et elle dépend aussi de plusieurs conditions distinctes, qui sont les différens temps pendant les-

quels le légataire habitera avec les enfans du testateur. Voilà pourquoi le légataire ne devra être
privé du legs dont il s'agit, que pour les années
pendant lesquelles il aura manqué d'accomplir la
condition.

Cependant, s'il s'agit d'un seul legs subordonné
à une condition qui ne peut s'accomplir que par
une suite de faits successifs, il ne suffit pas que le
légataire ait commencé d'exécuter la condition,
il faut qu'il la remplisse de la manière et pendant le
temps réglés par le testateur : s'il y manque, il sera
tenu de rendre la chose avec les fruits, de même
que si la condition ne portait que sur un seul fait :
il n'y a alors qu'une seule disposition, laquelle dépend de l'assemblage de tous les faits qui ne forment
qu'une condition unique.

Le jurisconsulte Ulpien, dans la loi, ff. *de in
diem addic.* nous donne les règles pour distinguer
la condition suspensive de la condition résolutoire.

La condition est suspensive lorsque la perfection
du contrat en dépend. *Je vous lègue cent écus si
vous épousez Sempronia.* Il est évident qu'ici le
legs ne sera acquis que lorsque j'aurai satisfait à la
condition.

La condition est résolutoire, si elle est pure et
simple en elle-même, mais soumise à une condition qui peut la rompre. Je vous lègue ma maison
à condition que vous ne quitterez pas la France. Il
est clair qu'ici le legs est parfait en lui-même et
doit produire son effet dès ce moment ; mais l'effet
pourra en être interrompu, et le sera véritablement
si je transgresse l'obligation qui m'est imposée de
ne pas quitter la France.

De même que la condition une fois accomplie
n'a plus besoin de s'accomplir de nouveau, celle
qui a une fois manqué détruit irrévocablement la

disposition, quoique l'évènement qui aurait pu la faire subsister arrive par la suite.

La condition qui manque opère son effet, non-seulement lorsqu'elle tombe sur des personnes majeures, mais encore lorsqu'elle regarde des pupilles ou des mineurs. Cependant ceux-ci peuvent poursuivre leurs tuteurs pour l'indemnité de la perte qu'ils éprouvent, quand il a dépendu de ces derniers d'accomplir la condition.

15. *De l'accomplissement des conditions dans les actes à cause de mort.* Les difficultés relatives à l'accomplissement des conditions dans les actes à cause de mort, peuvent rouler sur la manière de les exécuter, ou sur le temps où l'on peut et où l'on doit les remplir. Cette matière est trop importante pour ne pas être discutée avec l'étendue qu'elle mérite. Nous la diviserons en six parties, dans lesquelles nous ferons entrer les principales questions qui en dépendent.

Nous ferons d'abord quelques observations générales sur l'accomplissement des conditions dans les testamens.

Nous examinerons ensuite, premièrement, quelles personnes peuvent et doivent accompagner les conditions.

Secondement, avec quelles personnes on peut les accomplir.

Troisièmement, si la faculté d'accomplir la condition passe aux héritiers.

Quatrièmement, dans quel temps la condition doit être accomplie.

Cinquièmement, si la condition peut être divisée dans la forme de l'accomplissement.

Sixièmement, si l'effet de la condition doit durer.

16. *Observations générales sur l'accomplissement des conditions.* La perfection des disposi-

tions dépend de l'évènement de l'accomplissement des conditions.

Mais cet évènement et cet accomplissement sont relatifs eux-mêmes à la nature des conditions qui peuvent être suspensives ou résolutoires.

Lors donc qu'il s'agit d'une condition qui n'est susceptible ni d'être remise, ni d'être rejetée, elle doit être exécutée avant que la disposition puisse l'être, si la condition est suspensive, ou après l'exécution de la disposition, si la condition est résolutoire.

La première règle qu'on doit observer dans l'accomplissement des conditions, c'est de se conformer à la disposition qui les renferme. Il faut, avant tout, consulter la volonté du testateur, et suivre exactement et littéralement la loi qu'il a imposée.

La condition ne doit pas être étendue d'un cas à l'autre ; ce qui a pu être omis dans la disposition doit dépendre de la loi seule.

Cette règle est la même dans les conventions et dans les dispositions à cause de mort.

17. *Des personnes qui doivent ou peuvent accomplir les conditions.* Il peut se présenter plusieurs difficultés à cet égard, même quand la condition est absolument potestative, et à plus forte raison quand elle est casuelle ou mixte.

Il est certain que celui à qui la condition est imposée peut toujours l'accomplir. Ni l'âge, ni son état, ni aucune circonstance ne lui ôtent cette faculté.

Ainsi le pupille, le fils de famille, peuvent acquérir des libéralités par des faits licites qui leur sont prescrits ; et cela sans l'autorisation de leur tuteur, ou de leur père.

Il faut même observer ici que la nécessité d'accomplir une condition rend quelquefois permis ce qui ne le serait pas sans cela. Une loi romaine décidé qu'un mineur à qui sa dépendance interdit de donner la liberté à son esclave, peut cependant le faire, si en cela il accomplit une condition qui le met dans le cas de réclamer une libéralité. La raison de cette loi est sensible. C'est par un même principe qu'elle relâche ici les liens où elle retient le mineur dans d'autres occasions. Elle a voulu, en lui ôtant la liberté d'aliéner ses biens, l'empêcher de faire son propre mal. Mais elle doit lui permettre cette aliénation, quand elle peut tourner à son avantage.

L'accomplissement de la condition par un autre que le légataire peut-il servir à celui-ci ? Cette question n'est pas sans difficulté ; elle mérite de nous arrêter un moment.

Nous croyons qu'il faut distinguer si la condition peut être exécutée par une personne autre que le légataire, où si elle est de nature à ne pouvoir être accomplie que par lui.

Si elle ne peut être accomplie par un autre que le légataire même ; si elle consiste, par exemple, dans l'obligation de se marier, il n'y a pas de doute que le fait d'une autre personne ne peut pas suppléer au fait propre du légataire qui est exclusivement exigé.

Mais si la condition peut être remplie par une autre personne que le légataire, l'acte de cette personne peut profiter au légataire, surtout si elle a quelque droit de s'entremettre dans l'accomplissement de la condition, soit qu'elle ait été chargée d'agir pour le légataire, ou bien qu'elle soit autorisée à le faire. Le tuteur, par exemple, pourrait remplir une obligation non personnelle, imposée à un pupille ; il a qualité pour exercer ses droits et ses actions, et il doit veiller à ses intérêts. Il en doit être de même de tout autre administrateur des droits ou des intérêts d'autrui

A l'égard des conditions imposées à d'autres personnes que celles qui sont sous l'autorité d'autrui, Ricard estime qu'il importe peu que le légataire accomplisse par lui-même ou par le ministère d'autrui, la condition qui lui est imposée. « Lors, dit-il, que nous chargeons quelqu'un de » faire une chose, ce n'est pas notre intention » de l'obliger lui-même de travailler; et nous » nous contentons qu'il y emploie ses soins et » sa diligence; si ce n'est que, par la nature de » la condition, ou par la présomption de la vo-» lonté du testateur, il ne paraisse qu'elle doive » être accomplie par le légataire en personne. »

Cujas fait, à ce sujet, cette distinction. Ou il s'agit d'un fait qui ne laisse après lui aucun ouvrage, et qui n'existe que pendant qu'on y est occupé; tel serait celui d'aller à Rome. Dans ce cas, l'accomplissement ne peut être fait que par la personne même du légataire. Mais si la condition consiste dans un fait qui laisse après lui un ouvrage, comme s'il est question de la construction d'un édifice; alors c'est l'ouvrage qui est l'objet de la condition, et l'on ne considère point la personne qui doit le faire. Voilà pourquoi l'accomplissement d'une condition par un autre que celui sur qui elle tombe, est valable, et profite à ce dernier.

18. *Avec quelles personnes les conditions peuvent-elles s'accomplir?* Le droit romain ne décide pas cette question en général; mais il s'en occupe dans plusieurs cas particuliers qu'il faut rapporter.

Je lègue cent écus à Titius s'il épouse Mævia; accomplira-t-il la condition en épousant une sœur de Mævia ou toute autre personne?

La loi décide que la condition ne peut être remplie qu'avec la personne désignée.

Une autre loi décide la même chose. Elle veut que celui qui doit remettre une somme à un esclave institué héritier, ne puisse accomplir la condition qu'en remettant la somme à l'esclave même, et non à son maître.

De même celui qui est chargé de donner quelque chose au maître, ne remplit pas la condition en donnant la chose à son esclave, à moins que cet esclave ne soit chargé de la recevoir.

Cependant, si la condition consistait à donner quelque chose à un pupille, à un furieux, à un imbécille, ce ne serait pas remplir la condition, ou ce serait la remplir mal, que de remettre la chose à ces personnes évidemment incapables d'en user sagement. L'intention du testateur n'a pas été uniquement de donner, mais de donner d'une manière utile à celui qui doit recevoir. C'est entre les mains du tuteur ou du curateur qu'il faut faire la délivrance.

Mais si la condition consiste en un fait, tel que celui de rendre un service quelconque aux personnes de l'espèce dont nous venons de parler, la condition pourra être accomplie sans l'intervention de leur tuteur ou de leur curateur.

Lorsqu'un légataire est chargé de donner quelque chose à l'héritier, et qu'il se trouve en même temps créancier de cet hé 'ier, il remplit suffisamment la condition en faisant à l'héritier une remise sur la dette, égale à la valeur qu'il devait lui délivrer. Dumoulin observe judicieusement que la condition de donner peut être accomplie par la compensation.

19. *La faculté d'accomplir la condition passe-t-elle aux héritiers ?* Cette question peut être examinée sous deux rapports différens ; 1° relativement aux dispositions contractuelles ; 2° relativement aux dispositions testamentaires.

En traitant des conditions des contrats, nous avons déjà considéré la question sous le premier rapport.

Nous ne devons donc plus l'examiner que sous le second rapport, c'est-à-dire relativement aux dispositions testamentaires.

Quant à celles-ci, la faculté d'accomplir la condition, même celle qui est purement potestative, ne passe pas aux héritiers de celui à qui elle a été imposée. S'il meurt avant d'avoir satisfait à la condition, la disposition devient nulle. La loi *sub diversas, ff. de condit. et demonst.* est décisive sur ce point. Elle prononce la négative, même dans le cas du legs de la liberté, le plus favorable de tous.

Il y a une espèce de contradiction dans les lois, sur la difficulté de savoir si, lorsque la condition consiste à donner quelque chose, le légataire peut y satisfaire entre les mains de l'héritier de la personne désignée.

La loi que nous venons de citer dit que l'esclave chargé de donner une somme à l'héritier du testateur, remplit la condition en la donnant à l'héritier de l'héritier : *Hæredi decem dare jussus, et liber esse, et hæredi hæredis dando perveniet ad libertatem. L. sub diversas, ff. de conditione et demonst.*

Mais une autre loi décide nettement que si le legs doit s'accomplir avec une personne désignée, et que cette personne meure avant que la condition soit accomplie, elle ne pourra pas s'accomplir avec l'héritier de cette personne : *Cùm ita datur libertas, si Titio, qui non est hæres, decem dederit, certa persona demonstratur, nec proptereà in persond ejus tantùm conditio impleri potest. L. Cùm ita in principio, de condit. et demonst.*

Ces décisions, qui paraissent contraires, ne le sont cependant pas ; on les concilie en distinguant les cas.

La faculté d'accomplir la condition ne passe pas à l'héritier de celui qui est désigné comme le seul avec lequel la condition peut être exécutée. *Conditionis implendœ causâ.*

Mais la condition peut être remplie avec l'héritier de la personne désignée, lorsque la désignation n'a pour objet que d'indiquer la qualité d'héritier. Alors c'est cette qualité, et non la personne désignée, qui est l'objet de la condition.

20. *Dans quel temps la condition doit-elle être accomplie ?* La résolution de cette question dépend des divers cas où elle peut se rencontrer.

Si la disposition exprime le délai dans lequel la condition doit arriver ou doit être accomplie, le délai est fatal ; et quand même la condition serait casuelle, il importerait peu que le légataire eût fait tous ses efforts pour procurer l'accomplissement de la condition.

Le délai est encore plus évidemment fatal, quand la condition était potestative. Le légataire doit alors supporter la peine de sa négligence.

Mais s'il a été empêché, dans l'exécution, par quelque accident ou par quelque obstacle qu'il n'ait pas dépendu de lui d'éviter, il pourra demander un plus long délai pour achever ce qu'il a été dans l'impuissance de finir.

Par exemple, si le délai n'a pu être connu du légataire, parce que le testament n'était pas ouvert, il sera reçu à accomplir la condition dans un délai semblable, après l'ouverture du testament.

Mais ce ne serait pas une excuse pour le légataire, d'alléguer que la personne avec qui il devait remplir la condition était absente, ou s'était tenue cachée ; il devait faire sa diligence pour la trouver, offrir de remplir la condition, ou consigner si elle consistait à donner.

Si la disposition n'exprime pas le temps auquel la condition peut ou doit être accomplie, elle peut donner lieu à un grand nombre de difficultés qui dépendent toutes de deux considérations générales sur lesquelles nous devons nous arrêter.

La première consiste à savoir si la condition qui arrive pendant la vie du testateur doit profiter au légataire.

La seconde porte sur le délai dans lequel la condition doit arriver ou être accomplie après la mort du testateur.

Pour l'éclaircissement de la première considération, il faut remarquer qu'il y a des conditions qui doivent se vérifier lors de la disposition, comme s'il est dit qu'*un tel sera légataire d'une telle chose, s'il se trouve exempt de tel crime.*

Il y a encore des conditions qui doivent arriver nécessairement après la disposition, et néanmoins pendant la vie du testateur ; comme s'il est dit : *Je lègue ma maison à Julie, si elle se marie avec moi.*

Il y en a d'autres qui ne peuvent arriver et se vérifier qu'après la mort du testateur ; comme s'il est dit : *Je donne cent écus à Titius, s'il assiste à mon convoi funèbre.*

Il y en a enfin d'une quatrième sorte, qui peuvent arriver pendant la vie et après la mort du testateur, et dont l'évènement profite en quelque temps qu'il arrive.

On peut facilement distinguer, par la disposition même, les trois premières espèces de conditions dont nous venons de parler. Il n'y a guère de difficulté que sur la quatrième espèce, et pour savoir si une condition de cette sorte, qui arrive ou qui s'accomplit pendant la vie du testateur, profite au légataire.

Les conditions qui ont un temps indéfini, telles que celle-ci, *si Titius est fait préteur ou consul,* profitent au légataire en quelque temps qu'elles arrivent, avant ou après la mort du testateur ; et quand même la personne serait sortie du consulat ou de la préture au moment de l'ouverture du testament, le legs n'en serait pas moins valable. La condition est remplie par cela seul que le légataire est parvenu au consulat ou à la préture.

Les conditions casuelles profitent aussi au légataire, en quelque temps qu'elles arrivent ; mais quoiqu'elles ne dépendent ni de sa volonté, ni de son fait, il importe cependant qu'il sache qu'elles lui sont imposées, pour qu'il attende l'évènement.

Mais les conditions potestatives ne peuvent s'accomplir qu'après la mort du testateur, et il faut encore que le légataire sache qu'elles lui sont imposées, et qu'il exécute la chose dans la vue de satisfaire à la condition ; car si elle se trouvait accomplie sans ce dessein ou par hasard, elle serait inutile.

Les conditions mixtes, c'est-à-dire celles qui dépendent en partie du légataire, et en partie d'une autre personne ou du hasard, surtout celles qui consistent dans des faits qui ne peuvent pas se réitérer, profitent au légataire, quoiqu'elles arrivent pendant la vie du testateur.

Mais si le testateur a connu que le fait qu'il impose pour condition, et qui est de nature à se réitérer, est déjà arrivé, il est clair qu'il a en vue, dans sa disposition, la réitération de l'acte, et cette réitération est nécessaire pour acquérir le legs.

De là vient que si le testateur fait un legs à sa

femme, au cas qu'elle ait des enfans, ceux qui sont nés n'accomplissent pas la condition.

Mais si le fait n'est pas de nature à être réitéré, il n'en faudra pas attendre un second pour l'accomplissement de la condition. La loi n'a pu parler que des faits propres à être réitérés, sans cela elle forcerait à l'impossible, ce qui est absurde, et par conséquent ne peut pas résulter de sa disposition.

Il faut observer ici que le mariage est considéré comme un fait qu'on peut réitérer. Voilà pourquoi, si un testateur l'impose pour condition à une personne qu'il sait mariée, il est supposé avoir fait porter la condition sur un second mariage.

Le légataire doit connaître que la condition est arrivée, pour accepter valablement le legs ; et, quoiqu'il l'ait accepté, s'il meurt avant d'avoir su l'accomplissement de la condition, il ne transmet pas le legs à ses héritiers.

La seconde considération porte sur le délai dans lequel la condition doit arriver ou s'accomplir après la mort du testateur.

On sent que ce délai ne peut être incertain que lorsqu'il n'a pas été fixé par le testateur.

Si la condition est casuelle, en quelque temps que l'évènement arrive, pourvu que ce soit pendant la vie de celui qui doit recueillir la libéralité, l'évènement sera utile, et la disposition efficace.

Les légataires sous des conditions de cette espèce, ne peuvent pas être inquiétés pour l'inexécution de la condition, ni astreints à en procurer l'accomplissement dans un délai fixé. Ils ont tout le temps de leur vie pour attendre qu'elle soit remplie.

Mais si la condition est potestative, le légataire doit l'accomplir dès qu'il en a le pouvoir et les moyens.

Cependant il ne faut pas penser, avec quelques anciens auteurs, que si le légataire n'avait pas rempli la condition de cette espèce dans le premier moment favorable, il dût être pour cela dechu de la libéralité, comme il arriverait s'il n'avait pas accompli la condition dans un délai fixé par le testateur. La loi dit seulement que dans ce dernier cas on peut se pourvoir devant le juge, pour obliger le légataire à accomplir la condition.

Mais si l'on ne fait pas fixer par le juge le délai dans lequel les légataires seront tenus de remplir la condition, ils auront tout le temps de leur vie pour satisfaire.

Toutefois si la condition potestative est conçue en termes négatifs, il n'y a point de délai à fixer au légataire ; et si la disposition est telle que la condition puisse se vérifier avant la mort de celui à qui elle a été imposée, il faudra attendre cet évènement ; mais si elle ne peut se vérifier que par la mort du légataire, la disposition devra être exécutée sous cautionnement, sauf à la résoudre, en cas que le légataire contrevienne à la condition.

C'est une grande question que celle de savoir si la mort civile équivaut à la mort naturelle par rapport à l'accomplissement de la condition. Elle dépend de ce principe qu'on ne peut point admettre d'*équipollens* dans les conditions, à moins qu'ils ne soient fondés sur la volonté du testateur.

C'est le sentiment du plus grand nombre et des meilleurs auteurs, que la mort civile ne tient pas lieu, dans le cas dont il s'agit, de la mort naturelle.

D'abord aucune loi n'a prononcé que le premier de ces genres de mort équivaudrait à l'autre.

Ricard et Furgole établissent fort bien que les auteurs qui, pour soutenir l'opinion contraire, ont
invoqué différens textes des lois romaines, en ont
abusé ou en ont mal saisi le sens.

En second lieu, dans les conditions on ne doit
pas étendre un cas à un autre. Lorsqu'un testateur
à fait dépendre une de ses dispositions de la mort
d'un homme, il n'a sûrement entendu parler que
de sa mort naturelle.

En troisième lieu, il y a une loi formelle qui
décide le contraire, et qui confirme la règle que
nous posons ici. Voici l'espèce de cette loi.

Une mère avait été instituée héritière avec
substitution à son fils, après la mort de cette
femme. Elle fut condamnée à une peine qui emportait la mort civile. Le fils prétendit que cet
évènement donnait ouverture au fidéicommis, et
qu'il n'était plus dans le cas d'attendre la mort
naturelle de l'héritière grevée. Le jurisconsulte
répondit qu'il devait être débouté de sa demande,
que le fidéicommis ne pouvait être ouvert que par
la mort naturelle, que le fidéicommissaire pouvait
mourir avant l'héritière grevée, et que par-là le
fidéicommis deviendrait caduc.

21. *La condition peut-elle être divisée dans la
forme de l'accomplissement?* Cette question demande à être examinée relativement aux différentes espèces de conditions.

S'il s'agit d'une condition casuelle qui roule sur
un évènement unique, il est évident que l'accomplissement ne peut pas en être divisé.

Si la condition renferme plusieurs évènemens
unis par une conjonction copulative, comme s'il
est dit : *Je veux que mon légataire aille à Rome
et qu'il en rapporte un tel tableau,* il faut que
les deux évènemens arrivent; mais si les évènemens conditionnels sont séparés par la conjonc-

tion disjonctive, comme s'il est dit : *Je veux que vous alliez à Rome* ou *à Naples*, il suffit qu'un de ces voyages se réalise, pour accomplir la condition.

A l'égard de la condition potestative, il y a quelque différence entre celle qui consiste à donner, et celle qui consiste à faire, surtout quand elle est imposée à plusieurs personnes pour recueillir la même libéralité.

Si un testateur lègue à Titius un fonds sous la condition de donner dix écus à Mœvius, le légataire ne pourra pas réclamer la moitié du fonds, en payant la moitié des dix écus, parce que la condition ne peut pas être divisée.

Mais si au lieu de donner dix écus, comme il y est obligé, il en donnait vingt, il aurait plus que rempli la condition, et il pourrait répéter les dix écus de trop.

Si une partie de la chose léguée en était retranchée, le légataire satisferait suffisamment à la condition, en payant une partie de la somme, proportionnée à ce qui resterait du legs.

De même si un héritier n'est capable de recevoir que la moitié d'un fonds qui lui est légué sous la condition de donner une somme, il ne sera obligé de payer que la moitié de cette somme.

Mais il n'y a point de répétition à faire lorsque le retranchement sur le legs a pour objet de remplir la légitime des héritiers.

Si un fonds est légué à Titius et à Mœvius tout ensemble, avec la charge de donner dix écus, alors la condition pourra être divisée dans l'exécution; et si Titius paye les cinq écus de sa portion, il pourra demander la moitié du legs, quoique Mœvius de son côté n'ait pas rempli la condition.

Nous venons d'expliquer, en les appliquant à

des exemples, les règles qui concernent la condition qui consiste *à donner.*

Occupons-nous actuellement de celles qui concernent la condition qui prescrit *de faire.*

Si le fait ne peut pas être divisé, la condition ne peut pas l'être non plus dans l'exécution, quand même elle serait imposée à plusieurs personnes. Si un legs est fait à deux citoyens, s'ils construisent une maison, ou s'ils posent une statue, cette condition ne pourra pas être divisée.

On peut demander si lorsqu'un des citoyens a fait l'ouvrage entier seul et sans la participation ou les secours de l'autre, la condition se trouve remplie?

La même loi décide que la condition n'est accomplie qu'en faveur de celui qui a fait l'ouvrage, et qu'elle ne peut plus l'être pour l'autre, parce qu'il ne saurait accomplir une condition déjà remplie.

Un domaine est cédé à deux citoyens, sous la condition de rendre compte de la gestion qui leur avait été confiée. L'un offre de satisfaire à la condition; l'autre dit qu'il n'a pas encore mis son compte en règle. La négligence de l'un fera-t-elle obstacle à l'accomplissement de la condition en faveur de l'autre?

Il faut faire ici une distinction : ou les deux citoyens ont géré séparément, ou ils ont géré ensemble. Dans le premier cas, l'un peut rendre compte sans l'autre, par conséquent remplir la condition et acquérir le domaine.

Dans le second cas, la condition ne sera parfaite qu'après que les deux citoyens auront rendu leur compte en commun, et qu'ils en auront payé le reliquat.

Un fonds est légué à deux personnes, sous la condition de faire transporter le corps du testateur du lieu où il est décédé, dans un autre où il veut être inhumé, et d'employer une certaine somme à ses funérailles. Les deux légataires sont-ils obligés de remplir conjointement la condition, sinon seront-ils privés l'un et l'autre du legs? L'équité est venue ici tempérer la rigueur du droit, et la loi prononce comme elle a fait sur le cas déjà expliqué, où un fonds est légué à deux personnes, sous la condition de donner dix écus. Celui qui remplit sa part de la condition, l'accomplit pour lui-même.

22. *L'effet de la condition doit-il durer?* Toutes les difficultés qui peuvent naître sur cette question doivent se décider d'après les termes et le sens des dispositions qui renferment les conditions.

Il faut examiner si les faits sur lesquels portent les conditions sont momentanés ou s'ils sont perpétuels et successifs.

Si les paroles qui contiennent la condition indiquent une perpétuité dans le fait, ou dans les faits prescrits, il ne suffit pas d'avoir satisfait à la condition pendant un certain temps, il faut la remplir pendant tout l'espace que le testateur a fixé, ou qu'il paraît avoir eu en vue, quand même cet espace comprendrait toute la vie du légataire.

Quand les termes de la condition annoncent un fait qui peut se consommer en un moment, il suffit qu'il ait été une fois accompli; et quand même il viendrait à cesser, la condition n'en serait pas moins remplie. Ainsi, si j'ai été institué légataire, à condition de me marier, c'est assez que mon mariage ait été célébré; et ma femme viendrait à mourir avant d'être entrée dans la maison nuptiale, que le legs qui m'a été déféré ne m'en serait pas moins acquis.

De même si un legs est fait à une femme si elle est veuve, ou lorsqu'elle 'sera veuve, la disposition sera parfaite dès que cette femme se trouvera dans l'état de viduité, et sans qu'elle soit tenue d'y persévérer.

La même règle doit avoir lieu dans les conditions négatives comme dans les autres. Dès qu'une fois on y a contrevenu, elles ont manqué irrévocablement, et l'on ne peut réparer la contravention en réduisant les choses à leur premier état.

Si, par exemple, un testateur impose à son légataire la condition de ne point aliéner un fonds, dès que l'aliénation est faite, la condition a manqué, quoique le légataire rachète ensuite le fonds.

Lorsque la condition roule sur des faits successifs, l'accomplissement de la condition profite pour le temps où on l'exécute. Si, par exemple, il est dit : Je veux que mon légataire donne deux cens écus à ma femme pendant qu'elle demeurera dans une telle ville, les deux cens écus seront dus à la femme pendant toutes les années où elle aura exécuté la condition; et si elle vient à l'enfreindre, elle ne sera pas tenue de rendre les pensions qu'elle aura touchées.

23. *Des règles pour expliquer les conditions.* La première et la principale règle que nous pouvons indiquer dans l'interprétation des conditions, est de se conformer à la volonté du testateur : c'est de cette volonté que tout dépend ; c'est à elle que tout doit se rapporter.

Lorsqu'on ne peut pas démêler la volonté du testateur dans ses paroles, il faut recourir à des conjectures; mais il faut les puiser ces conjectures, autant qu'on le peut, dans le testament même, soit en comparant la disposition douteuse avec une autre qui y est relative, soit en en cherchant le sens dans l'ensemble des dispositions.

On ne doit jamais s'écarter du véritable sens des paroles, que lorsqu'il paraît manifester que le testateur a eu un autre objet, une autre pensée.

Ce n'est pas que dans l'interprétation des conditions on ne puisse avoir égard à la proximité des personnes.

Voyez les articles CONVENTION, OBLIGATION, TESTAMENT, LEGS, SUCCESSION, DONATION, etc.

CONFESSION.

C'est une déclaration ou une reconnaissance verbale ou par écrit de la vérité d'un fait.

La confession se divise en deux espèces, en confession judiciaire et en extrajudiciaire.

On appelle confession judiciaire, celle qui est faite en jugement. Elle a lieu dans les déclarations faites par une partie à l'audience, ou dans un interrogatoire, soit en matière civile, soit en matière criminelle.

On donne le nom de confession extrajudiciaire à celle qui est faite hors jugement, soit sous seing-privé ou devant notaire.

En matière civile la confession judiciaire forme une preuve complète contre celui qui l'a faite; mais elle ne peut nuire à un tiers.

C'est un principe certain qu'on ne peut diviser la confession en matière civile, c'est-à-dire, que celui qui veut se servir de la confession de son adversaire, ne peut pas employer ce qui est à son avantage, et rejeter ce qui lui est contraire. Il faut ou prendre droit par toute la déclaration, ou ne point s'en servir.

Cependant Henrys est d'avis que la confession peut se diviser, en matière civile, dans deux cas ; le premier, lorsqu'il y a une forte présomption contraire au fait que l'on ne veut pas diviser, et le second, lorsqu'on a une preuve de ce fait. Mais l'avis de ce jurisconsulte n'est adopté que dans des circonstances où le juge est convaincu de la fausseté d'une partie de la confession. Alors le juge doit se déterminer d'après les preuves, et rejeter ce qu'il croit faux dans une déclaration qui lui est justement suspecte. Ces cas sont très-rares, et les magistrats ne peuvent être trop en garde contre des présomptions. Ainsi l'exception admise par Henrys n'empêche pas que ce ne soit une maxime certaine que la confession, en matière civile, est indivisible.

En matière criminelle, au contraire, on peut diviser la confession de l'accusé ; mais on ne peut pas regarder cette confession comme une preuve suffisante, sur laquelle on puisse asseoir une disposition, parce que c'est une règle invariable, que la confession de l'accusé ne sert pas de conviction parfaite contre lui. Les lois présument en effet qu'elle peut être la suite du trouble et du désespoir. Au surplus, c'est au jury de jugement qu'il appartient d'apprécier une telle confession.

Notre jurisprudence est beaucoup plus sage en cette partie, que celle de plusieurs peuples anciens.

En effet, chez les Juifs, la simple déclaration de l'accusé suffisait pour le faire condamner au dernier supplice. Il en était de même chez les Romains : l'accusé pouvait être condamné sur sa déclaration, comme le débiteur en matière civile. Nos législateurs ont senti l'injustice d'une pareille jurisprudence, et ils ne l'ont point adoptée.

La confession que fait un criminel condamné à

mort, dans le moment où il va être exécuté, ne fait point preuve contre un tiers, parce qu'on regarde comme suspect le témoignage d'un criminel condamné à mort, et que la justice présume qu'il peut, par désespoir ou par méchanceté, chercher à envelopper dans son malheur, et faire partager l'horreur de son sort aux personnes qu'il haït. Cependant, quoique la confession d'un criminel condamné ne serve pas de preuve contre ceux qu'elle charge, elle suffit pour autoriser l'accusateur public à approfondir les faits qui y sont contenus.

Nous avons dit que la confession, en matière civile, fait une preuve complette, c'est-à-dire, celle qui est faite en jugement; car celle qui est faite hors de la présence de la justice, ne sert que de commencement de preuve.

Il faut pour tirer avantage d'une confession contre celui qui l'a faite, qu'elle ne soit l'ouvrage ni de la contrainte, ni de la violence, et que celui qui l'a faite, soit capable d'ester en jugement; ainsi, si c'est un mineur, il faut qu'il soit assisté de son tuteur ou curateur; si c'est un fondé de procuration, il faut que son pouvoir soit spécial: enfin il faut que la confession soit claire, précise et déterminée, que la déclaration ne contienne pas des faits faux, et qu'elle ne soit pas le fruit de l'erreur.

Si la confession en matière civile est faite devant un juge incompétent, elle n'est point regardée comme faite en jugement; on la regarde seulement comme extrajudiciaire, et alors elle ne forme point une preuve complète, mais seulement un commencement de preuve par écrit.

C'est également un principe certain que la confession ou la reconnaissance d'une personne incapable de donner, est nulle aux yeux des lois ; ce principe est conforme à la maxime, que celui qui n'a pas la faculté de donner, ne peut pas non plus passer des reconnaissances en faveur des personnes prohibées.

Toutes les fois qu'il y a erreur dans une confession, elle n'oblige point celui qui l'a faite.

Voyez Faits et articles pertinens, Délit, Accusateur, Accusé, etc.

CONFISCATION.

C'est l'action d'adjuger des biens à l'Etat pour cause de crime ou de contravention à la loi.

La confiscation est pratiquée chez la plupart des peuples. Elle fut inconnue chez les Romains dans les beaux jours de la république, comme l'observe Cicéron dans l'oraison *Pro domo sud.*

Durant la tyrannie de Sylla, on fit la loi *Cornelia de proscript.*, qui déclarait les enfans des proscrits incapables de posséder aucune dignité, et déclarait leurs biens *confisqués.*

Sous les empereurs, la confiscation des biens avait lieu en plusieurs cas qui ne sont pas de notre usage ; par exemple, tous les biens acquis par le crime étaient confisqués : la dot de la femme était confisquée pour le délit du mari ; celui qui avait accusé (sans le prouver) un juge de s'être laissé corrompre dans une affaire criminelle, perdait ses biens ; il en était de même de l'accusé qui avait laissé écouler un an sans comparaître, et ses biens ne lui étaient point rendus, quand même par l'évènement il aurait prouvé son innocence. La maison ou le champ dans lesquels on avait fabriqué de la fausse monnaie, étaient confisqués, quoique le crime eût été commis à l'insu du propriétaire. On confisquait aussi les biens de ceux qui n'étaient pas baptisés ; de ceux qui consultaient les aruspices ; d'un curateur nommé par collusion aux biens d'un mineur ; d'un décurion qui avait commerce avec sa servante ; les maisons où l'on avait tenu des assemblées illicites, et où l'on faisait des sacrifices prohibés ; celles où l'on jouait aux chevaux de bois, qui était un jeu défendu ; les biens de ceux qui souffraient que l'on commît fornication dans leur maison ou dans leur champ, et de ceux qui étaient condamnés aux mines.

En France, sous l'ancien régime, la confiscation des biens d'un accusé avait lieu toutes les fois qu'il intervenait une condamnation à mort naturelle ou civile.

Mais par l'article 3 d'une loi du mois de janvier 1790, il fut dit que la confiscation des biens des condamnés ne pourrait jamais être prononcée dans aucun cas.

Postérieurement, cette loi a éprouvé de nombreuses modifications, notamment par la mise en activité du Code pénal, qui a eu lieu le premier janvier 1811, en vertu des décrets impériaux du 17 décembre 1809 et du 13 mars 1810.

La loi a distingué deux sortes de confiscations : l'une est la confiscation générale, et l'autre, la confiscation spéciale ou particulière.

La confiscation générale s'applique a tous les biens du condamné, qu'elle attribue au domaine de l'Empire. Elle peut être prononcée conjointement avec une peine afflictive ; mais elle ne peut avoir lieu que dans les cas où le législateur l'a expressément ordonnée.

Ces cas sont, 1° celui où le coupable a été

condamné pour avoir porté les armes contre la France.

2° Lorsque la condamnation a eu pour objet de punir des machinations ou intelligences pratiquées avec les puissances ou leurs agens, pour les engager à commettre des hostilités ou entreprendre la guerre contre la France, ou pour leur en procurer les moyens.

La peine de mort et la confiscation de tous les biens doivent avoir lieu, quand même ces machinations ou intelligences n'auraient pas été suivies d'hostilités.

3° Les mêmes peines sont applicables à quiconque a pratiqué des manœuvres ou entretenu des intelligences avec les ennemis de l'Etat, à l'effet de faciliter leur entrée sur le territoire et les dépendances de l'empire français, ou de leur livrer des villes, forteresses, places, portes, ports, magasins, arsenaux, vaisseaux ou bâtimens appartenant à la France; ou de fournir aux ennemis des secours en soldats, hommes, argent, vivres, armes ou munitions ou de seconder les progrès de leurs armes sur les possessions ou contre les forces françaises de terre ou de mer, soit en ébranlant la fidélité des officiers, soldats, matelots ou autres envers l'Empereur ou l'Etat, soit de toute autre manière.

4° Il faudrait également prononcer les mêmes peines dans le cas où les manœuvres ou machinations dont on vient de parler, auraient eu lieu envers les alliés de la France, agissant contre l'ennemi commun.

5° Ce serait encore les mêmes peines qu'encourraient les fonctionnaires publics, les agens du gouvernement et tout autre individu qui, étant chargés ou instruits officiellement ou à raison de leur état, du secret d'une négociation ou d'une expédition, l'aurait livré aux agens d'une puissance étrangère ou de l'ennemi.

9° Ces peines seraient pareillement encourues par tout fonctionnaire public et par tout préposé du Gouvernement, qui, étant chargé à raison de ses fonctions, du dépôt des plans de fortifications, arsenaux, ports ou rades, aurait livré ces plans ou l'un de ces plans à l'ennemi ou aux agens de l'ennemi : mais il ne serait puni que du bannissement, si la livraison de ces places n'avait été faite qu'aux agens d'une puissance étrangère, neutre ou alliée.

7° Il faudrait en user de même envers tout autre personne qui, étant parvenue par corruption, fraude ou violence à soustraire ces plans, les aurait livrés à l'ennemi ou aux agens d'une puissance étrangère : on doit, à cet égard, observer la distinction spécifiée dans le nombre précédent.

8° On doit aussi mettre au rang des crimes qui entraînent avec la peine de mort, la confiscation générale des biens, l'attentat ou complot formé contre la vie ou la personne de l'Empereur.

9° La même punition est applicable à l'attentat ou complot formé contre la vie ou la personne des membres de la famille impériale, ou qui tendrait, soit à détruire, soit à changer le Gouvernement ou l'ordre de successibilité au trône, soit à exciter les citoyens ou habitans à s'armer contre l'autorité impériale.

10° La confiscation générale des biens est encore ordonnée avec la peine de mort, contre tout attentat ou complot qui aurait pour but, soit d'exciter la guerre civile en armant ou en portant les citoyens ou habitans à s'armer les uns contre les autres, soit de porter la dévastation, le massacre et le pillage dans une ou plusieurs communes.

11° Il faut mettre dans la même classe ceux qui ont levé ou fait lever des troupes armées, engagé ou enrôlé, fait engager ou enrôler des soldats, ou leur ont fourni ou procuré des armes ou munitions, sans ordre ou autorisation du pouvoir légitime.

12° Les mêmes peines doivent également être appliquées à ceux qui, sans droit ou motif légitime, ont pris le commandement d'un corps d'armée, d'une troupe, d'une flotte, d'une escadre, d'un bâtiment de guerre, d'une place forte, d'un poste, d'un port, d'une ville, ou qui auront retenu contre l'ordre du Gouvernement, un commandement militaire quelconque, ou qui, étant commandans d'une armée ou d'une troupe, l'auront tenue rassemblée après que le licenciement ou la séparation en auront été ordonnés.

13° Tout individu autorisé à disposer de la force publique, qui en a requis ou ordonné, fait requérir ou ordonner l'action ou l'emploi contre la levée des gens de guerre légalement établie, et dont la réquisition ou ordre a été exécutée, est pareillement punissable de mort avec confiscation générale de ses biens.

14° La même punition est aussi applicable à tout individu qui incendie, ou qui, par l'effet d'une mine détruit des édifices, magasins, arsenaux, vaisseaux ou d'autres propriétés de l'empire.

15° Ce sont encore les mêmes peines qu'on doit appliquer à tout individu qui, pour envahir des domaines, propriétés ou deniers publics, places, villes, forteresses, postes, magasins, arsenaux, ports, vaisseaux ou bâtimens appartenant à l'empire, ou pour piller des propriétés publiques ou nationales ou celles d'une généralité de citoyens, ou enfin, pour faire attaque ou résistance envers la force publique, agissant contre les auteurs de ces crimes, s'est mis à la tête de bandes armées, ou y a exercé une fonction ou commandement quelconque.

16° La loi prononce les mêmes peines contre ceux qui ont dirigé l'association, levé ou fait lever, organisé ou fait organiser les bandes, ou leur ont sciemment et volontairement fourni ou procuré des armes, des munitions et instrumens du crime, ou envoyé des convois de subsistances, ou qui ont, de toute autre manière, pratiqué des intelligences avec les directeurs ou commandans de ces bandes.

17° S'il arrive que l'un ou plusieurs des crimes qu'on vient de spécifier dans les nombres 8, 9 et 10 ci-dessus, aient été exécutés ou simplement tentés par une bande, les peines de mort et de confiscation générale des biens doivent être appliquées, sans distinction de grades, à tous les individus faisant partie de la bande, et qui ont été saisis sur le lieu de la réunion séditieuse.

Il faut en outre faire subir les mêmes peines à ceux qui ont dirigé la sédition, ou qui ont exercé dans la bande un emploi ou commandement quelconque, quoiqu'ils n'aient pas été saisis sur le lieu.

Les dispositions qui précèdent, sont fondées sur les deux premières sections du chapitre premier du titre premier du livre 3 du Code pénal.

S'il arrivait que des fonctionnaires publics concertassent entre eux des mesures dont le résultat fût un complot attentatoire à la sûreté intérieure de l'Etat, ils seraient punissables de mort et de la confiscation générale de leurs biens, en vertu de l'article 125 du Code pénal.

La même punition doit être appliquée à tout individu qui contrefait ou altère les monnaies d'or ou d'argent, ayant cours légal en France, ou qui participe à la distribution ou exposition de ces monnaies, ou qui les introduit sur le territoire

de l'empire : mais cette participation ne s'étend
pas à ceux qui ayant reçu pour bonnes, des pièces
de monnaie contrefaites ou altérées, les ont remises en circulation. C'est ce qui résulte des articles 132 et 135 du Code cité.

On doit pareillement prononcer les mêmes peines en vertu de l'article 139, contre ceux qui ont
contrefait le sceau de l'Etat, ou qui ont fait usage
d'un tel sceau ; et contre ceux qui ont contrefait
ou falsifié, soit des effets émanés du trésor public
avec son timbre, soit des billets des banques autorisées par la loi, ou qui ont fait usage de ces
effets et billets contrefaits ou falsifiés, ou qui les
ont introduits dans l'enceinte du territoire français.

Il faut remarquer que la confiscation générale
des biens d'un condamné que la loi attribue au
domaine de l'empire, demeure grevée de toutes
les dettes légitimes jusqu'à concurrence de la valeur des biens confisqués : elle est également grevée de l'obligation de fournir aux enfans ou autres
descendans, une moitié de la portion dont le père
n'aurait pas pu les priver ; elle est encore grevée
de la prestation des alimens envers les personnes
à qui il en est dû de droit. C'est ce qui résulte de
l'article 38 du Code pénal.

Et l'article 39 porte que l'Empereur pourra disposer des biens confisqués, en faveur soit du père,
de la mère ou des autres ascendans, soit de la veuve,
soit des enfans ou autres descendans légitimes, naturels ou adoptifs, soit des autres parens du condamné.

Les confiscations spéciales sont applicables aux
objets particuliers qui sont exprimés dans les dispositions suivantes du Code pénal.

L'article 176 veut que tout commandant des
divisions militaires des départemens ou des places

et des villes, tout préfet ou sous-préfet qui, dans
l'étendue des lieux où il a droit d'exercer son autorité a fait ouvertement, ou par des actes simulés,
ou par interposition de personnes le commerce
des grains, grenailles, farines, substances farineuses, vins ou boissons autres que ceux qui proviennent de ses propriétés, soit puni d'une amende
de 500 francs au moins, et de 10,000 francs au
plus, et de la confiscation des denrées appartenant
à ce commerce.

La punition des délits énoncés dans la section 6
du chapitre 3 du titre premier du livre 3 du Code
pénal, et qui ont été commis par la voie d'écrits,
d'images ou de gravures, sans nom d'aucun imprimeur ou graveur, entraîne toujours contre les
coupables la confiscation des exemplaires saisis.

Cette confiscation s'applique également aux
planches et aux exemplaires imprimés ou gravés
de chansons, de figures ou d'images contraires
aux bonnes mœurs.

La fabrication, le débit et le porteur de stylet,
de tromblon ou de toute autre arme prohibée,
donnent pareillement lieu à la confiscation de ces
sortes d'armes, en vertu de l'article 314 du Code
cité.

L'article 318 veut qu'il en soit de même des
boissons falsifiées et nuisibles à la santé, qui appartiennent au vendeur ou débitant.

L'argent ou les récompenses qu'un faux témoin
a reçus pour déposer en matière correctionnelle,
de police ou civile, doivent aussi être confisqués
conformément à l'article 364.

Suivant l'article 410 concernant les maisons
publiques de jeux de hasard et les loteries non
autorisées par la loi, tous les fonds ou effets qui
sont trouvés exposés au jeu ou mis à la loterie,
les meubles, les instrumens, les ustensiles, les

appareils employés ou destinés au service des jeux et des loteries, doivent être confisqués, ainsi que les meubles et les effets mobiliers dont les lieux sont garnis et décorés.

Toute violation des règlemens d'administration publique relatifs aux produits des manufactures françaises, qui s'exportent à l'étranger, et qui ont pour objet de garantir la bonne qualité, les dimensions et la nature de la fabrication, doit faire prononcer la confiscation des marchandises. C'est ce qui résulte de l'article 413 du Code cité.

Lorsqu'un acheteur a été trompé sur le titre des matières d'or ou d'argent, sur la qualité d'une pierre fausse vendue pour fine, sur la nature de toute marchandise, ou sur la quantité des choses vendues, par l'usage de faux poids ou de fausses mesures, les objets du délit ou leur valeur, s'ils appartiennent encore au vendeur, doivent être confisqués en vertu de l'article 423, et les faux poids et les fausses mesures doivent d'ailleurs être brisés.

La contrefaçon, l'introduction en France et le débit d'ouvrages contrefaits, de quelque espèce qu'ils soient, donnent lieu à la confiscation de l'édition contrefaite et des planches, moules ou matrices des objets contrefaits, tant contre le contrefacteur que contre l'introducteur et le débitant. C'est ce que porte l'article 427.

Lorsque des directeurs, des entrepreneurs de spectacles ou des associations d'artistes, ont fait représenter des ouvrages dramatiques sur leurs théâtres, au mépris des lois et des règlemens relatifs à la propriété des auteurs, l'article 428 veut que les recettes soient confisquées au profit de ces derniers.

Les tribunaux de police sont autorisés, par l'art. 470, à prononcer dans les cas déterminés par la loi, la confiscation, soit des choses saisies en contravention, soit des choses produites par la contravention, soit des matières ou des instrumens qui ont servi ou qui étaient destinés à la commettre.

Enfin, l'article 481 a prescrit de saisir et confisquer les poids et les mesures qui diffèrent de ceux que la loi a établis, ainsi que les instrumens, ustensiles et costumes servant ou destinés à l'exercice du métier de devin, de pronostiqueur ou d'interprète des songes.

L'article 197 du Code d'instruction criminelle, a ordonné que les poursuites pour le recouvrement des confiscations, seraient faites au nom du procureur impérial par le directeur des droits d'enregistrement et des domaines.

Voyez les articles CRIME, DÉLIT, JUGEMENT, PEINE, DOUANE, FRAUDE, MARCHANDISES ANGLAISES, etc.

CONFLIT D'ATTRIBUTION.

C'est la prétention respective de deux autorités qui se croient l'une et l'autre dans le droit exclusif de prendre connaissance d'une affaire litigieuse.

La loi du 5 nivose an 8 a statué par l'article 11 que le conseil d'état développerait le sens des lois sur le renvoi que le Gouvernement lui ferait des questions qu'on lui aurait présentées ; et que ce serait d'après un tel renvoi que ce corps prononcerait sur les conflits d'attribution qui pourraient s'élever entre l'autorité administrative et les tribunaux.

Voici l'usage qu'on pratique habituellement en vertu de ces dispositions.

Supposez qu'on porte devant l'autorité judiciaire une contestation pour la décision de laquelle l'autorité administratitive se croit seule compétente : cette dernière autorité élève par l'organe du préfet du départemement le conflit d'attribution.

Dans cette circonstance, il faut que l'une et l'autre des autorités dont il s'agit adressent au grand-juge les pièces ou mémoires qu'elles veulent employer à l'appui de leurs prétentions respectives. Ce ministre rend ensuite compte de ce conflit à l'Empereur, en exprimant à sa majesté son opinion particulière, et en la priant de renvoyer le tout à l'examen de son conseil d'état, afin qu'il y donne son avis.

Si cet avis est contraire à la prétention de l'autorité administrative, on déclare nul l'arrêté du préfet, et l'on renvoie la contestation devant l'autorité judiciaire comme étant de son ressort ; et si au contraire la compétence appartient à l'autorité administrative, on déclare le jugement du tribunal comme non avenu, et l'on ordonne que la contestation sera décidée par l'autorité administrative.

Voyez l'article RÈGLEMENT DE JUGES.

CONFRÉRIE.

C'est une compagnie de personnes associées pour quelque exercice de piété.

Un rapport du ministre de l'intérieur tendait à faire autoriser la commune de Varise à accepter l'offre faite par les confrères de l'Oratoire de Saint-Roch, d'une rente annuelle de 250 fr. pour établir une école dans cette commune.

L'Empereur ayant renvoyé à l'examen de son conseil d'état cette proposition, ce corps a considéré qu'aux termes d'un décret impérial du 28 messidor an 13, les biens des confréries appartenaient aux fabriques, d'où il suivait que les membres de ces confréries n'avaient aucun droit de disposer des biens qui y étaient affectés ; en conséquence, il a été d'avis qu'il n'y avait pas lieu d'autoriser l'acceptation des offres faites par la confrérie de l'Oratoire, dont les biens devaient être réunis à ceux de la fabrique de l'église de Varise, sauf aux marguilliers à en employer une partie en vertu de l'avis du conseil municipal et de l'autorisation du préfet à l'établissement d'une école.

Sa majesté impériale a, par décret du 28 août 1810, approuvé l'avis de son conseil d'état.

CONFRONTATION.

C'est l'action de mettre des personnes en présence les unes des autres, pour voir si elles conviendront du fait dont il est question ; et ce mot se dit particulièrement, en matière criminelle, en parlant des témoins et des accusés que l'on fait comparaître les uns devant les autres.

Autrefois la confrontation d'un accusé avec les témoins avait lieu devant le commissaire chargé d'instruire une procédure, en vertu d'un jugement qu'on appelait *règlement à l'extraordinaire*, parce que cette confrontation ne devait jamais être prononcée dans les matières légères, et lorsque les condamnations ne devaient s'étendre qu'à des peines pécuniaires.

La confrontation a été établie afin que l'accusé

ne fût point privé de ses moyens de défense : en effet, pour qu'on puisse le condamner légitimement, il faut bien que les témoins sachent que l'homme contre lequel ils ont déposé est celui que l'on accuse, et que celui-ci puisse répondre que ce n'est pas de lui qu'ils ont voulu parler.

Aujourd'hui la confrontation des témoins avec l'accusé a lieu publiquement devant la cour d'assises, et les jurés de jugement lors des débats ou de l'examen du procès. A cette époque, le président avant de recevoir la déposition de chaque témoin, lui fait promettre *de parler sans haine et sans crainte, de dire toute la vérité, rien que la vérité.* Cela est ainsi prescrit par l'article 317 du Code d'instruction criminelle.

Voyez les articles Accusé, Témoin, Juré, Cour d'assises, Serment, Examen, etc.

CONFUSION

DE DROITS ET D'ACTIONS.

Cette expression s'applique à ce qui résulte de ce qu'une personne réunit en elle les droits actifs et passifs concernant un même objet. Cette confusion opère l'extinction des droits et actions : elle a lieu, par exemple, quand le créancier devient héritier du débiteur, ou quand le débiteur est héritier du créancier.

L'extinction de l'obligation principale, qui a lieu lorsque le créancier devient héritier du débiteur principal, opère aussi l'extinction de l'obligation des cautions : la raison en est, que les obligations des cautions ne sont qu'accessoires de l'obligation du débiteur principal ; d'où il faut tirer la conséquence, qu'elles ne peuvent plus subsister lorsque l'obligation de la caution principale ne subsiste plus.

Mais l'extinction de l'obligation de la caution qu'opère la confusion lorsque le créancier succède à la caution, ou que la caution succède au créancier, n'entraîne pas l'extinction de l'obligation principale : cette différence vient de ce que l'obligation principale n'a pas besoin de l'obligation accessoire pour subsister.

En cela la confusion diffère du payement: cette différence est fondée sur ce que le payement fait que la chose n'est plus due ; or, n'y ayant plus de chose due, il ne peut plus rester de débiteur, ni principal, ni accessoire. Il faut en dire autant de la compensation et des autres manières de se libérer qui équivalent au payement.

Au contraire, la confusion fait seulement que le débiteur en qui se trouve réunie la qualité de créancier, cesse d'être obligé, par la raison qu'il ne peut l'être envers lui-même ; mais rien n'empêche que l'obligation du débiteur principal ne subsiste, quoique la caution ait cessé d'être obligée.

L'acceptation d'une succession sous bénéfice d'inventaire n'opère aucune confusion ; car un des effets du bénéfice d'inventaire est que l'héritier bénéficiaire et la succession soient considérés comme deux choses distinctes l'une de l'autre.

Voyez les articles HÉRITIER, SUCCESSION, CAUTION, OBLIGATION, PAYEMENT, etc.

Fin du Tome quatrième.

RECUEIL
ALPHABÉTIQUE
ET RAISONNÉ
DES LOIS.

TOME IV.

CHOSE.
CONFUSION.